U0094551

一本书读懂美国史

崔毅 ⊙ 编著

中国青年出版社

图书在版编目（CIP）数据

一本书读懂美国史 / 崔毅编著 . –– 北京 : 中国青年出版社 , 2024.1
ISBN 978–7–5153–7103–0

Ⅰ . ①一… Ⅱ . ①崔… Ⅲ . ①美国—历史—青少年读物 Ⅳ . ① K712.09

中国国家版本馆 CIP 数据核字 (2023) 第 230988 号

一本书读懂美国史

作　　者：崔毅
责任编辑：彭岩　刘晓宇
书籍设计：贺伟恒
出版发行：中国青年出版社
社　　址：北京市东城区东四十二条 21 号
网　　址：www.cyp.com.cn
编辑中心：010 – 57350314
营销中心：010 – 57350370
经　　销：新华书店
印　　刷：北京汇瑞嘉合文化发展有限公司
规　　格：710mm × 1000mm　1/16
印　　张：18.75
字　　数：240 千字
版　　次：2024 年 1 月北京第 1 版
印　　次：2024 年 1 月北京第 1 次印刷
印　　数：1—5000 册
定　　价：60.00 元

如有印装质量问题，请凭购书发票与质检部联系调换
联系电话：010 – 57350337

1620 年 11 月 21 日，一艘名为"五月花号"的轮船承载着约 100 名向往新大陆的欧洲人，经过两个月的颠沛流离终于抵达目的地——普利茅斯（Plymouth），那里濒临大西洋，风景秀丽，气候宜人，非常适宜人们居住。移民们很快在这里定居下来，开始建设自己新的家园。很多美国人认为他们的国家就是在此时此地建立的。

300 年之后，在这片新大陆上孕育而生的美利坚合众国已经跃居为综合实力世界第一的强国，"冷战"结束后更是成为全球唯一的超级大国。美国在 2023 年的国内生产总值达到 269,540 亿美元，这几乎是世界 GDP 前 10 名中日本、德国、英国与法国的总和，且略高于欧洲联盟所有成员国 GDP 的总和。

美国还是世界第一军事大国，美军现役部队人数约 144 万人，其中陆军约 50 万人，海军和空军各 35 万人，海军陆战队 18 万人。美国在世界数十个国家和地区设有数百处军事基地，海外驻军约 28.78 万人。2024 财年美国国防军事预算为 8579 亿美元，大约占全球军费总额的 40%。

美国还拥有世界上超一流的高等院校，世界排名前 500 名的大学中，美国占 226 所；前 20 名中，美国占 11 所。

美国就是这样一个庞然大物。要了解世界，不能不了解美国；要了解世界史，美国从无到有，由弱到强的历史也应该是必修的功课。

本书力图用 20 万字左右的篇幅简明扼要、深入浅出地勾勒出一幅比较完整的美国历史画卷，使大众读者在有限的篇幅里获得尽可能多的有关美国历史发展进程的知识。期望通过阅读本书，读者能对 400 年来美国从一个落后殖民地跻身世界头号强国的历程以及伴随其间的诸多成败得失，形成一个比较明晰的、辩证的认识。

目　录
CONTENTS

第一章

北美殖民地的建立与发展

1492 年哥伦布对北美的航行开辟了历史的新纪元，美洲大陆开始被纳入全球体系。随着欧洲国家不断向北美地区移民，原来印第安人居住的北美等地区建立了崭新的文明。正如同那句"一张白纸上可以描绘最美的图画"一样，美国完全跨越封建制度阶段，一步踏入资本主义的发展轨道。

第一节　哥伦布与印第安人

（一）划时代的航海航行

1492 年 8 月 3 日，一个星期五的黎明时分，来自意大利的一位叫克里斯托弗·哥伦布（Christopher Columbus, 约 1451 ～ 1506 年）的探险者在西班牙国王斐迪南五世和女王伊莎贝拉一世的资助下，携带西班牙王室致中国皇帝的国书，带领 87 名水手，分乘"圣玛丽亚号""平塔号"和"尼尼亚号"三艘探险船，从西班牙的巴罗斯（Palos）港出发，驶入浩瀚茫茫的大西洋，开始了一场划时代的航海探险活动。他们当中的任何一个人都不会想到，他们的这次航行将对人类历史进程产生多么重大的影响。

哥伦布出生于意大利热那亚一个纺织工人家庭，他青年时代读过《马可·波罗行纪》，对富庶的东方世界充满了向往。1474 ～ 1475 年，他曾在热那亚的船队工作，1476 年移居葡萄牙里斯本，后来开始航海生涯，先后航行至英国、冰岛和几内亚等地。他刻苦学习天文、地理知识，深受当时地理著作《世界图志》和意大利地理学者托斯卡内利的影响，深信"地圆说"，希望能寻找一条从西方通向印度、中国和日本的新航线，并草拟了从欧洲西行至东方的航海计划。

大约在 1484 年，哥伦布向葡萄牙国王提出了他的航海计划，以寻求财政支持，但未获得成功。1485 年哥伦布移居西班牙，并向伊莎贝拉一世女王求助，女王认为哥伦布要求的装备花销不多，成功了利益却不可估量，因此颇为支持。1492 年 4 月，西班牙国王终于接受了哥伦布的航海探险计划，同他签订了航海协议，并授予他"海上大将"的称号，任命他为所发现的岛屿和陆地的总督，准许其从这些地方的产品和投资所得中抽取一定收入，并答应给予必要的财政和物质支持。

在得到西班牙国王的支持后，哥伦布率领其航队出发了。他们先是向南航行到达加那利群岛海域，然后又向西行驶进一片大西洋中部的未知海域。从西班牙出发十个星期后的 10 月 12 日上午，他们在一处沙地岛屿的海滩靠岸，哥伦布将此岛定名为圣萨尔瓦多（现今巴哈马群岛中的华特林岛），即基督教"救世主"之意。哥伦布误认为他们到达了印度附近的外围岛屿，遂把当地欢迎他们的棕色皮肤的居民称为印第安人。

（二）印第安人的世界

其实哥伦布等人到达的地方不是印度，而是他们闻所未闻的新大陆。欧洲人很快把这片新大陆称为美洲，但还是把美洲的土著居民称为印第安人。直到最近，这些土著居民才获得了更为科学的名称"土生美洲人"（Native Americans），或者直接叫 Amerindians。

印第安人当时还处于旧石器时代，生产力水平十分低下，但是已经知道用火，能制造简单的石器和骨器。在哥伦布发现美洲时，他们的人口数量已发展到 1500 万～ 2500 万。

印第安人由很多部落组成，部落分布在草原与森林。他们的生活方式多样，一些部落以采猎为生，一些部落以农耕为主。有的个头高大，有的身材矮小，有的皮肤是浅黄色，而有的皮肤呈深黑色。他们说着三百多种不同的语言，虽然被统称为印第安人，但内部之间的差异却非常之大。

早在哥伦布到来之前，印第安人的祖先已经在这片大陆上居住了很久。很多科学家认为最早的美洲居民来自亚洲，是在冰川期晚期，西伯利亚的狩猎者穿越白令海峡进入阿拉斯加，从那里再继续向南向东迁移。

几个世纪以来，印第安人靠捕猎与采集为生，在大约公元前5000年，印第安人培育出玉米，16世纪殖民者把玉米带回欧洲后，由于其产量高、对气候的适应性强，播种和收获季节早，很快就在世界各地被广泛种植。印第安人培育出玉米，是一项了不起的农业试验，现今植物学家们认为，把野生玉米植物培育成农作物，是农业史上最困难的试验。

马铃薯、甘薯、木薯和山药也是印第安人培育出来的。此外，印第安人培育出的花生等豆类作物对世界农业的贡献也很大。此外，印第安人还培育出了人们日常食用的西红柿、黄瓜、南瓜、西葫芦和辣椒等，如果没有印第安人为我们培育出的这些蔬菜，很难想象我们今天的饭桌会如此丰富多彩。巧克力糖现在是一种风靡世界的糖果，它的主要原料之一是可可粉，而可可便是印第安人首先培育出来的。根据一些学者研究，现在世界上一半以上的植物食品的原产地都是美洲。

（三）"美洲"的正式发现

最早到达美洲的是北欧的维京人，20世纪60年代，考古学家在加拿大的纽芬兰岛和新英格兰发现了他们的定居点遗迹。维京人的英雄传说中记载着一位叫埃利克森的水手在公元1000年左右从格陵兰岛航行到北美的东海岸。大约在11世纪时，北欧商人和农民曾乘坐圆形单桅船在纽芬兰岛北部登陆，并在那里建立了一个殖民地，但由于当地印第安人的敌意与北部海水的威胁，仅在两三年后就被迫回国。

哥伦布到达美洲岛后稍做停留便继续航行，并到达了现在的古巴地区，他的目标是到达当时明朝统治的中国，希望与明朝皇帝进行香料与黄金贸易的谈判，但结果却令他大失所望。他继续南下到了现今的圣多明各岛，但连梦寐以求的印度与中国的影子都没见到，灰心丧气的哥伦布只得在 1493 年 1 月 16 日乘"尼尼亚号"返回西班牙。

这位历史上最幸运的航海家于 1493 年 3 月返回西班牙，带回了被他错误地称作印度的珠宝的样品。在以后的 10 年里，这位勇敢的航海家又进行了三次航行，探察了波多黎各、牙买加、维尔京群岛以及从圭亚那到洪都拉斯一段大陆沿海地区，并在圣多明各岛建立了欧洲人在新大陆的第一个永久殖民地。

因没能找到西班牙王室希望得到的宝物，哥伦布很快就在西班牙声名扫

"America" 名称的起源

由于哥伦布错误地把新大陆称为印度，他失去了以他的名字为新大陆命名的机会。后来一位来自佛罗伦萨的探险家阿美利哥·韦斯普西（Amerigo Vespucci）纠正了哥伦布的错误，1501 年完成前往巴西的航行后，他写了一些文章，认为他所去的地方完全就是新大陆的一部分。后来德国学者们发现了阿美利哥·韦斯普西的文章，并认同他的看法，为了纪念他，这些学者就用他的名字"Amerigo"的阴性式"America"来为这片新大陆命名。

地。1506 年 5 月 20 日，穷困潦倒的他死于西班牙的巴利亚多利德，直到临死前他也全然不知他所到过的地方完全属于他同时代的欧洲人尚不知晓的另一个半球。在他位于塞维利亚的陵墓上，铭刻着为他打抱不平的字句："为卡斯蒂利亚王国和莱昂王国，哥伦布发现新大陆功不可没。"

哥伦布纪念日

哥伦布纪念日为 10 月 12 日或 10 月的第二个星期一，这一天正是哥伦布登上美洲大陆的日子。美国于 1792 年首先发起，当时正是哥伦布发现美洲 300 周年的纪念日。从此，每年的 10 月 12 日，美国大多数州会举办纪念活动。而这个习俗亦开始传遍整个美洲，现在不论北美洲、南美洲，还是加勒比海地区的国家都会在哥伦布纪念日举行纪念活动。

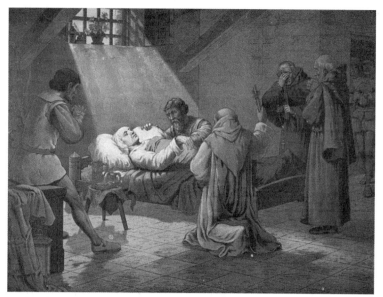

◎哥伦布之死

第二节 国王的特许状

哥伦布发现新大陆后，开辟了数条通往美洲的海上航道，很快引起一阵又一阵的探险与殖民热潮。在这一时期，欧洲的西班牙、葡萄牙、法国、荷兰与英国纷纷组织航海探险队伍，以寻找商业路线、海外财富并最终进行殖民开发。西班牙与葡萄牙凭借其海上强国、船坚炮利的优势，很快占领了先机。在科尔蒂斯、皮萨罗这些冒险家作为开路先锋的推动下，很快就征服了大部分中美洲与南美洲，掠夺了大量的金银财宝。这时，作为欧洲强国的英国显然在殖民步伐上慢了一拍，一直到 16 世纪下半叶，英国统治者才对这片新大陆产生兴趣。

（一）英国早期对北美探险的经历

1497 年 5 月，意大利航海家吉奥瓦尼·卡波特接受英格兰商人卡特尔的雇佣，并在英格兰国王亨利七世的支持下，乘坐"马修号"船舶从爱尔兰的一个港口起航，寻找盛产香料的印度群岛，并在 6 月 24 日抵达了现今加拿大的纽芬兰。在那里停留了三周后，他信心十足地声称他已经到达了亚洲的东北角。1498 年，卡波特又率领 200 人乘五艘大船再次出航，这次的目的地是东方的日本，但不久他的船队就消失在茫茫无际的大西洋里，杳无音信。

之后英国为寻找欧亚大陆沿海北岸连接大西洋与太平洋的海上通道，派出了很多航海队伍，但都无功而返。1585 年，英国殖民官员沃尔

◎沃尔特·罗利爵士，弗吉尼亚殖民地的创始人

特·罗利派遣一支探险队前往北卡罗来纳的沿岸海湾，探险队回来报告称当地的印第安人对他们十分友好，罗利爵士就依照当时英国的"童贞（Virgin）女王"伊丽莎白一世将发现的这片地区命名为"弗吉尼亚"（Virginia）。他后来又派出三条船只，运载着117名移民来到现在的罗阿诺克岛（Roanoke），但三年后这些人踪迹全无，究竟发生了什么至今无人知晓。

不过这些波折丝毫没有动摇英国向北美扩张的决心。当时的英国只是个版图狭小的农业国，人口为四五百万，低下的农业劳动生产率很难养活这么多的人，很多人过着食不果腹、衣不蔽体的生活。从1620年到1635年，英国出现了经济危机，很多工人失业，甚至一些有手艺的工匠也找不到工作，农业歉收更加剧了下层民众的生活窘境，英国统治者迫切希望通过开拓海外殖民地，缓解严重的人口压力与社会贫困问题。

伊丽莎白一世

英格兰统治者，都铎王朝黄金时代的缔造者。她终身未嫁，因此被称为"童贞女王"。她即位时英格兰处于分裂的混乱状态，但她不但成功地保持了英格兰的统一，而且在经过近半个世纪的统治后，使英格兰成为欧洲最强大、最富有的国家之一。

（二）殖民贸易公司

正当英国统治者迫切希望开拓海外殖民地时，两伙商人粉墨登场。这两伙商人召集了一些投资人向国王詹姆士一世请愿，要求国王给予他们特许状，允许他们在罗利爵士发现的土地上建立殖民地开展开发活动。其中的一伙自称伦敦弗吉尼亚公司（简称弗吉尼亚公司），另一伙自称普利茅斯公司——这个团体是以普利茅斯为中心的西部商人，他们想开发新英格兰西部与纽芬兰。

两个商业集团虽然彼此猜忌、竞争激烈，但最终还是联合起来向国王申请特许状，并获得成功。1606 年 4 月 10 日，詹姆士一世给他们颁发了特许状，在特许状中他把北弗吉尼亚的殖民开发权授予弗吉尼亚公司，把南弗吉尼亚授权给普利茅斯公司。按其规定，在美洲发现的殖民地或其他领地归英国国王所有，但殖民地政府对其内部一切事务有全部的"治理权"。各殖民地政府由 13 人组成的参事会负责，其成员可以随时被调换。在各殖民地定居的所有移民及后裔，将和他们在英王统治下的英格兰及其任何领地出生的人一样享有同等的自由权、豁免权和免税权，并可拥有对殖民地土地实际的所有权、占有权和使用权，移民从英国和其他英属领地进口的货物，在十年内不必交进口税、津贴和其他关税，但在殖民地开采的金银，要将其中的 1/5 或 1/15 上交给国王。

此特许状不仅确定了英国殖民政策的基本方针，而且指明了英属北美殖民地的基本性质与发展方向，其内容以后虽根据情况的变化时有修正、补充和改变，但基本政策并未发生变化，它是即将兴起的美利坚文明的历史起点。

（三）詹姆斯敦殖民点的建立

在获得国王的特许后，弗吉尼亚公司很快组织起大概有 120 人的殖民队伍，其中有很多穷人因支付不起前往新大陆的交通费用，只能与公司签约，以义务为公司效力 7 年为代价，换取了免费前往弗吉尼亚的机会。1606 年 12 月，他们乘坐三艘船只起航，一路奔波，很多人在路途中因病困丧命，最后的一百来人在 1607 年 5 月 24 日抵达了一个河口，为感谢国王詹姆士一世，他们将此地命名为詹姆斯敦（Jamestown）。

但他们很快发现在此立足是多么的艰难，当时已经错过了播种季节，平日里养尊处优的"绅士"们根本做不了什么体力劳动，很快他们之间为了争夺食物发生了激烈的冲突，有超过一半的移民死于疾病与饥饿，很多人因为惧怕艰苦的生活选择了打道回府。尽管不断有新移民加入，弗吉尼亚十年里的人口也不过 1000 人。多亏当时负责殖民点军事防御的约翰·史密斯上尉管理有方，该殖民点才得以幸存下来。史密斯上尉首先与当地的印第安人搞好关系，从他们那里获得了一些玉米和山药，解决了"饥荒"的燃眉之急。他还在殖民点实行军事管制，声明不劳动者不得食。在能干的史密斯上尉的领导下，詹姆斯敦的移民很快摆脱了困境，生活开始安定下来。他们与印第安人的关系一直时好时坏，为了恫吓印第安人，阿盖尔上尉率众绑架了印第安人部落首领的女儿波卡洪塔斯（Pocahontas），幸运的是波卡洪塔斯很快喜欢上了这些英国人，并学会了他们的语言，1614 年她还嫁给了其中的一个移民约翰·罗尔夫，这使得英国移民与当地印第安人的和睦关系维持了十年之久。

詹姆斯敦的移民很快在印第安人的帮助下学会了种植烟草，当时的欧洲吸烟风气盛行，1614 年约翰·罗尔夫向英国销售了第一批烟草，大受当地民众欢迎。詹姆斯敦通过出口烟草逐渐发展起来，并且吸引了更多的人前来定居。为了吸引更多的英国移民前来北美洲，弗吉尼亚公司改革了土地制度，规定凡是 1616 年之前自费而来的移民每人授予 100 英亩的土地，永久免税，1616 年之前由公司出资运来的移民在为公司劳动满 7 年后也授予 100 英亩土地，1616 年以后到来的移民也能获得 50 英亩的土地，慷慨的土地政策很快吸引了大批的移民，1619 ～ 1625 年之间，有近 5000 名英国移民来到詹姆斯敦，殖民点很快扩大，并最终形成后来的弗吉尼亚殖民地。1625 年弗吉尼亚公司因经营不善与人事纠纷陷入困境，负债累累，濒于破产，英国国王查理一世宣布将殖民地收归国有，由英国政府直接管理。

普利茅斯公司的殖民活动开始较晚，1607 年中才有两艘船载着 120 人离开英格兰。他们在缅因州的萨加达霍克河上岸，并在那里建起一个简陋的村落。可是，由于移民内部不团结，出现派别内讧，此后虽然运来一些补给品，却再没有新的移民补充进来。殖民地居民渐渐丧失信心，他们决定返回家园，最后移民在 1609 年全部返回英国，普利茅斯公司在北美的殖民活动宣告失败。

弗吉尼亚殖民地的建立终于使英国在新大陆的殖民有了个成功的开端，美利坚合众国成立之后，1788 年弗吉尼亚殖民地成为美国第十个州，首府在里士满。

哈德逊河的来历

你知道纽约哈德逊河的来历吗？1609 年 9 月 3 日，一个起雾的清晨，英国探险家亨利·哈德逊和他的船员们驾着一艘名叫"半月号"的船只，偶然间驶入大西洋海岸的河流。强风及暴雨迫使他们放弃当初要往东北探险的计划。船员投票决定往西北方向行驶，另寻传说中的可以由大西洋进入太平洋的水路，他们最后经过今日名为曼哈顿的岛屿进入河道。其实早在 1524 年，佛罗伦萨的一位航海家就发现了这条河，但哈德逊的航行比其更深入，此河便以他的名字命名。

哈德逊河，在印第安语中称为 Muhheakunnuk（意指伟大的不断变动的水），在美国独立战争中，是大陆军与英军必争之地。今天，哈德逊河已经是这个国家的重要水路之一。美国的军事学校西点军校，就是在哈德逊河上阅兵。

第三节 "五月花号"

詹姆斯敦殖民地建立 13 年后，在它的北面，又建立了一个英国人的殖民点——普利茅斯殖民地，普利茅斯殖民地的创建者通过订立《五月花号公约》，把旧大陆的民主火种——社会契约理论带到了北美新大陆。

（一）清教徒

早期来北美殖民地的移民除出于经济利益上的考虑外，对宗教自由的热情也是一个重要因素，特别是在北部的新英格兰地区。

国王亨利八世 1536 ～ 1540 年主导宗教改革使英国教会脱离罗马天主教，英国各宗教派系的分歧与矛盾日益严重。其中部分教会成员宗教观点比较激进，他们认为当时的英国国教对于改革宗教礼拜仪式与清除天主教影响的措施还不彻底，他们反对教会对天主教的妥协措施，反对主教的种种特权，提倡教徒个人进行直接的宗教体验，要求改革复杂的宗教仪式，提倡简单的宗教礼仪。这一宗教派别在历史上被简称为"清教"。

当时的英国政府与教会的当权者抵制清教的观点与影响，对他们进行宗教迫害，很多清教徒被迫离开英国，一些人来到在宗教比较开明的尼德兰（包括现今的荷兰与比利时）地区，一些人计划前往北美新大陆找寻梦寐以求的宗教自由。

清教徒

清教徒指要求清除英国国教中天主教残余的改革派。其字词于 16 世纪
60 年代开始使用，源于拉丁文的 Purus，意为"清洁"。清教徒信奉加尔文
主义，认为《圣经》才是唯一最高权威，任何教会或个人都不能成为传统
权威的解释者和维护者。清教先驱者产生于玛丽一世统治后期，流亡于欧
洲大陆的英国新教团体中，部分移居至美洲。

（二）"五月花号"

向往新大陆的清教徒中有位叫威廉·布鲁斯特（William Brewster），
他认识伦敦弗吉尼亚公司的财务主管桑兹爵士，通过这层关系，他们获得
了在北方领土的定居权，并得到伦敦一位铁矿商人提供的经济资助。在一
切准备就绪后，他们离开了尼德兰，回到英国，在此开始了奔向新大陆的
历史行程。

1620 年 9 月 16 日，大约 102 人一起登上"五月花号"轮船离开了英
国的普利茅斯港。其中，一半是清教徒，其他则是破产的农民、工匠与渔
民。"五月花号"原本是一艘往返于英国和法国之间运酒的商船，经过改
装后全长 27 米，负载 180 吨。经过六十多天的颠沛流离，11 月 19 日，
移民们终于看到了北美洲东海岸的科德角（Cape Cod），他们准备继续航
行到哈德逊河（当时是弗吉尼亚公司的管辖范围），但由于遭遇海上风
浪，风向改变，再加上携带的食物与淡水即将用尽，他们只得折返科德
角。11 月 21 日，他们在普利茅斯湾登上了美洲新大陆的土地。

由于没能按计划到达弗吉尼亚殖民地，他们的土地许可证在那里没
有法律效力，移民们又存在着宗教信仰上的分歧，在此背景下，为有效管
理与约束移民队伍，清教徒的领袖威廉·布鲁斯特与威廉·布拉德福德等

◎美国邮政局 2020 年发行五月花号纪念邮票

人共同协商，决定为未来的定居地拟订一项管理原则，后人称为《普利茅斯联合协议》或《五月花号公约》。这份公约要求移居到新大陆的人们秉承清教徒的宗教信仰，同时宣誓对以英王为首的英国政府忠诚，并决定自愿组成"公民自治团体"，拟定公正而平等的法律、规章，并保证遵守与服从。这一公约构成了美国宪政的雏形，后来的历史学家把它看成是美国历史上第一个具有政治性质的契约文件。它在美国政治与法律制度演进中具有极为重要的意义。

"五月花号"选择的上岸时间与地点对移民十分不利，当时正值隆冬时节，土地坚硬多石，不适合农耕。结果没过一年就有至少一半的移民死于严寒与疾病，到第二年春天，幸存下来的移民不超过 50 人。但存活下来的移民并未被困难所吓倒，他们建立起坚固的房屋，并且学会了捕鱼与打猎，友好的印第安人还教会他们如何种植玉米，尽管生活非常艰苦，但当 1622 年有船只路过答应带他们回英国时，没有一个移民打退堂鼓提出回去。

但由于一直没获得国王的特许状，法律地位不明朗，1691 年，普利茅斯殖民地被合并到马萨诸塞殖民地。

(三)"山巅之城"

1620 年，普利茅斯公司的部分员工组成马萨诸塞湾公司，在 1629 年得到英国王室特许后，该公司委托英国萨福克地区的庄园主约翰·温斯罗普安排移民计划。1630 年 3 月，约翰·温斯罗普率领一千多名宗教态度较温和的清教徒乘坐 5 艘船只来到马萨诸塞湾。在马萨诸塞湾公司的资助下，后来来到马萨诸塞的移民逐渐超过 2 万人。不久，马萨诸塞湾公司总部由英国搬到殖民地，此后，马萨诸塞殖民地很快以波士顿为中心发展起来。

马萨诸塞的清教徒怀着虔诚的宗教理想来到新大陆，他们力图在这里建立起教义上所讲的"山巅之城"，即为全人类树立圣洁的神圣榜样。为此当地的政府颁布法律要求人们严格遵守教义，并严惩酗酒与通奸这类不道德的行为，即使男士的头发稍微长一点都会遇到麻烦。这些严厉而烦琐的清规戒律很快引起了一部分移民的不满。居住在塞勒姆镇的罗杰·威廉斯（Roger Williams）牧师坚决反对当地政府的政教合一政策，他认为教会与政府应该是分离、互不干涉的。他的观点为当地清教徒的统治者所不容。1635 年他被马萨诸塞综合法庭驱逐出殖民地。威廉斯牧师和支持者逃到纳拉甘希特湾，在那里建立了一个名为罗得岛的新殖民地，并推行政教分离的政策。

◎罗杰·威廉斯雕像

（四）北美殖民地体系的建立

清教徒建立的另外一个殖民地是宾夕法尼亚殖民地，它是由来自清教中贵格宗（Quaker）的领袖威廉·佩恩（William Penn）建立的，贵格宗教徒拒绝向英王宣誓效忠并拒绝服兵役，很快为英国政府所不容，大量的教徒纷纷移

感恩节的来历

每年 11 月的第四个星期四，美国人民便迎来了自己最重要的传统民俗节日——感恩节。感恩节的来历要追溯到乘坐"五月花号"来到普利茅斯的清教徒移民们。

在 1621 年的春天，当地印第安人为表示友好，送给他们很多必需品，并教会他们如何在这块土地上耕作。这一年秋天，移民们获得了大丰收，为了感谢上帝赐予的丰收，殖民地的移民举行了三天的狂欢活动。11 月底，移民们请来印第安人共享玉米、南瓜、火鸡等制成的佳肴，感谢他们的帮助，感谢上帝赐予了一个大丰收。从此，这一习俗就延续下来，并逐渐风行各地。1863 年，美国总统林肯正式宣布感恩节为国定假日，自此，感恩节变成了美国的固定节日。

民到北美。佩恩的父亲是英国著名的军事将领，1681 年 3 月 14 日，他从英国国王查理一世那里获得了特许状，拥有了宾夕法尼亚地区土地的所有权。佩恩本人也很有能力，1682 年，佩恩建立了费城。佩恩施行的宗教自由政策以及他公正处事的良好声誉，很快吸引了大量来自欧洲的移民，其中很多是来自德国为躲避宗教迫害的新教小派别的教徒。

到 18 世纪下半叶，英国的殖民者已经在大西洋沿岸建立了 13 个殖民地，分别是新罕布什尔、马萨诸塞、罗得岛、康涅狄格、纽约、新泽西、宾夕法尼亚、特拉华、马里兰、弗吉尼亚、北卡罗来纳、南卡罗来纳及佐治亚，这 13 个殖民地初步奠定了北美殖民地体系的雏形。

第二章

独立战争与国家制度构建

　　经过数代移民励精图治，到 1775 年，北美洲的 13 个英属殖民地已经发展成一个颇具规模的经济与社会实体，人口将近 300 万，具有比较发达的农业，现代工业已经开始起步，北美大陆辽阔的疆域上潜藏着无限的生机与活力。然而，这些殖民地仍依附于万里之外的英国，时时处处受到英国统治当局的约束与限制，随着矛盾的激化，美国独立战争不可避免地爆发了。战争中，2.5 万美国人怀着对自由与民主权利的向往，拿起武器与强大的英国军队展开了对抗。

第一节　要自由，不要印花税

英国在取得对法国的"七年战争"胜利后，为转嫁战争军费负担，掠夺殖民地的各种资源，加强了对北美殖民地的控制与压榨。于是，美利坚民族与英国统治者的矛盾日益激化，最终导致美国独立战争的爆发。

（一）七年战争后的殖民地矛盾

18 世纪，英国与法国在北美地区为争夺殖民地爆发了激烈的战争，其中最大的一次就是 1756～1763 年的七年战争。法国宣称拥有加拿大与路易斯安那（以法国国王路易十四命名），位于美洲大陆中部的路易斯安那包括了密西西比河及其支流冲积灌溉的所有土地。到 18 世纪中期，这些地区的平原与森林都还处于未开发状态。法国对路易斯安那的占有引起了英国政府及其殖民地代表的不满，他们担心一旦法国出兵占领了密西西比河流域，那将使北美殖民地跨越阿巴拉契亚山脉向西部扩展的计划无法进行。最终，1756 年，英国与法国为争夺北美大陆的领土展开了激烈的战斗。

当时的英国政府在首相老威廉·皮特（William Pitt）强有力的领导下，派遣了大批军队到北美作战。1758 年，英国军队攻占了法国在圣劳伦斯海湾的路易斯伯格据点，并在第二年占领了加拿大的魁北克省，1760 年蒙特利尔又落入英国军队手中，英军在战争中取得全面胜利。最终 1763 年参与七年战争的欧洲列强签订了《巴黎条约》，法国放弃了对于加拿大与密西西比河以东的北美殖民地的所有权。

七年战争胜利后，英国在北美的政策进一步激化了英国政府与北美殖民地居民的矛盾。由于当时大量欧洲移民的迁入，北美殖民地人口大大增加，1750～1770年期间，北美殖民地人口从100万增至200多万，人口压力日渐增大。东部地区的土地因过度开发而地力下降，一些老市镇如新英格兰已经拥挤不

◎老威廉·皮特

堪，当地居民迫切希望向西发展，跨越阿巴拉契亚山脉进入俄亥俄地区进行殖民开发。但英国政府为了避免与当地印第安部落发生冲突，禁止北美殖民地向阿巴拉契亚山脉以西进行殖民。英国政府的限制政策无疑束缚了北美殖民地继续扩张的手脚。

英国政府为偿还巨额的战争债务，扶植英国本土迅猛发展的制造业，进一步加紧了对北美殖民地的控制：垄断了北美洲的商业，又控制着北美洲的运输，并对北美殖民地的糖、咖啡、纺织品等商品加征苛刻的进口关税，强迫殖民地居民负责当地英国军队的住房与给养。英国殖民当局的上述政策受到殖民地居民的强烈反对。

（二）"印花税"引起的纷争

1765年3月22日，英国议会又通过了《印花税法》。经议会批准后的《印花税法》规定："殖民地的报纸、年历、小册子、证书、商业单

据、债券、广告、租约、法律文件以至结婚证书等，都必须贴上票面为半便士至 20 先令的印花税票（须用硬币购买），违者将被送到不设陪审团的海事法庭受审。"对于这项《印花税法》，殖民地居民怨声载道，他们认为各殖民地的权利，是直接来自英王的特许而不是来自英国的议会，英国的议会里没有一个殖民地的议员代表，因此根本没有权利对殖民地加征税收，"无代表不纳税"成为当地居民反对课税的基本理由。

为反对《印花税法》的施行，许多殖民地居民秘密组织、开展反印花税斗争，提出了"要自由、财产，不要印花税"的口号。纽约、费城、波士顿的商人们决定联合起来，提出如果不废除《印花税法》，就拒绝销售英国的货物。殖民地当地的妇女们也组织起名叫"自由之女"的团体，她们自己纺纱织布，不穿从英国进口的纺织品，提出了"宁穿土布衣，决不失自由"的鲜明口号。

◎ 1765 年《印花税法》的印刷本

一些思想比较激进的人士为阻止《印花税法》生效，举行游行示威，高呼"要自由，不要印花税"，捣毁税局，放火焚毁成堆的税票，迫使税吏辞职，有些地方甚至发生了暴乱。在波士顿，一群反《印花税法》的人冲进当地名叫安德鲁·奥利弗的印花税票代销人家里，威胁着要杀了他，次日，这位代销人别无选择地被迫辞职了，其他印花税票代销人也都纷纷挂职而去。在纽约，副总督科尔登在一群反《印花税法》的人的冲击下逃到英国军舰上寻求保护，这群人随即袭击了伯特利要塞，冲击了总督的马车房，焚毁了印花税票，随后来到一位曾威胁要把《印花税法》从人们的喉咙里塞下去的守备军官家里，砸烂了他的家具与摆设，铲平了他的花园。

1765 年 11 月 1 日原本应该是《印花税法》正式生效的日子，可是当这一天到来的时候，殖民地已找不到一张印花税票，更找不出一个人来代销印花税票了，《印花税法》在殖民地居民的强烈反对下彻底流产，报纸不贴印花税票照样出版，商人在没有交税的情况下继续贸易。

10 月 7 日到 25 日，9 个殖民地派出 29 位代表在纽约召开反印花税会议，目的在于协调统一各殖民地的政治立场，它成为后来大陆会议的预演。10 月 19 日，会议通过了《权利和公平宣言》，在表示对英国议会"一切应有的服从"之后，提出北美的居民与英国本土的人们一样有着天赋的权利与自由，未经本人或代表的同意不得向他们加征任何税收，征税唯一的合法机构只能是殖民地议会而非英国议会。宣言同时宣布，由海事法庭对违反税收法令的人进行审判更是没有道理的。

殖民地抵制英货的运动，使英国商人遭受重大损失，与北美地区的贸易锐减，利润大幅度下降，他们也向英国政府施加压力，要求取消《印花税法》。在强大的反对声势压力下，1766 年 3 月，英国议会进行了一场激烈的辩论，最后同意撤销《印花税法》。

废除《印花税法》的消息传到殖民地后，当地居民欣喜若狂，欢声雷动，燃放烟火，鸣钟庆祝。在纽约城，当地居民烤了两头全牛，并向兴高采烈的群众免费供应啤酒和掺水的烈酒以示庆贺。

不过《印花税法》的失败并没有迫使英国政府放弃进一步控制北美殖民地政治经济、加征更多税收的努力，另外一番新的斗争较量很快就上演了。

北美大陆的印第安人问题

　　欧洲人最初到达新大陆时，南北美洲大陆上大约有900万印第安人居住。在中南美洲，西班牙人到达西印度群岛和中美洲以后，当地印第安文化开始衰微。一方面，由于印第安人与世隔绝，缺乏免疫能力，很多人因感染了从欧洲传来的新疾病而死，人口锐减；另一方面，当西班牙人和印第安人发生冲突时，欧洲人优越的军事装备使印第安人处于严重的劣势。

　　大西洋沿岸的印第安人部落和英国移民最初能和睦相处，但是由于两种文化完全基于不同的社会原则建立，处于不同的发展阶段，最终仍不免导致冲突。印第安部落从最初接触欧洲开拓者起，就经常在部落内部的战争中谋取欧洲朋友的帮助，例如，加拿大的法国人早期就卷入了休伦人和伊洛魁人部落之间的战争。另外，像英国与法国这样相互竞争的欧洲国家就新大陆发生冲突时，也会利用印第安人为他们帮忙出力。1763年以前，英法之间产生矛盾常常是一方纠集自己的印第安同盟者向对方的村落进行袭击。

第二节　波士顿倾茶事件

《印花税法》废除后，英国政府与殖民地的和谐关系暂时恢复，但英国并没有利用这一时机实时调整其殖民政策，也没采取其他容易为殖民地居民所接受的方式筹集经费。他们只是高高在上，认为英国议会能代表整个大英帝国，有权管束每一块土地和其领土上的每一个臣民。双方的利益矛盾并没能缓解多少，新一轮的冲突与摩擦再次发生。

（一）《唐森德税法》与"波士顿惨案"

1767 年 1 月，英国议会在财政大臣查尔斯·唐森德的建议下，通过了一个新的税收法案，这个法案以建议者的名字命名为《唐森德税法》，法案规定："英国的土地税由 20% 减至 15%，由此产生的 40 万英镑差额，需要从殖民地所征的税收中得到部分弥补。"法案规定对从英国输入北美殖民地的颜料、铅、玻璃、茶叶、纸张等征收进口税；在波士顿设立海关税务司总署；税收人员可以到船舱、私人住宅、店铺、货栈搜查违禁品。

和《印花税法》一样，《唐森德税法》再次遭到殖民地居民的强烈反对，波士顿地区出现了激烈的抗议示威活动。1767 年 9 月，波士顿城镇会议通过决议，号召殖民地人民不进口、不消费英国货，自己生产衣服、家具、车辆、钟表和其他消费品，以摆脱英国的控制。

在轰轰烈烈的抵制英货运动中，英国经济再次遭到重大打击。波士顿和费城的进口货物量减少了一半，纽约的进口货物减少了 83%。殖民地人民用手工纺织的土布代替英国的纺织品，用深红色的叶子代替茶叶，以殖民地自制的纸张代替英国的纸张，房屋不刷英国进口的油漆，时髦的花边也不见了，家庭产品成了自立光荣的标志。

为压制北美殖民地此起彼伏的抗议活动，英国向殖民地地区派遣了大量的军队。英军当时有两个团的兵力驻扎波士顿，以防止走私，他们日夜在城里巡逻，但由于军纪不严，严重滋扰当地居民的日常生活。英国部队还允许士兵业余打工挣钱，结果使不少城市工人失业，英国士兵与城市居民的关系日益恶化。

1770 年 3 月 5 日，驻扎在波士顿的英军以保护执行关税条例的英国官员为由，向进行抗议的一群当地民众开枪，结果打死四人，打伤六人，这就是美国历史上著名的"波士顿惨案"。惨案的发生再次激起了人民反英情绪的高涨，约 5 万人参加了葬礼游行。在群众的压力下，总督下令从波士顿撤军，枪杀群众的士兵受到审讯。发生波士顿惨案的同一天，英国政府为缓和抵制英货的经济压力，废除了《唐森德税法》规定的关税，但保留对茶叶征收进口税，以维护英国议会有权向殖民地征税的原则。

◎波士顿惨案

为反抗英国殖民者的高压统治，在当地绅士塞缪尔·亚当斯（Samuel Adams）的领导下，波士顿市镇会议的选民成立了第一个通讯委员会。通讯委员会的主要任务是通过信函传递，扩大宣传和互通情报，在马萨诸塞民众中间统一反英活动。3 个月内，马萨诸塞很快就成立了 80 个通讯委员会，新英格兰的其他殖民地也加入了这一运动。最后，除宾夕法尼亚和北卡罗来纳外，各殖民地至少有一个通讯委员会。到 1773 年，所有通讯委员会建立了联系。通讯委员会推动独立斗争统一行动，为第一届大陆会议的召开做了组织上的准备。

（二）波士顿倾茶事件

1773 年 12 月发生的波士顿倾茶事件成为反英斗争的高潮。英属东印度公司原本垄断了印度与大英帝国以及其他地区的贸易，但因经营不善，再加上荷属东印度公司的竞争，面临破产，当时东印度公司积压了近 1800 万磅茶叶急于脱手。1773 年，为挽救英属东印度公司，英国议会通过了《茶叶法》。《茶叶法》规定英国政府退还东印度公司运往新英格兰地区茶叶的关税，允许公司不通过英国或北美的批发商而直接将茶叶出口销售到北美殖民地，这就使英属东印度公司在殖民地的茶价可以大大降低，甚至低于从荷兰运来的走私茶叶的价格。公司还指定那些未参与抵制英货的商人作为销售茶叶的代理商，这样，公司垄断了殖民地的茶叶市场，对当地的茶叶生产与销售构成强有力的竞争。为了阻止东印度公司的茶叶上岸进入市场，波士顿民众在塞缪尔·亚当斯的领导

◎波士顿倾茶事件是一场马萨诸塞波士顿居民对抗英国国会的政治示威。它是北美人民反对殖民统治暴力行动的开始，是美国独立运动的关键点之一

下组成了"茶社"（Boston Tea Party），并于 12 月 16 日化装成印第安人登上运载茶叶的船只，将价值 9000 英镑的 342 箱茶叶抛入大海。

英国政府认为"波士顿倾茶事件"是对殖民当局正常统治的恶意挑衅，为压制殖民地民众的反抗，1774 年 3 月英国议会通过了惩罚性的法令，即《波士顿港口法》《马萨诸塞政府法》《司法法》和《驻营法》。这四项法令统称为"强制法令"，规定英军可强行进驻殖民地民宅搜查，取消马萨诸塞的自治地位，封闭北美最大的港口波士顿港。这些法令明显地剥夺了殖民地人民的政治和司法权利，激起了他们的联合反抗，直接导致了第一届大陆会议的召开。

（三）第一届大陆会议

1774 年 9 月 5 日到 10 月 26 日，第一届大陆会议在费城召开，除佐治亚外的 12 个殖民地派出了 55 名与会代表（佐治亚代表团遭总督阻止未能与会）。这 55 人中，绝大多数是律师，其他的是商人和农场主，其中有塞缪尔·亚当斯、约翰·亚当斯、乔治·华盛顿等未来美国的开国元勋。

会议首先讨论了宾夕法尼亚代表约瑟夫·盖洛韦提出的政治方案。此方案主张设立一个北美议会，与英国议会一起共同管理殖民地事务，未经它的同意，英国议会不得向殖民地颁布任何法令。正当代表们对该方案进行激烈辩论时，"自由之子"中的保罗·里维尔从波士顿火速赶来，向大会递交了《萨福克决议案》，这一方案是在 9 月 9 日马萨诸塞殖民地萨福克举行的一次会议上获得通过的。决议案历数殖民地遭受的种种不公平待遇，要求改变这种现状，并指出："强制法令是不公正、不合法的，因而也是无效的，马萨诸塞应该武装起来对抗英国的暴政。"决议案还要求各殖民地对英国货物实行全面抵制。这项措辞严厉、饱含激进色彩的法案，很快获得了与会代表的认同。

10月14日，会议通过了由约翰·亚当斯起草的致英国及北美殖民地的《权利宣言和陈情书》，重申了殖民地人民对英国当局的种种不满和英国议会无权征税的观点，指出：殖民地民众有生存、自由和财产的权利，只有直接代表他们的机构才有权向他们征税。为了使英国政府能够接受，陈情书仍认可英国议会有权管理殖民地的商业。为了对英国的强制法令进行报复，会议决定全面抵制英货。会议最后商定，到次年5月，如果殖民地的状况仍未改善，将再次聚会考虑采取更强硬的措施。

会议结束后，抵制英货的执行效果很好。1772年，英国对北美殖民地的出口将近500万英镑，1774年降至约250万英镑，1775年就只有25万英镑了。

第一届大陆会议的决议传到英国后，英国的统治阶级内部几种不同的意见进行着激烈的交锋。大部分议员认为，殖民地正在一步步迈向独立，只有更强有力地显示英国议会的权威，才能压制殖民地的反抗活动。国王乔治三世也主张这种看法，他在1774年11月的一份诏谕中说："新英格兰各地政府正处于一片叛乱状态。必须狠狠痛击，从而断定他们究竟是将臣服于我国，还是企图独立。"但少数议员，如前首相威廉·皮特却认识到了事态的严重性，提出向北美殖民地进行让步。1775年1月20日，他在议会里提出了一项主张撤销

◎ "自由之子"是美国革命期间反抗英国统治的秘密民间组织。图为波士顿倾茶事件后，"自由之子"的成员们羞辱英国税务官的情形。此税务官身上被涂上柏油并粘满了羽毛，"自由之子"的成员还给他强行灌热茶

强制法令以及从殖民地撤军的动议，但是这一提议未获通过。3 天以后，又一项要求撤销强制法令的提议在议会提出，同样遭到否决，随后，威廉·皮特继续努力，以避免与殖民地民众发生直接的对立冲突，要求英国议会承认大陆会议提出的"各项合乎实际的要求"，但仍然归于失败。

第三节　莱克星顿的枪声

在美国马萨诸塞州波士顿市西郊有个名叫莱克星顿的小镇，在镇的中心区，矗立着一座英姿飒爽、手握步枪的民兵铜像。旁边一块粗糙的石碑上刻着这样的豪言壮语："坚守阵地。在敌人没有开

◎莱克星顿民兵铜像

枪射击前，不要先开枪；但如果敌人硬要把战争强加在我们头上，那就让战争从这里开始吧。"也就是在这个地方，美国独立战争打响了第一枪。

（一）莱克星顿的枪声与布里德山战役

第一届大陆会议闭幕后，殖民地当地的民兵和驻殖民地的英军，都在秣马厉兵，集结物资和训练民兵，冲突一触即发，形势最为严峻的马萨诸塞更是紧锣密鼓地准备着。马萨诸塞总督兼驻殖民地英军总司令托马斯·盖奇率领军队坐镇波士顿，修筑工事，日夜练兵，还派间谍收集殖民地当地的情报。1775 年 4 月 18 日，一名英军侦察员向盖奇报告说，殖民地的民兵正在离波士顿 20 英里的康科德征集火药和军需品，盖奇当即决定派兵摧毁康科德的这批军火，并到莱克星顿逮捕殖民地塞缪尔·亚当斯

等反抗运动领袖。很快英军的计划被"自由之子"探得，保罗·里维尔立刻星夜奔驰，赶往康科德报告。民兵们闻讯后马上集合起来，埋伏在公路的两旁，准备打一场漂亮的伏击。

◎莱克星顿的枪声

4月19日凌晨，由指挥官约翰·皮特凯恩率领的英国士兵到达莱克星顿地区，与当地民兵发生了遭遇战。起初，双方都有一点迟疑，只是互相喊叫和下命令。喧哗之中，不知从哪里传来一声枪响，接着，双方开火，民兵寡不敌众，在英军的强大炮火下，10死8伤，被迫撤退。莱克星顿遭遇战后，英军继续前进来到康科德，在销毁了他们发现的一部分民兵征集的军火后开始撤退，但归途上遭到民兵的沿路伏击。一路上，从附近村庄赶来的数千民兵躲在岩石、树林、灌木丛、房屋后面，对准沿途的英军开枪射击，打得英军措手不及，连连后退。最后狼狈不堪的英军退回到波士顿时，死伤共240多人。不久，成千上万的民兵从新英格兰各地陆续赶来，不到一个星期，就把波士顿团团包围了。

1775年6月中旬，三名英国少将——威廉·豪、约翰·帕高英、亨利·克林顿率领数千名英军赶来，援助被围困在波士顿的英军。在获悉增援部队到来后，盖奇决定击退围攻的民兵。6月17日凌晨，500多名民兵在波士顿北面的布里德山建立阵地，以阻止波士顿的英军与增援的英军会合。当天下午，威廉·豪将军率领2200名英军发动攻击，意图攻占布里德山。一番激烈战斗后，英军经过三次进攻，最后占领了阵地，但同时也付出了很大的伤亡代价。

（二）第二届大陆会议的召开

为进一步加强协调行动、统一认识，1775 年 5 月 10 日，北美各殖民地代表在费城召开了第二届大陆会议，这届会议共有 12 个殖民地 66 位代表参加，佐治亚州未派代表。在 66 名代表中，有 25 名律师，其他是商人、农场主等，波士顿富商约翰·汉考克被选为会议主席。

这届大陆会议的召开有其显著特点：一手举着橄榄枝，一手握着利剑，尽管战斗已经开始，代表们仍然希望避免与英国彻底决裂。7 月 5 日，会议通过了约翰·迪金森起草的致国王乔治三世的《橄榄枝请愿书》，向国王表示忠诚，恳请结束敌对行动，并把引起争执的根源归到英国内阁身上而非国王本人。但当殖民地派遣的代表，亲英的宾夕法尼亚总督理查德·佩恩来到英国觐见英王呈递请愿书时，却吃了个闭门羹，乔治三世不仅拒绝接见他，还在 8 月 23 日宣布北美殖民地现在是在"公开的，自认不讳的叛乱之中"，因而这枝"和平橄榄枝"就这样枯萎了。

同时，大陆会议又通过了约翰·迪金森和托马斯·杰斐逊共同执笔的《关于拿起武器的原因和必要性的公告》，该公告称："我们已经陷于必须做出抉择的境地，或者是无条件地屈服于愤怒的大臣们的暴政，或是以武力进行反抗，在此种情况，只能选择后者"，"我们将使用敌人迫使我们拿起的武器……来捍卫

◎ 1776 年 7 月 4 日，第二届大陆会议发表了《独立宣言》并决定新生的美国必须有一个特殊的国徽。1782 年 6 月 20 日，美国国会通过决议，把北美洲特有的白头海雕作为美国的国鸟，并把这种鸟作为国徽图案的主体

我们的自由，万众一心，决意宁为自由而死，也不愿作为奴隶活着"。

大陆会议另一重要决定就是下令募集志愿军接管改建波士顿周围的民兵，组建一支有 1.7 万人的大陆军，并任命乔治·华盛顿为大陆军总司令，同时发行纸币，向英国的宿敌法国与西班牙寻求援助，购买军火。

1776 年 1 月，托马斯·潘恩代表殖民地人民要求自由独立的愿望，发表了一本名为《常识》的小册子，该书用通俗的语言，指出英国的君主立宪政体带有很大的专制主义残余，揭露了英王君主统治的腐败，号召人们放弃对英王不切实际的幻想。他还深入浅出地阐述了天赋人权的哲理，鼓吹独立的必要性与迫切性，号召人民建立民主共和国，这篇革命檄文吹响了殖民地独立的嘹亮号角。

爱国义士内森·希尔（Nathan Hale）

1755 年，希尔出生在康涅狄格州的考文垂市（Coventry），他原本是一个教贸易的老师。1775 年 7 月 6 日加入了大陆军的队伍，并迅速晋升为上尉。后来，华盛顿带领部队进入曼哈顿岛，在哈伦高地（Halem Heights）的战役里，华盛顿需要派遣一位志愿者到敌军后方进行一次侦察任务。内森·希尔自告奋勇，大步向前，接下了这项危险的任务。

内森·希尔乔装成一个荷兰籍的教师，从 9 月 12 日起，开始进行他的侦察任务。一个星期之后，希尔收集到许多英军部队驻扎位置的信息，但是他在返回大陆军所在地时遭到英军的逮捕。因为希尔身上带着那些重要的文档，所以英军认定他是一个间谍，英军司令豪将军于是决定将年轻的希尔吊死。1776 年 9 月 22 日，当他把生命奉献给国家之前，他说了那句被后人广为传颂的名言："我唯一的遗憾，就是只有一条生命可以献给我的国家。"

第四节　独立战争的进程

美国独立战争是世界历史上首次殖民地人民打败宗主国并获得独立的战争，在法国和西班牙的援助下，数万名为自由而战的大陆军官兵顽强抗战，最终以 8 年的时间，击败了拥有 800 万人口的大国英国，成为世界战争史中以弱胜强的典范。

（一）《独立宣言》

1774 年 9 月 5 日召开的"大陆会议"，不仅是北美独立战争的指挥部，也是合众国赖以形成的直接母体。因为它是由各殖民地民选议会选派的代表组成的，它的召开意味着以往各自独立、互不相连的殖民地，第一次找到了一个相互联系的历史性平台。

1775 年 12 月，英国议会宣布禁止与北美殖民地开展贸易活动，下令查禁没收在大西洋海上航行的北美殖民地船只。英国政府对待北美殖民地反抗运动的强硬态度无疑进一步增强了北美殖民地的独立意愿。

当年四五月间，北卡罗来纳、弗吉尼亚、宾夕法尼亚和新泽西的代表先后在第二届大陆会议上要求脱离英国的殖民统治而宣布独立。1776 年 6 月 7 日，弗吉尼亚州代表理查德·亨利·李向大陆会议提出建议，宣布 13 个殖民地应当是自由和独立的，"大陆会议"应该与外国缔结同盟，应制订实行联合的总体计划。会议决定成立一个由约翰·亚当斯、本杰明·富兰克林、托马斯·杰斐逊等人组成的委员会来负责起草《独立宣言》。

◎第二届大陆会议签署美国《独立宣言》，油画约绘于 1783 年

◎在费城独立大厅外面，矗立着一座现代化的钟楼，世界最著名的大钟之一——自由钟安放其中。钟面上刻着《圣经》上的名言："向全世界的人宣告自由。"

宣言最终由杰斐逊执笔。7 月 2 日大陆会议宣布与英国政府断绝政治联系，并对《独立宣言》进行讨论。7 月 4 日，《独立宣言》正式获得通过，并由各殖民地代表签字。这份划时代的文献宣布：美利坚人已成为"一个民族"（one nation），生存、自由和追求幸福是天赋人权，建立政府就是为了保证这些权利。政府的权力来自被统治者的认可，如果政府损害了建立政府的初衷，民众就可以改变或者推翻它。为了博取欧洲民众的同情，他们将斗争的矛头对准了世袭的国王而不是由选举产生的议会。宣言列举了英王解散殖民地议会、向殖民地人民强行征税等 27 条罪行,指出他违反原来与殖民地订立的"契约",不配再做"一个自由民族"的统治者。最后,宣言宣布:"这些殖民地应成为而且应当名正言顺地成为自由独立的国家,解除它和英国的一切政治联系,及一切对英王的隶属关系。"

1776 年 7 月 4 日,从大西洋东海岸到阿巴拉契亚山,整个北美殖民地一片欢腾。在费城,教堂钟声齐鸣,大陆军士兵也列队鸣枪致贺,全城沸腾了。这一天,北美殖民地的广大民众都在为《独立宣言》的发表而狂欢庆祝。《独立宣言》的通过与发表,标志着美利坚合众国的正式诞生。7 月 4 日,被确定为美国的国庆日。

《独立宣言》不仅宣告了一个新的国家的诞生,而且阐明了一种人类自由的哲理,对于此后的整个西方世界都产生了巨大的影响。

> 在有关人类事务的发展过程中,当一个民族必须解除其和另一个民族之间的政治联系,并在世界各国之间依照自然法则和上帝的意旨,接受独立和平等的地位时,出于人类舆论的尊重,必须把他们不得不独立的原因予以宣布。
>
> ——《独立宣言》

(二)独立战争的经过

独立战争初期,北美殖民地各地组成了民兵队伍,实行机动灵活的游击战,所以暂时掌握着优势。相反,英国殖民当局对形势估计不足,其本土的增援部队直到 1776 年 6 月才陆续抵达。所以,大陆军在战争初期初战告捷,英国军队显得比较被动。但随着战争的继续,大陆军的弱点逐渐显露出来，组成大陆军的民兵缺乏有效的军事训练，装备与军火供应也十分匮乏，作战指挥的效率不高，军官们常为各自的军衔与权威争论不休，很快大陆军就处于十分被动的境地。

1776 年 8 月 27 日，英军总司令威廉·豪率 2 万名英军与数千名德意志黑森雇佣军在长岛登陆，俘获驻守在那儿的大陆军斯特林将军及近千名大陆军士兵，接着英军进逼纽约，对大陆军实行分割包围，各个击破。华盛顿意识到处境的危险，于 8 月 29 日在夜幕掩护下率部渡过哈德逊河，进入宾夕法尼亚，挫败了英军围歼大陆军的计划。但此时局面对大陆军十分不利，华盛顿在写给弟弟的信中说他害怕北美的大陆军已经到了山穷水尽、一败涂地的境地。此后英军乘船沿海岸南下，于 9 月 26 日攻克了大陆会议的所在地费城，大陆会议被迫撤离到宾夕法尼亚的约克镇，独立战争一下子处于最严峻的阶段。

◎英军在萨拉托加向大陆军投降

10月的萨拉托加战役成为局势的转折点，伯戈因将军驻扎在加拿大的英军南下，企图与豪将军的军队会合，对大陆军构成合围，但豪将军率领的英军只顾攻占费城，未给他们以有效的配合，使得哈德逊河流域的美军后方没受到豪的英军的威胁，因而能抵御伯戈因的军队南下。而伯戈因的英军远离后勤供应基地，沿途又遭到民兵阻击，伤亡惨重，撤退到萨拉托加附近时，孤立无援，于10月17日被迫向大陆军投降。

萨拉托加大捷的政治意义远大于其军事意义，英国议会和内阁开始认识到英国存在战败的可能，

黑森雇佣军

西方近代历史上享有盛誉的黑森（Hessen）雇佣军主要由莱茵地区尤其是黑森—卡塞尔地区的日耳曼族士兵组成。黑森—卡塞尔是一个德意志小邦国，位于今天德国黑森州，历来有雇佣军传统，雇佣军的佣金曾经超过了一半的国家收入，正如统治黑森地区的伯爵威廉八世所说："失去了雇佣军，我们将失去所有的资源。"

基于这样的传统，历史上的黑森雇佣军非常重视军队的维持与训练，常备军维持在2.4万左右，军民比达到了令人吃惊的1:15，他们的军官素质在当时领先欧洲，加上德意志民族高度的纪律性和坚韧不拔，黑森雇佣军成了各个战场上的常客，而且以作战勇敢、战绩卓著而驰名，被誉为"能够用金钱买到的最优秀的军队"。

在美国独立战争中，英国花费2000万泰勒（当时的货币单位，与现在美元的兑换率大概是1:15，所以现在可以理解为3亿美元）从黑森—卡塞尔公国雇佣1.2万名黑森雇佣军，当然，由于北美战事吃紧，后来陆续增加到近3万人。

黑森雇佣军作风强悍，严守纪律，深受英国政府和军方的青睐。在北美战场上，3万名黑森雇佣军近一半战死、病死和失踪（其中病死的最多），还有许多人留在独立后的美国，成为美利坚的子民。

因而出现了议和的呼声。在七年战争中失败的法国，在战争之初就秘密以金钱和武器援助美国，但由于还不相信美国的力量，因而在公开的国家场合仍保持严守中立的姿态。萨拉托加大捷之后，1778年2月，法国和美国正式缔结同盟条约。6月，英、法海军交火，法国终于加入反英战争。

不久荷兰与西班牙也相继承认美国，加入反英的联盟，作为大陆会议特使前往法国争取援助的富兰克林以灵活的外交手腕，争取国际舆论的同情，孤立英国，为改善美国的国际环境做出了重大贡献。

1781年8月底，华盛顿亲率5700名大陆军、3100名民兵与法国拉法伊特将军率领下的7000名法军，将固守在港口城市约克敦的南方部队司令康沃利斯率领的英军团团围住。康沃利斯原来指望英军的海上支援力量，但在英国舰队赶来时，才发现法国海军已占有压倒性优势。当英军总司令克林顿于10月24日带领7000名英军赶来增援时，为时已晚。康沃利斯和将近8000名英军已在10月19日向大陆军缴械投降，美国独立战争取得了决定性胜利。

美国取得约克敦大捷的消息传到欧洲后，英国下议院决定结束战争。和平谈判于1782年4月间开始，直至11月底才结束。英、美初步缔结了和约，并于1783年在巴黎正式签字，成为定案，《巴黎和约》承认北美13个殖民地独立，并享有自由与主权，且划定了美国北部的边界线，大致与现在的边界线相同。

美国独立战争历时八年，在这场伟大的革命中，有2.5万美国人前仆后继拿起武器为自由而战，在战争即将结束时，华盛顿说了句很有远见的预言："我们的命运将涉及未来世世代代的亿万男女的命运。"

独立战争的经过：

1773年12月　波士顿倾茶事件

1775年4月19日　清晨，莱克星顿的枪声拉开了美国独立战争的序幕。

1776年7月4日　第二届大陆会议通过《独立宣言》，宣告美利坚合众国诞生。

1782年11月30日　英国新政府与美国达成停战协议。次年9月3日，双方在巴黎签订和约，英国被迫承认美国独立。

第五节　华盛顿，异人也

在美国首都华盛顿，有一座标志性建筑——华盛顿纪念碑。碑上镶嵌着铸文石刻计 190 方，取自世界各地，皆为歌颂美国国父之词语。其中，一方刻石为汉字所书，嵌在纪念碑第十级墙壁上，碑文如下："华盛顿，异人也。起事勇于胜广，割据雄于曹刘，既已提三尺剑，开疆万里，乃不僭位号，不传子孙，而创为推举之法，几于天下为公……"。

（一）从土地测量员到军官

1732 年 2 月 22 日，乔治·华盛顿出生于美国弗吉尼亚州威斯特摩兰县的一个大种植园主家庭。他的父亲奥古斯丁·华盛顿是当地一位富有的农场主，他还有个同父异母的哥哥劳伦斯·华盛顿。幼年的华盛顿深得父母的宠爱，与继兄的感情也非常好。华盛顿只在一所老式的学堂接受过基础教育，学习了一些简单的科目如识字、算术等。

1743 年，华盛顿的父亲不幸去世，兄长劳伦斯承担起照顾他的责任。1747 年，他正式搬到兄长的庄园生活。在这里，他开始接触到一些受过高等教育的名门望族，在与其交往的过程中，他慢慢养成了一些良好的习惯，学到了英国上流社会的道德观念、礼仪典章和温文尔雅的风度。华盛顿在此期间还很快学会了测量仪的操作使用，开始了测量员的职业生涯，1749 年夏季，他已经成为当地一名颇有名气的正式测量员了。他从事这项职业历时三年之久，在这几年的测量生活中，他熟悉了当地的风土人情，适应了野外的艰苦生活，磨炼了意志，并学会了如何与印第安人交往。

1752年，继兄劳伦斯因病去世，华盛顿不仅按其遗愿继承了他拥有的弗农山庄的产业，还改行从戎，接替劳伦斯在弗吉尼亚州的民团副官职务。

1753年秋，华盛顿得知北部的法国军队侵占了伊利湖附近的俄亥俄河谷，弗吉尼亚的总督丁威迪打算派人向入侵的法军指挥官送一封警告信。他立即自告奋勇，主动提出要承担这项任务，并很快获得批准。11月15日，他带着一小批随员出发前往伊利湖畔法军的驻地牛肉堡，途中风雪交加、天寒地冻，条件十分艰苦。他们往返路程近千公里，历时两个多月，有一次，华盛顿为躲避印第安人的追赶，不得不跳入汹涌的河流，凭借良好的水性游到对岸。他意志坚强，终于历经万难，把总督的信及时交付给法军的指挥官，并带回了法方的复函。

◎华盛顿戎装画像

送信归来不久，华盛顿率领一支英军分队第一次参加了法军与印第安人的战斗。1754年5月27日，他率领的分队在宾夕法尼亚州南部击溃了一支法军的侦察队，歼灭法军数十名，初步显示了他卓越的军事指挥才能。同年6月，他晋升为上校，指挥弗吉尼亚州全州的民团队伍。1759年，因受当地官僚排挤，华盛顿辞去军职，回到家乡，与当地富有的寡妇玛莎·卡斯蒂丝结婚。通过与玛莎的结合，华盛顿不仅得到了一大笔地产，还进入了当地上流社会的圈子，不久，他又当选为州议员。他与玛莎的婚姻生活十分美满，生活安逸而舒适。

（二）大陆军总司令

随着殖民地民众反抗英国政府殖民统治的斗争风起云涌地展开，华盛顿很快离开他安乐的弗农山庄，加入美利坚民族争取自由与解放的独立战争中。1774 年，他被推选为弗吉尼亚州的代表参加了第一届大陆会议。1775 年 6 月 15 日，他被与会代表一致推举为大陆军的总司令，承担起北美独立战争领导者的历史重任。

他所指挥的军队，是一群从农村征来的没有经过正规军事训练的新兵，纪律涣散，装备匮乏，但大都抱有强烈的反抗精神。而他面对的英军则装备精良，训练有素，久经沙场。华盛顿就这样率领着一群缺乏训练的业余战士，抗击着当时世界强国的强大军事力量。整个独立战争期间，他们克服了许多无法想象的困难，经受住了一次次失败的打击，但始终坚持不懈，直至最终取得战争的胜利。

1783 年《巴黎和约》签订后，华盛顿以大陆军总司令的名义下令解散了他一手组建的大陆军，在新泽西的落基山下，他向曾与他朝夕相处、浴血奋战的士兵们发表了慷慨激昂的告别演讲。1783 年 12 月 4 日，在纽约的弗朗斯酒馆，华盛顿与大陆军军官们举行告别酒会。他举起酒杯，说道："我满怀热爱和感激之情向各位告别。我诚挚地希望你们今后的生活将与你们过去的光荣和体面生活一样，幸福而美满。"

（三）合众国的首任总统

虽然华盛顿在弗农山庄隐居，远离喧嚣的政坛，但一直关注着新生的美利坚合众国。此时的美国政府非常虚弱，无法有效承担管理国家的责任。为此，美国的开国元勋们开始着手制定一部强有力的联邦宪法，美国民众要求他重新出山担任公职。在 1787 年的制宪会议上，华盛顿被选为会议的主席主持会议，在会议上，华盛顿竭尽全力用自己的威望和影响力，为代表们之间的相互沟通创造气氛，起到了平衡和协调的作用。

在 1789 年 2 月举行的总统选举中，华盛顿众望所归，最后以全票当选为美利坚合众国第一任总统。

1789 年至 1797 年，华盛顿在两度担任美国总统期间，美国政府形成了规范的内阁制，确立了宪法的权威，经济上恢复了国家信用，外交上通过了与英国签订的《杰伊条约》，保证了美国领土的完整。总统任期届满后，华盛顿又回到弗吉尼亚州的弗农山庄，再次过起退隐的生活。美国国会曾邀

徐继畲与华盛顿

徐继畲继魏源《海国图志》之后，于 1848 年写就《瀛寰志略》，这是一部更加系统地介绍世界地理之著述，在书中他特别肯定了美国首任总统华盛顿的功绩，其中包括前述用于华盛顿碑文之内容。

恰在此时，美国政府为纪念国父华盛顿决定建造纪念碑，并于 1848 年 7 月 4 日安放第一块奠基石。总统波尔克亲临开工典礼，并向全世界广征纪念物。当美国政府向中国征集相关的纪念物时，美国传教士丁题良得知中国官员徐继畲对华盛顿不仅非常了解，而且发表过相关评论，于是，他购得上等石料制碑并把徐继畲的原文刻在石碑上。1853 年，此碑漂洋过海到达美国，赠予美国华盛顿纪念馆。1862 年，美国的另一位传教士将碑文译成英文发表，徐继畲的言论在美国不胫而走。美国人感兴趣的是，在遥远的大清国，竟有一位官员如此推崇歌颂他们的国父华盛顿。徐继畲境遇也因此有了转机，同治三年（1864 年），在罢职 12 年后，徐继畲以三品官阶供职于总理衙门，负责协办清廷外交事务。

为表达对徐继畲的感谢，1867 年 10 月 21 日，美国第十七任总统安德鲁·约翰逊特请著名画家普拉特摹制了一幅华盛顿肖像，由驻华公使蒲安臣代表美国政府赠予徐继畲，并举行了隆重的赠予仪式。

请他出任第三任总统，但被他一口谢绝。

1799 年 12 月 14 日，一代伟人华盛顿在家乡病逝。他去世的消息传来后，举国哀恸，当时正在开会的国会休会一天，昔日的敌人英国也为他的逝世鸣礼炮 20 响致哀。在 12 月 24 日举行的追悼会上，他生前的属下亨利·李致悼词，悼词的一段话成为家喻户晓的名句：

"他在建立战功方面是独一无二的，他在和平建设方面的政绩是独一无二的，他受人民怀念之深是独一无二的，他是一位举世无双的伟人。"

为了纪念他的功绩，美国国会在 1791 年决定，于大西洋岸的波托马克河畔建立一个新的首都，取名"华盛顿"。1800 年，新都建成后，政府所在地就从费城迁到了华盛顿城。

华盛顿生平

1732 年　生于美国弗吉尼亚。

1753～1758 年　在军中服役，积极参加了法国人同印第安人之间的战争。

1759 年　回到弗吉尼亚，当选为弗吉尼亚州议员，并与寡妇玛莎结婚，成为弗吉尼亚最大的种植园主。

1774 年和 1775 年　先后作为弗吉尼亚议会的代表出席第一届、第二届大陆会议。

1775 年 7 月 3 日　就任大陆军总司令。

1789 年　当选为美国第一任总统。

1793 年　再度当选总统。

1796 年 9 月 17 日　他发表告别词，表示不再出任总统。从而开创美国历史上摒弃终身总统，和平转移权力的先例。次年，回到弗农山庄。

1799 年 12 月 14 日　在家中病逝，举国致哀。

第六节 美国的"普罗米修斯"——富兰克林

他出身寒微，既没有从祖辈继承任何财富，也没有任何世袭的社会地位，却在北美殖民地摆脱英国的独立斗争中发挥了关键作用，而且影响了当时的科学研究与发明、教育、政治思想和新闻业。他就是在暴风雨中放风筝的那个人——本杰明·富兰克林。

（一）早年的奋斗经历

富兰克林1706年1月17日出生于波士顿，父亲约赛亚1683年从英格兰移民到波士顿，以制售蜡烛为生，他是17个子女中最小的儿子。在8岁时，富兰克林被父亲送到当地的文法学校读书，他聪敏好学，学习成绩很快在班级中名列前茅，他特别喜欢读书，零用钱全部用在买书上。但好景不长，两年后因家庭经济条件窘迫，他被迫辍学回家，开始跟着父亲学做蜡烛。12岁时，在他的坚持努力下，父亲终于答应送他到哥哥詹姆士的印刷作坊里做学徒。在那里他结识了几个书店里的学徒，并央求他们每天晚上从书店借出一本书。待他废寝忘食一直读到第二天凌晨，再把书送回书店。凭借这种好学的精神，他很快就成为一个博学多才的人。

1720年，富兰克林的哥哥詹姆士创办了一份叫《新英格兰报》的报纸，富兰克林开始负责报纸的发行工作。本杰明的文章写得很好，他借用"赛伦思·杜古德"这个通常是老太太才用的名字替这家报纸撰稿。这些文章嘲讽了波士顿形形色色的人物和事件，在当地引起一阵街谈巷议。

他的身份被发现后，引起了詹姆士的不满。富兰克林也想自己出去闯荡一番，就离开波士顿，在朋友的帮助下前往纽约。几经辗转，1723年，17岁的富兰克林来到费城，在一家印刷工厂里做印刷工。

他来到费城做的第一件事就是买了三大块面包，腋下夹着两块，嘴里吃着一块，就这样沿着费城的大街走去，一面走一面观察着所有的建筑物和行人。一位年轻妇女看到他那奇怪而又笨拙的样子，便嘲笑起他来。这次邂逅使本杰明终生难忘，这位叫黛博拉·里德的年轻妇女，后来成了本杰明·富兰克林的夫人。

后来，他自己创办了一家印刷所，出版了费城的第一份报纸《宾夕法尼亚报》，在克服种种困难后，他的印刷所逐渐站稳了脚跟。他出版了有名的历书《穷理查智慧书》，这本书包含了日历表、节假日、集市日甚至食谱、节气等内容，给当时殖民地民众的日常生活带来极大的便利，很快成为畅销书，每年可卖出1万多本，富兰克林也很快成为当地很成功的印刷出版商。

在空闲的时间，他组织了一个名为"共读社"的读书俱乐部，成员大多数是当地的工人、技师、鞋匠、瓦匠，俱乐部的成员们每星期五晚上聚会，谈论自然科学、政治、文学和哲学。在富兰克林的领导下，"共读社"几

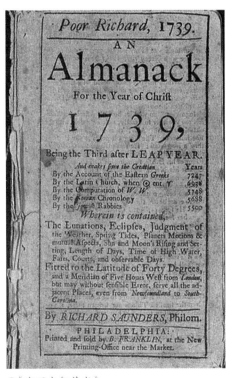

◎《穷理查智慧书》

乎存在了 40 年之久，后来发展为 1743 年创立的美利坚哲学会，成为美国科学思想的中心，1769 年他被选为该会的会长。

富兰克林还建议在当地设立一座公共图书馆，人们每月缴纳少量的钱，就能使用图书馆房间并借阅新书。这就成为美国第一座公共图书馆。通过努力，他还为费城建造了第一所医院，以及后来发展为宾夕法尼亚大学的费城学院。

1736 年，他被选为费城地方议会的书记，开始步入官场。1737 年，他被任命为费城的邮政局长。富兰克林办事公道、讲求效率，很快赢得了大家的尊重与认可，在他的努力经营下，当地邮政开始扭亏为盈，出现了前所未有的繁荣局面。虽然工作越来越繁重，可是富兰克林仍然每天坚持学习。为了进一步打开知识宝库的大门，他孜孜不倦地学习外语，先后掌握了法文、意大利文、西班牙文及拉丁文。他广泛地接受世界科学文化的先进成果，为自己的科学研究奠定了坚实的基础。

《穷理查智慧书》

历书是每日生活的指引，有日历、天气预报等丰富信息，历书在印刷术发明之后获得了更为广泛的流传，在互联网、电视、广播问世之前，许多人每年都要定时购买历书，了解假日以及月亮周期等信息。

富兰克林在 1732 年决定撰写一本历书，他称为《穷理查智慧书》，其作者表面上是名为查理·桑德士的穷汉，但作者真实的身份就是本杰明·富兰克林。穷汉查理被描绘为一个有些迟钝但很好笑的乡下居民，他崇尚努力工作与简单生活，许多富兰克林的名言都是通过他这个角色说出来的，如 " 欲速则不达 "（Haste makes waste）、"早睡早起使人健康、富有且聪明"（Early to bed and early to rise, makes a man healthy, wealthy, and wise）。

（二）一代科学巨匠

让富兰克林闻名欧洲的是他的一系列科学发明与成就。凭借浓厚的兴趣爱好，他完全靠自学，最终成为一名伟大的科学家，他最为人称道的是发明避雷针的故事。

1752年6月的一天，阴云密布，电闪雷鸣，一场暴风雨就要来临了。富兰克林带上他的儿子威廉，拿着上面装有一个金属杆的风筝来到一个空旷地带。富兰克林高举风筝，他的儿子则拉着风筝线飞跑。由于风大，风筝很快就被放上高空。一刹那，雷电交加，大雨倾盆。富兰克林和儿子一道拉着风筝线，父子俩焦急地期待着，此时，刚好一道闪电从风筝上掠过，富兰克林用手靠近风筝上的金属杆，立即感到一种恐怖的麻木感。他抑制不住内心的激动，大声呼喊起来："威廉，我被电击了！"回家以后，富兰克林用雷电进行了各种电学实验，证明了天上的雷电与人工摩擦产生的电具有完全相同的性质。富兰克林关于雷电就是电火花的假说，在他自己的这次实验中得到了完全的证实。

第一个避雷针也是富兰克林制造出来的。他把几米长的铁杆，用绝缘材料固定在屋顶，杆上紧拴着一根粗导线，一直通到地下。当雷电袭击房子的时候，它就沿着金属杆通过导线直达地下，房屋建筑就会避开雷电的袭击而完好无损。1753年，富兰克林在他的历书上发表了制造避雷

◎本杰明·富兰克林取电于天

针的方法，这之后形成了一种风尚，欧洲的妇女们开始在帽子上装一个避雷针，还拖着一根接地线。避雷针的成功发明使富兰克林在全世界科学界名声大振，英国皇家学会给他送来了金质奖章，聘请他担任皇家学会的会员。

此外，富兰克林还进行了多种科学研究。他发明了能节约 3/4 燃料的新式火炉——富兰克林炉；发明了老年人用的双光眼镜，既可看远，又可看近；发明了医学上使用的具有伸缩性的导尿管；测出了液体蒸发时热量散失的情况；研究了北极光的性质和原理；等等。他认为这些科学试验和发明创造是种公共服务，因此从未申请专利，也从未因这些发明而索取报酬。

（三）富兰克林大使

1765 年 3 月，英国政府为了加强对北美殖民地的控制，颁布《印花税法》，遭到殖民地人民的强烈反对。富兰克林开始时态度比较温和，主张维护英国的权威。后来，在得知殖民地强烈反对印花税的抗议浪潮后，他预感到革命风暴即将来临，于是立刻转变立场，他在英国下议院辩论时，坚决主张废除《印花税法》，为殖民地的革命者代言。1766 年 2 月13 日，富兰克林来到众议院论述废除《印花税法》的理由。在长达 4 小时的时间里，面对着众议员，富兰克林回答了 174 个问题。后来英国哲学家伯克描述了这场戏剧性的答辩，说那就像是一位大师在回答一群学生的提问。在富兰克林的劝说和殖民地民众的抗争下，印花税在实行后的第二年被取消。

1775 年 4 月富兰克林回到北美后，立刻投身革命，担任宾夕法尼亚治安委员会委员，1775 年 5 月又代表宾夕法尼亚出席在费城召开的第二届大陆会议。他在大陆会议主持一个委员会，负责在殖民地建立一个全新的邮政系统。

1776年6月，富兰克林参加《独立宣言》的起草工作，他十分欣赏执笔人杰斐逊的才华，只对宣言初稿做了少许的修改。秋天，他奉美国国会的派遣前往巴黎，以特使身份促使法国助战。富兰克林克服重重困难，充分利用法国与英国之间的矛盾冲突，博取法国社会开明人士对美国民众独立斗争的同情，运用机智灵活的外交手段，终于在1778年2月2日与法国签订了同盟条约。法国的参战，为艰苦奋战的美国民众赢得了十分宝贵的外援，进而为独立战争的胜利创造了有利的外部环境。1783年11月，富兰克林等三人代表美国与英国签订《巴黎和约》，英国正式承认北美13州独立。

富兰克林1785年回国后被选为宾夕法尼亚州州长。1787年5月，已81岁的富兰克林带着疾病参加了美国宪法制定工作，是制宪会议最重要的委员之一。富兰克林赞成民主制，主张建立一院制议会。他极力反对种族主义及奴隶制度，主张把人民应享有的权利列入宪法。1790年4月17日，富兰克林在费城因病与世长辞，三天后，费城民众给他举行了隆重的葬礼。乔治·华盛顿这样评价他："因为善行而受景仰，因为才华而获崇拜，因为爱国而受尊敬，因为仁慈而得到爱戴，这一切将唤起人们对你的亲切爱戴。你可以得到最大的欣慰，就是知道自己没有虚度一生。"

富兰克林是一个十分谦虚的人，他做过外交使团的团长，还做过三任州长，是美国的开国元勋。但他在行将去世时，只要求在墓碑上刻写"印刷工人富兰克林"这几个字。

第七节 美国民主的先行者——杰斐逊

托马斯·杰斐逊被称为美国的民族之魂，他的一生都在为美国的民主政治奔忙，他曾在上帝的祭坛上发过誓言："永远反对一切对人类心灵暴虐统治的专制形式。"这句话概括了他曾经用毕生精力为之奋斗的信仰与精神。后来，这句话被镌刻在了美国首都华盛顿的杰斐逊纪念碑上，成了他一生的写照。

（一）博学多才，主攻法律

托马斯·杰斐逊 1743 年 4 月 13 日出生于弗吉尼亚州阿尔贝马郡的蒙蒂塞格，他的祖辈是英国的威尔士人，他的父亲彼得是当地的中等种植园主，经营烟草种植，早年也做过土地测量员，还是当地的第一任治安法官。1739 年，32 岁的彼得迎娶了当地的望族之女简·伦道夫，杰斐逊是他们的第一个孩子。杰斐逊小时候就十分聪明，没多久就学会了拉丁文和希腊语，在他 14 岁时，父亲去世了，杰斐逊作为长子继承了家庭的产业，包括 500 英亩土地与 100 多名黑奴。

1760 年，他考取了位于弗吉尼亚首府威廉斯堡的著名高等学府威廉玛丽学院。在这里，他广泛阅读哲学、历史、自然科学与文学作品，学习非常刻苦，每天学习时间达 15 个小时，他深受当时盛行的欧洲启蒙思想的影响，参加了校园里组织的很多进步团体。1762 年毕业后，他又跟随学校著名的怀斯教授继续攻读法律，于 1767 年取得当地的律师资格。

1768 年，杰斐逊担任了家乡阿尔贝马郡的治安法官。1769 年，他当选为弗吉尼亚州议会议员，开始在政坛崭露头角。在议会里，他坚决主张废除奴隶制，并积极领导抵制英货的运动。1773 年，州议会指派他作为联络委员会的成员，负责联系其他殖民地的爱国领袖，弗吉尼亚总督因议会从事反对英国的争取独立的活动，于是下令解散了议会，为此，杰斐逊发表了《英属美洲权利概论》一文，犀利地揭露了英国殖民者的高压政策，提出"作为自由的人民，我们有权利要求承认自然法则赋予我们的权利，而不是长官的恩赐"。文中痛斥英国统治阶级对北美殖民地采取的高压政策和法令，号召广大民众团结起来，反抗英国的殖民统治。此文一发，立即在北美殖民地引起很大的反响，被大量翻印，广为传播。

> **对杰斐逊的评价**
>
> 在 1962 年一个宴请 49 位诺贝尔奖得主的晚宴上，约翰·肯尼迪对满堂社会精英致辞说："我觉得今晚的白宫聚集了最多的天分和人类知识——或许撇开当年杰斐逊独自在这里吃饭的时候不计。托马斯·杰斐逊是美国最有学识的总统，他是美国最伟大的总统，是美国的父亲。"

1772 年元旦，28 岁的杰斐逊与 23 岁的玛莎·韦利思结婚。1769 年两人在威廉斯堡邂逅，一见钟情，玛莎·韦利思善弹大键琴（钢琴的前身），杰斐逊善拉小提琴。据传，曾有两位求爱者来到玛莎家，听到他们谈笑风生，琴瑟和谐，只能知难而退。婚后夫妻情笃，可惜仅短短十年，玛莎即撒手人寰。杰斐逊为失去爱妻无限悲痛，此后再没有续弦。

（二）《独立宣言》的执笔人

1775 年 4 月，杰斐逊坐着敞篷四轮马车，长途跋涉来到费城，作为弗吉尼亚的代表出席第二届大陆会议。杰斐逊由于文笔出众，被选为《独

◎杰斐逊在《独立宣言》上签字

立宣言》的主要执笔人，他以饱满的政治热情和十足的工作干劲，接受了这项历史重任。从 6 月 11 日到 28 日，他独自待在自己下榻的二层楼上，埋头写作，字斟句酌，充分体现了他的创作才能。《独立宣言》初稿经大陆会议讨论后，在 7 月 4 日正式被大陆会议批准并对外发表。在被马克思誉为第一个人权宣言的《独立宣言》中，杰斐逊开宗明义，指出："人人生而平等，他们从自己的造物主那里被赋予了某些不可转让的权利。其中包括生命权、自由权和追求幸福的权利。为了保障这些权利，他们才在人们中间成立政府。而政府的正当权利则得征求被统治者的同意，如果任何一种形式的政府变成了损害这些目的的政府，人民就有权利来改变它或废除它，而成立新的政府。"几天之内，这个饱含杰斐逊民主自由思想精华的宣言文件就传遍了整个殖民地，广大人民以无比喜悦的心情阅读传播并接受了它，使之成为他们用鲜血和生命为争取独立而斗争的旗帜。

1776 年 10 月，杰斐逊退出大陆会议，回到弗吉尼亚，投入改革弗吉尼亚州的立法工作之中，他提出废除长子继承法和续嗣限定法等两项封建性法令，并提出宗教信仰自由法案。1779 年 5 月，杰斐逊当选弗吉尼亚州州长。他虽然恪尽职守，但由于没有军事领导才能，当 1780 年英军进攻弗吉尼亚时束手无策，以致弗吉尼亚议会被破坏，他本人也险些成为英军的俘虏。杰斐逊因此受到各方面批评甚至诋毁，他于 1781 年辞去州长职务，回到家乡的府邸，他仔细考察了弗吉尼亚周围环境，对于当地的气候、物产、水源分布以及政权建设、风土人情都密切关注，还了解了当地宗教、奴隶制和印第安人情况。他将几年调查所写的手稿，辑为《弗吉尼亚纪事》一书，充分表达了他的民族自豪感和创建一个崭新国家的坚定信念。

（三）从国务卿到总统

1783 年 6 月，杰斐逊作为弗吉尼亚代表当选为联邦国会议员，重返政治舞台。在任国会议员期间，杰斐逊为加强中央行政机构做了许多工作。他向国会提出关于为合众国建立一个货币单位及货币铸造的备忘录，根据他的建议，后来国会采纳了货币十进位制，由此，杰斐逊被称为"美元之父"。

1789 年，华盛顿总统任命杰斐逊为国务卿。杰斐逊在国务卿任内，与当时的财政部部长、联邦党领袖亚历山大·汉密尔顿发生了严重的政治分歧。汉密尔顿是个贵族论者，十分崇拜英国的体制与法律，主张在美国建立英国式的君主立宪制；而杰斐逊则是共和制和议会制的拥护者，主张在美国建立和完善民主共和制。这种尖锐的政治斗争使杰斐逊感到厌倦，想辞去国务卿职务。他向华盛顿总统提出辞呈，在华盛顿的一再挽留下，他答应留任到1793 年底。

1794 年初，杰斐逊离开费城回到了他的家乡蒙蒂塞格。在 1797 年亚当斯任总统期间，杰斐逊又一次出山，被选为

◎晚年杰斐逊画像

◎杰斐逊纪念堂，为纪念美国第三任总统托马斯·杰斐逊而建，1938年在罗斯福主持下开工，至1943年落成。大厅中央耸立着高近6米的杰斐逊总统立身铜像。身后的石壁上，镌刻着杰斐逊生前的话："我已经在上帝圣坛前发过誓，永远反对笼罩着人类心灵的任何形式的暴政。"

副总统，主持议会工作，他的著作《社会实践手册》的许多原则至今仍为人们所遵循。1800年成功当选美国第三任总统。

在担任两届总统期间（1801～1809），他积极削减军费，平衡财政收支，改变了汉密尔顿制定的利用国债建国的一整套办法，改善国家财政状况。他领导的政府奖励农业生产，发展工商业，将美国疆土向西部扩展，1803年自拿破仑手中购买路易斯安那，为日后美国的发展提供了有利条件。杰斐逊于1807年签署了一项禁止进口奴隶的法案，该法案于次年元旦生效。尽管以后奴隶贩子仍不断走私奴隶，但这一法案向废除奴隶制前进了一大步。

1809年杰斐逊任期届满后，重返家乡蒙蒂塞格，他晚年献身教育事业，集中精力创办弗吉尼亚大学，他事必躬亲，亲自筹划一切，设计校舍，指导建筑，制定课程目录，遴选教职员，并亲自任校长。

1825年7月4日，杰斐逊逝世，终年83岁，这天恰好是《独立宣言》发表50周年的纪念日。人们发现他生前为自己的墓碑写下了铭文："美国《独立宣言》的起草人、《弗吉尼亚宗教自由法令》的作者和弗吉尼亚大学之父。"

第八节　《美利坚合众国宪法》的诞生

我们美利坚合众国的人民，为了组织一个更完善的联邦，树立正义，保障国内的安宁，建立共同的国防，增进全民福利和确保我们自己及我们的后代能安享自由带来的幸福，乃为美利坚合众国制定和确立这一部宪法。

——《美利坚合众国宪法》序言

（一）邦联制

1776年5月10日，第二届大陆会议在召开的头一天，就通过了由理查德·亨利·李提出的决议，建议各殖民地着手组织保护"选民的幸福和安全"的新政府。该决议通过后，各殖民地先后制定了新的"宪法"，并依法建立了"主权、自由和独立"的新政府，于是原殖民地就由英属的殖民地变成为"state"（邦），其地位发生了质的转变。但由于客观条件的限制，各殖民地当时还不能单独赢得真正的独立，这些自称享有"主权"的邦，至多是具有"半国家"的性质。

后来为了加强对独立战争的统一领导，迫切需要建立一种合法的中央政权机关，取代原来行使权力的大陆会议。1777年11月15日，大陆会议通过了由会议代表约翰·迪金森起草的《邦联和永久联合条例》（简称《邦联条例》）。该条例第一次将国家正式命名为"美利坚合众国"（The United States of America），建立了中央行政机构即由各州代表组成"诸州委员会"，并把"大陆会议"改为"邦联国会"，赋予其代表国家行使宣战、外交等权力。该条例成为合众国"第一部不成熟的宪法"，是合众国建国中最重要的步骤。该条例规定，各州仍然保留独立的主权，国家只是作为各独立州之间的友好联盟而存在，因此可以讲，当时的美利坚合众国还只是个殖民地组成的松散的邦联。按照《邦联条例》建立的中央政府的权力非常有限，它虽然有制定财政预算支出的权力，但却没有征税权，这就产生了严重的问题，比如说：当要偿还法国的战争借款时，就有一些州拒绝缴纳。当时有不少州政府，不经邦联政府许可就擅自单独和外国进行谈判，全国有九个州建立了自己的陆军，还有几个州则拥有它们自己的海军。在当时流通的货币中，有杂乱不堪的硬币和各式各样的纸币。有的是在本州流通的，有的是全国性的，不一而足，并且很快就贬值。

独立战争结束后，单个州的权力越来越大，在当时每个州都有它们自己的一套政府机构，各自制定关于内部管理的法律与规定，宛如一个独立国家。一些州还对其他州设置了关税，比如纽约州就对从邻近的康涅狄格州进口的火柴与新泽西州的鸡和蛋加征了很重的关税，有些州还为一些接壤土地争论不休，甚至达到兵戎相见的程度。

中央政府的软弱使得美国在处理外交事务时十分被动，很难得到大国的尊重与认可。英王乔治三世认为美国不久就会因自身治理不善而要求再次回到大英帝国的怀抱。甚至美国的盟友法国，也拒绝承认邦联议会是代表美国的合法政府。当时美国驻法国的代表杰斐逊也在给美国国会的书信中抱怨美国的使领馆是在巴黎的外交舞台上最微不足道、最不受待见的外交代表。

（二）宪法的诞生

面对邦联政体难以应对的种种危机，邦联议会被迫于 1787 年 5 月召集各州代表开会，研究修改《邦联条例》。除罗得岛外，其他 12 个州共

55 名代表出席了这次在费城举行的制宪会议。参加制宪会议的代表存在着很大分歧，很多人都想为他们代表的州争取更大的权益，但他们都希望建立一个强大的中央政府以维持社会秩序，推动经济发展，保障他们的财产与商业利益，最后多数人决定要设计一个能在中央与各州之间划分权力的联邦体系。尽管会议的最初目的是修改《邦联条例》，但与会代表很快就不以此为满足，他们要为新生的美国创建政治法律体系，这就是他们着手要制定的宪法。

制宪会议计划建立的联邦体系实质上是中央政府与各州地方政府分享权力的制度，新宪法虽然仍然为各州保留了很大的权力，但中央政府的权力也得到了比以往更大的加强，宪法规定中央政府有征税权，有组建联邦政府军队、管理州际贸易的权力以及与外国缔结条约的权力。与此同时，各州也保留自己独立的宪法、独立的立法、行政和司法部门，联邦和州各有独立的征税和财政系统。宪法中以"生命、自由和财产"代替了《独立宣言》中提出的"生命、自由和追求幸福"，明确反映对财产权的保护。

宪法设置了民选的国家元首"总统"来负责领导联邦政府，总统作为行政首脑与美国军队的总司令，由各州组成的选举人间接选举产生，不对国会负责，每届任期四年，主持管理国家的日常事务。

国会实行两院制，由参议院和众议院组成，参议院代表各州，各州不论大小都各自拥有 2 个参议员席位，以体现各州在联邦中的平等地位；参议员

◎制宪会议代表在宪法文本上签字

任期为6年，每2年改选全体议员的1/3。众议院则代表民众，按各州人口占全国人口的比例分配到各州，当时南方的黑奴按3/5的比例计算，各州至少有1个众议院席位。众议员任期2年，任期届满全部改选。《联邦宪法》规定了第一届国会众议院的议员为65人，并规定以后由国会根据每10年一次的人口普查结果来重新分配众议院议席。1913年以后，美国众议院的议员席位固定在435人。

最后按照总统提名，国会批准由9名大法官组成的最高法院行使联邦政府的司法权力。最高法建立的中央政府的权力非常有限院的职责是对宪法与法律做出公正的解释，处理公民与团体因对法律的理解不一致而产生的争议。宪法的制定者力图使行政、立法与司法三个权力部门达到权力制衡，这样就可以防止任何个人与团体掌握全部的国家权力，避免专制独裁政府的出现。

制宪会议于9月17日闭幕，宪法制定者预先料想到新宪法会遭遇到很多人的反对，故要求宪法不提交州议会批准，而提交各州民选的会议讨论通过。1788年6月21日，新罕布什尔州作为第9个州批准了《联邦宪法》，新宪法达到了生效条件。6月25日和26日，在当时美国各州中举足轻重的弗吉尼亚州和纽约州也先后通过批准了《联邦宪法》，新宪法终于正式生效。

宪法的通过，得益于两个重要人物，即华盛顿和富兰克林的支持。首先是华盛顿，他本不情愿出席此次会议，只是在得知会议很难圆满完成时，才同

美国宪法的影响

美国宪法是世界历史上最早的成文宪法之一。此后许多国家以美国宪法为模本制定本国宪法，例如1791年制定的波兰《五三宪法》。此外法国大革命的思想也受到了美国宪法的极大影响。第二次世界大战后，美国通过对日本的占领和对制定宪法的指导，对《日本国宪法》也有非常明显的影响。

意出席，这给支持新宪法的人们以很大的信心。富兰克林当时已81岁，是制宪会议中最年长的代表，他本来是主张建立一院制政府的，但为了维护国家政权的统一而保留了个人意见。

根据新宪法的规定，邦联国会安排了合众国总统的选举，1789年2月4日，乔治·华盛顿当选为合众国第一任总统，革命的重要领导人约翰·亚当斯当选为副总统，就职仪式于4月30日在纽约联邦厅举行，纽约市被宣布为合众国临时首都。

（三）《权利法案》

为防止政府滥用权力，保障公民的个人权利，要求在宪法中增加保障公民个人权利条款的呼声越来越高。1789年3月4日，在纽约城举行了第一届国会。由于会外人民群众的要求、法国资产阶级革命的影响和杰斐逊为首的民主派的斗争，国会于1791年12月15日通过了前十条修正案，经3/4州批准生效，后来称为《权利法案》并成为宪法的一部分。

《权利法案》的主要内容包括个人自由的权利、关于诉讼程序方面的权利和关于联邦分权制的规定。个人自由权利包括宗教信仰自由，言论出版自由，和平集会和请愿自由，人民有权拥有武器，民房不得驻军，人民有保护其人身、住宅不受侵犯之权利以及财产权。

美国宪法的第一修正案是《公民权利法案》中最关键的第一条——新闻言论自由，它弥补了美国宪法中最大的不足，这一条规定"联邦议会不得立法建立或

◎《权利法案》原始手稿

禁止宗教信仰自由；不得立法剥夺言论自由和出版自由；不得立法剥夺人民和平集会、向政府请愿、表达不满和要求伸冤的权利"。

诉讼程序方面的权利包括陪审权、律师辩护权和不能强迫被告自证其罪。联邦分权制规定未授予联邦或未禁止各州使用的权力，皆由各州和民众保留。

第三章

开疆扩土——领土扩张与西进运动

美国独立后，在半个多世纪里，美国政府凭借自己的外交谋略与日益强大的国力，通过和平购买或武力强占的方式，从老牌的殖民国家英国、法国、西班牙、俄国与邻国墨西哥取得了数百万平方公里的土地，并迅速对西部地区进行卓有成效的农业与工商业开发，为美国日后成为首屈一指的强国奠定了坚实的基础。

第一节　购买路易斯安那

1776 年北美 13 个殖民地宣布脱离英国独立时，美国领土只有大西洋沿岸的这 13 个州，约 80 万平方公里。1783 年，英国承认美国独立，并先后把 13 个州以外大西洋沿岸的大部分土地划归美国，美国领土达到 230 万平方公里，约占现在美国国土面积的 30%。1789 年，美国联邦政府成立，刚刚成立的美国很快就走上了领土扩张的道路，除了战争外，金钱购买成了获得领土最常用的方式。

（一）国王路易的土地

从 16 世纪开始，英、法、尼德兰相继向北美殖民，其中法国势力最大，占有加拿大东部，向南进入五大湖区。1682 年，法国探险家罗贝尔·卡佛利耶率一支小探险队顺密西西比河南航，把当时法国的国旗——白色的路易旗插在新奥尔良以南的土地上，将此地区命名为"路易斯安那"，意为"国王路易的土地"。

1763 年，法国在与英国的七年战争中战败，按签订的《巴黎条约》规定，被迫将密西西比河以东（法国保留新奥尔良）割让给英国，法国保留地仍称为路易斯安那，但面积减少近一半，范围在密西西比河以西至落基山脉之间。该地当时并不能为法国带来多少实利，法王路易十六认为它是一项财政负担，英国还很可能趁法国的劣势强迫其割让这片土地。为了解除经济负担而又不致将这一大片土地白白给了宿敌英国，法国于是在

《巴黎条约》签订几小时后，将它移交给
盟友西班牙。西班牙接受它仅是把它作
为缓冲地带，以防止英国向富庶的墨西
哥领地扩张。后来西班牙感觉无力抵抗
新生的美国向西扩张，为避免与美国发
生直接冲突，决定把路易斯安那归还给
法国。

◎ 2002 年，为纪念路易斯安那购
并 200 周年，美国路易斯安那州发
行了一套纪念币。币面图案为州鸟
鹈鹕、带音符的小号、购买的路易
斯安那地区的轮廓。硬币上的小号
象征着令全球数百万人痴狂的爵士
乐，爵士乐 100 多年前在新奥尔良
诞生，是蓝调、拉格泰姆音乐和行
军乐的混合，众多音乐家把爵士乐
从新奥尔良推广到世界各地，使之
风靡整个 20 世纪

　　于是 1800 年 10 月 1 日，法国和西
班牙签署《圣伊尔德丰索密约》（*Treaty
of San ILdefonso*），法国从西班牙那里再
次取得了路易斯安那的主权，但条约规
定在 1803 年 4 月法军驻军完成主权交接
之前，该地区仍旧受西班牙统治。

（二）杰斐逊总统的杰作

　　当时密西西比河已成为美国阿巴拉契亚山脉以西农产品的重要运输渠
道，而新奥尔良则成为该河的枢纽地段。1795 年 10 月 27 日，美国与西
班牙签署《平克尼条约》（*Pinckney's Treaty*），美国的商人取得在新奥尔
良的"存货权"后，也就可使用港口运货。因此，当美国得知路易斯安那
将再次划归法国人控制时，大为担忧。在杰斐逊领导的美国政府看来，如
果由法国占有路易斯安那，合众国在新奥尔良的权利很难得到保障。

　　1802 年西班牙割让路易斯安那的消息被证实后，杰斐逊立即给驻巴
黎公使写信说："法军如果占据新奥尔良，我们一定要和英国联合起来对
抗法国。"他委托一位法国友人把这个意思转告给法国外长塔列兰或国王
拿破仑。杰斐逊一直采用这个间接方式交涉。但 1802 年 10 月，实际上仍

控制路易斯安那的西班牙总督宣布，取消美国商人的货物在新奥尔良存放和转运的权利，阻止美国商人在密西西比河上航行。于是，一片愤怒与抗议之声席卷美国西部地区，为防止紧张局势的加剧，杰斐逊政府决定直接同法国交涉。

1803年，美国政府特使门罗离美赴法，当时拿破仑政府并无任何让步的表示，谈判毫无进展，但在三个星期后，国际局势突变，法国派往加勒比岛国海地镇压起义的军队接连失败，在海地独立已成定局的情况下，原先作为加勒比岛屿的粮食与木材供应地的路易斯安那对法国来说已经没多大的价值。同时，英法关系也极度紧张，双方都在积极备战，法国也害怕英、美结成同盟，使自己腹背受敌。

垂涎佛罗里达

低价购买路易斯安那的成功勾起了美国政府扩张领土的欲望，毗邻路易斯安那的佛罗里达成了下一个目标，因为那里是发展种植园经济的理想区域。美国曾一度提出路易斯安那的购买也包括佛罗里达，但遭到了佛罗里达拥有者西班牙的严词拒绝。

正当美国政府考虑是否要对西班牙动武时，1808年，西班牙本土被法国占领，趁此机会，大批美国人迁入佛罗里达。1809年，当地效忠于美国的居民已占总人口的90%，西班牙在佛罗里达的统治摇摇欲坠，名存实亡了。1814年，美国军队大规模进军并实际占领了佛罗里达，西班牙意识到对这一区域的统治已力不从心。1819年2月22日，美、西签订条约，美国仅花500万美元就获得了15.15多万平方公里的佛罗里达。

4月11日，门罗和驻法公使利文斯顿同法国外长谈判，重提购买新奥尔良时，法方突然问道："对整个路易斯安那你们愿意出多少钱？"二人对此又惊又喜，后经一番讨价还价，以6000万法郎（合1200万美元）成交。按当时的汇率计算，这笔交易购买的土地1英亩（相当于6亩）只花了4美分。4月30日，割让和付款条约签字，法国于1803年12月20日将新奥尔良移交给美国。

1804 年 3 月 10 日，法国在圣路易举行仪式正式将路易斯安那的主权移交给美国。1804 年 10 月 1 日起，美国将购买的路易斯安那分组为奥尔良属地（Orleans Territory，其后大多成为路易斯安那州）和临时隶属于印第安纳属地（Indiana Territory）的路易斯安那区（District of Louisiana）。

美国从法国购买的路易斯安那，南临墨西哥湾，北达加拿大，东起密西西比河，西至落基山脉，美国现在五个州与九个州的部分土地都是来源于当初购买的路易斯安那。获得路易斯安那使当时美国的领土面积几乎增加一倍，为美国后来进一步向西扩张奠定了基础。

第二节　第二次英美战争

在 1812 年英美战争之前，美国虽然已经取得了政治上的独立，但经济上很大程度还依赖于英国，保护民族产业的关税制度也还没有建立起来。第二次英美战争的原因很复杂，既有长期以来的历史积怨，也有当时国际风云际会中美、英、法之间的利益矛盾。

（一）美英交恶

英国虽然在 1783 年的《巴黎和约》中承认了美国的独立，但实际上并不甘心于它在北美的失败。首先，英国仍然在很大程度上控制着美国的经济命脉。独立战争后，由于英国、法国和西班牙等国限制美国商船，美国几乎完全被排斥于西印度群岛的贸易之外。与此同时，英国的制造业产品蜂拥而来，几乎完全占领了美国正在发展的市场，美国本土的制造业在英国商品的冲击下损失惨重，很多新建的工厂纷纷倒闭。

此外，英国虽然在外交上承认了美国的独立，但它并不愿意从北美地区彻底撤退，而是力图以加拿大为根据地卷土重来。英国拒绝放弃已占据的美国西北部的军事要塞，还不断挑拨印第安人与美国白人移民的矛盾，牵制美国扩张的进程。

从 1806 年开始，英国政府为反击法国拿破仑的大陆封锁政策，颁布了枢密院敕令，搜查与法国及其他盟国通商的船只，阻挠美国与欧洲大陆国家的贸易。从此，英舰经常拦截美国船只，掠夺船上的货物。1807 年

12月，为了减少美国商船的损失，对抗英法的封锁，当时的美国总统杰斐逊宣布实施《禁运法案》，禁止一切美国船只离港，美国的航运事业损失惨重。新英格兰地区和纽约的农场主对此政策大为不满，因为美国南部和西部农民的剩余谷物、肉类和烟草无法向海外输出，价格很快一落千丈。

禁运对还是错？

1807年12月，杰斐逊签署《禁运法案》，禁止一切船只离开美国前往外国港口，意在打击英国。但禁运没能给英国造成伤害，因为英国可以从世界其他国家进口粮食。相反，美国经济几乎全面瘫痪。对此许多学者认为，杰斐逊此举并非明智之举。

1809年3月，新任的美国总统詹姆斯·麦迪逊（James Madison，1751～1836）虽然在美国航运集团的压力下撤销了《禁运法案》，新出台的《断绝贸易条例》允许与英、法以外的国家通商，而后又于1810年实行《第二号梅肯法案》，恢复了同英、法的贸易，但附加条件是英、法必须修改其封锁法令，停止拦截美国船只。但英国对美国的警告完全置之不理，还指使印第安人作为他们的前哨队伍，在美国西北部挑起冲突，英、美关系进一步恶化。

在美、英关系日趋紧张之时，美国国内在对英政策上分歧加剧。东部沿海各州的商人要求避免与英作战，因为战争会使美国航运业完全停顿，他们会蒙受重大的损失。而西部与土地利益有关的人士则主张对英作战，他们认为英国在加拿大的官员挑动美国西北地区的印第安人"滋事"，也企图从英国手中夺取加拿大，从而更顺利地向西扩张。最后主战派占了上风，1812年6月18日，美国国会终于正式向英国宣战，史称"第二次英美战争"。

美国宣战时在军事实力上与英国还有不小的差距，1812年，美国没有强大的海军，陆军仅有7000人的兵力。麦迪逊计划征募5万名志愿者，但应征者只有5000人，政府在财政上也不富裕，东部地区的商人由于反对战争，多数不愿给政府贷款。好在英国当时忙于欧洲与法国的战争，不能派主力部队横渡大西洋前来迎战美国。

（二）战争进程

宣战后，美军首先进攻加拿大的英军，7月12日，美国密歇根领地总督威廉·赫尔将军率领两千多名士兵渡过底特律河攻入加拿大，西北部的印第安人也支持英军，并打算切断美军的退路。赫尔闻讯后被迫在8月退回底特律，英军趁势南下，很快包围了底特律，8月16日赫尔在等待救援无望时被迫向英军投降。

1814年4月，法国皇帝拿破仑在莱比锡战役战败退位，英军很快从欧洲抽调大批军队投入与美国的战争中。1814年6月，一支英军在切萨匹克湾登陆，这支突袭北上的英军沿途没遇到任何抵抗，轻而易举地到达了华盛顿城外，华盛顿守军仓促应战，没多久就被英军击溃。8月24日，英军攻入华盛顿，麦迪逊总统领导的政府仓皇出逃，美国首都不幸陷落。英军在华盛顿烧杀掠夺，把国会大厦付之一炬，还烧毁了麦迪逊的总统官邸，战后总统官邸被修复后涂成白色，后被命名为白宫。此后，英军计划攻占巴尔的摩，但因美军的顽强抵抗未能得逞。

1814年末，英军组织了强大的军队，包括6艘战列舰、14艘快速战舰，计划攻克南部重镇新奥尔良。镇守新奥尔良的5000名美军在安德鲁·杰克逊将军率领下与英军展开了激烈的战斗，英军将领帕克南出现失误，放弃了进攻美军侧翼的机会，而命令英军排列成密集纵队发动盲目的正面进攻，很快被防守严密的守军击溃，英军自帕克南以下伤亡2000余人，而美军伤亡仅数十人。英军在受到重创后，再无力组织强有力的进攻，只得在 10 天后主动撤退，美军大获全胜。

在新奥尔良战役之前，由于疲于应对欧洲战争，担心拿破仑卷土重来，英国已同美国代表在比利时的根特举行谈判，并于 1814 年圣诞节前夕签订了《根特条约》，约

◎美英双方签订《根特条约》

定双方解除敌对状态，恢复战前边境，并设置一个专门委员会处理战后遗留问题，英国在签订《根特条约》后曾计划增援帕克南，如果能击败杰克逊，就将条约撕毁。杰克逊的胜利打破了英国重建殖民帝国的梦想，杰克逊因此成为民族英雄，为他后来当选总统奠定了基础。

美国国歌《星条旗永不落》

美国国歌《星条旗永不落》(the Star-Spangled Banner) 诞生在巴尔的摩。据传说，巴尔的摩市东南的麦克亨利堡，曾在第二次英美战争期间作为前哨阵地抗击英军。它建在一个小半岛上，是个平面呈五角星状的要塞，扼进港要道。1814 年，英国舰队直扑麦克亨利堡，昼夜连续猛轰此堡。当时，有一位名叫弗朗西斯·斯科特·基的美国律师乘船到英舰交涉释放被扣留的美国平民。他目击了英军炮轰麦克亨利堡的经过，忧心如焚。次日早晨，当他透过战场上的硝烟看到星条旗仍在要塞上空猎猎飘扬时感慨万分，于是激情满怀地写下了《星条旗永不落》这首诗。诗歌很快不胫而走，后被配上曲谱流传全国。1931 年，美国国会正式将《星条旗永不落》定为国歌。如今，巴尔的摩市的麦克亨利堡已被辟为国家纪念地和历史圣地。

　　这次战争彻底打消了英国重新征服美国的企图，解除了英国的军事威胁，巩固了美国北部边境的安全，同时也使美国放弃了吞并加拿大的计划。1816 年，联邦政府通过新的关税法，将关税率从过去的 5% ～ 15% 提高到 25% ～ 30%，第一次在美国确立了保护关税制度。这样从一定程度上阻止了英国对美国经济的渗透，为美国民族工业的发展提供了保证。总之，美利坚合众国从此开始了工业化和现代化的进程。

第三节　"显然天命"与美墨战争

美国国旗星条旗旗面左上角为蓝色星区，区内的星数就是美国的州数。星区以外是 13 道红白相间的条纹，13 道条纹代表最初北美 13 个殖民地。1818 年美国国会通过法案，国旗上的红白宽条固定为 13 道，五角星数目应与合众国州数一致。每增加一个州，国旗上就增加一颗星，至今国旗上已增至 50 颗星，代表美国的 50 个州。星条旗上白色星数量的增加显现了美国一步步对外进行领土扩张的历程。

> **国旗誓词**
>
> 　　美国人要对国旗宣誓，誓词于 1892 年由美国《青年伴侣》杂志社的编辑弗朗西斯·贝拉米写成。誓词全文如下："我宣誓忠实于美利坚合众国国旗，忠实于她所代表的合众国——苍天之下一个不可分割的国家，在这里，人人享有自由和正义。"

（一）"显然天命"的口号

在美国极力向西部扩张之时，"显然天命"的说法风行一时。这种理论可追溯到本杰明·富兰克林、托马斯·杰斐逊和约翰·亚当斯这些开国元勋的思想。他们曾宣称，美国"命中注定"要扩张到"西半球的整个北部"。1845 年 7 月，《美国杂志和民主评论》创刊人兼主编约翰·奥沙利文在该杂志上撰文，正式提出了"显然天命"的主张，他宣称，向太平洋扩张是"不可避免地要实现的普遍法则，推动我们人口西进"，"上帝为了我们逐年都要成百万繁衍的人民的自由发展，指定我们把显然天命的任务延伸到北美大陆"。奥沙利文提出的"显然天命"论带有种族主义色彩，不仅把印第安人看作野蛮人，而且把墨西哥人和中美洲、南美洲人民看作劣等民族。他振振有词地宣称，美国的创建是天定命运，美国的扩张是上天的安排，美国负有天赋使命传播民主制度，有义务强行拯救邻近国家。这种"显然天命"的理论对后来的美国外交政策产生了很大的影响。

美国南部的墨西哥在 1821 年独立后，它的北部省包括得克萨斯、新墨西哥和加利福尼亚。当时的得克萨斯包括现今的整个得克萨斯州和俄克拉何马、堪萨斯、科罗拉多、怀俄明和新墨西哥州的一部分。

得克萨斯土地肥沃，而地价仅相当于美国地价的十分之一。美国移民大批涌入寻找谋生机会，到 1830 年，得克萨斯已经居住了 2 万多美国移民，数量已经超过当地的墨西哥人。于是墨西哥在 1830 年通过了限制美国人进一步移民到得克萨斯的政策，美国移民对此十分不满，于 1835 年在美国政府的支持下发动叛乱，领袖是美国统帅杰克逊手下的将军山姆·休斯顿（Sam Houston）。1836 年 3 月 1 日，得克萨斯宣布脱离墨西哥而独立，成为得克萨斯共和国，因其国旗上只有一个星，故称"孤星共和国"，休斯顿成为得克萨斯共和国总统。美国在 1837 年 3 月 3 日承认得克萨斯独立，并在 1845 年宣布兼并得克萨斯为美国第 28 个州。

◎得克萨斯国旗

（二）美墨战争

美国对得克萨斯的兼并造成美国与墨西哥政府的尖锐对立，得克萨斯"独立"后，墨西哥不

满美国的侵略行径而与之
断交，但是美国仍对墨西
哥步步紧逼，不断提出割
让土地的无理要求，伺机
侵占加利福尼亚。1845 年
11 月，美国总统詹姆
斯·波尔克（James Polk）
派往墨西哥要求割让领

◎美军攻克墨西哥城石版画

土的特使被拒之门外，美军随即进兵美墨边界的争议地区。1846 年 4 月
24 日，抗议无效的墨西哥也出兵越过格兰德河，进入争议地区，并和美
军骑兵遭遇，双方发生冲突，美军战死 3 人，50 多人被俘，美国可算找
到了开战的借口。1846 年 5 月 13 日，美国国会通过议案，正式对墨西哥
宣战。

　　宣战后，美军兵分三路入侵墨西哥，泰勒将军指挥一支军队进攻墨西
哥的东北部，1846 年 7 月攻占重要城市蒙特雷。斯蒂芬·卡尼将军率领
一支军队向新墨西哥和加利福尼亚进攻，并在 1847 年 1 月攻占洛杉矶，
完全占领了上述地区。温菲尔德·斯科特将军指挥一支 1.2 万人的远征队
于墨西哥的维拉克鲁斯登陆，直指首都墨西哥城。装备落后、指挥混乱
的墨西哥军队在装备精良的美国军队的进攻下连连败退，9 月 14 日，斯
科特的军队占领了墨西哥城。1848 年 2 月 2 日，美国政府特使与墨西哥
代表在瓜达卢普—伊达尔戈村庄签订条约。该条约规定：美国付给墨西哥
1500 万美元，墨西哥将格兰德河以南的得克萨斯、新墨西哥和加利福尼
亚的 140 万平方公里的土地割让给美国，以上美国割占的区域包括现在的
加利福尼亚、内华达、犹他、亚利桑那各州以及新墨西哥、科罗拉多和怀
俄明各州的一部分。

1848 年 1 月 24 日，萨克拉门托河流域发现黄金矿，随即掀起了淘金热，这进一步推动了美国西进的脚步。美国为修筑由东到西的通往太平洋沿岸的横贯大陆铁路，南线须通过基拉河以南的属于墨西哥的地区。1853 年 12 月 30 日，美墨签订条约，美国以 1000 万美元又购买了基拉河流域的 10 万平方公里的土地，最后确定了美国的南部边界。美墨战争是美国以"显然天命"为口号的大陆扩张主义的胜利，美国从国力弱小的墨西哥强力侵占了其一半的领土。

西沃德的蠢事——购买阿拉斯加

打开美国地图，你会发现在美国本土之外，隔着加拿大还有一块广阔的美国"飞地"——阿拉斯加。在 1867 年之前，阿拉斯加是属于沙皇俄国的领土。

但在克里米亚战争期间，俄国战败，国库空虚，负债累累，急需大量现金。美国国务卿、"一位敏锐但有点刚愎自用的人物"威廉·西沃德（William Seward）看到了阿拉斯加的丰富资源和重要战略地位，力主购买。双方经过一番讨价还价，最后以 750 万美元成交。

当时在美国，只有少数渔民希望得到出入阿拉斯加海港的权利，一部分加利福尼亚商人谋求在那里从事毛皮贸易的特权，而多数人对阿拉斯加一无所知。西沃德签订购买阿拉斯加的协议后，立即在国内引起一阵反对声，说阿拉斯加是"西沃德的冰箱"，批评说这是"一笔糟糕的交易""一个异乎寻常的错误"。西沃德被国内舆论骂得躲在家里，许多天不敢出门。

精明的西沃德还是坚持不懈地争取到了国会的支持。1867 年 4 月和 7 月，参众两院分别以多数票通过了这项协议。现在看来，美国人的确应该感谢西沃德这位有远见的政治家。据估计，阿拉斯加地下埋藏着 5.7 万亿立方米的天然气和 300 亿桶原油，现在价值已经超过 2 万亿美元！

第四节 "老胡桃木"安德鲁·杰克逊

杰克逊是美国历史上第一位来自社会下层的总统。在第二次英美战争中，他性格倔强、坚韧不拔，与士兵同甘共苦，被誉为"老胡桃木"（即很坚硬的意思）。在新奥尔良战役中，他率兵大败英军，振奋全国，成为举国闻名的英雄。他在任内大力加强总统职权，维护联邦统一，颇有政绩，史称"民主政治"，近乎与第三届总统杰斐逊齐名。

（一）坚韧不屈的勇士

安德鲁·杰克逊 1767 年出生于南卡罗来纳州的沃克斯华移民区，他是苏格兰和爱尔兰移民的后裔。出身农民的父亲早年去世，由于家境贫寒，他没有受过多少正规教育，很早就辍学帮母亲维持生计。父亲的死让本来已经一贫如洗的家雪上加霜，家中连买一块墓碑的钱都没有。杰克逊在贫困和艰难中度过了幼年时代，缺衣少食对他来说已是家常便饭，欺辱和讥笑在他幼小的心灵上留下了难以愈合的创伤。然而，艰苦的环境和艰难的生活使他变得勇敢、坚定，也养成了他鲁莽、固执、桀骜不驯的性格，并使他怀有一颗对受苦难者深切同情的心。

> **杰克逊式民主**
>
> 杰克逊以民意为武器，主张人民应当尽可能多参与公共事务，扩大白人成年男子普选权，扩大总统及联邦政府职权，他的这些做法，被称作杰克逊式民主。

他 13 岁时在当地的民团中做信差，17 岁开始自学法律，攻读法律大约两年后，他成为田纳西一位年轻的律师。后因为从事土地买卖生意，经济条件有了好转，购置了几百亩土地和一群奴隶，开始进入上流社会。1796 年他当选为田纳西州联邦众议员，后又任参议员。1798 年，他被任命为田纳西最高法院大法官。1802 年任田纳西州民兵司令，先后打败了印第安人和西班牙人，扩展了国土，在 1814 年的著名的新奥尔良战役中，重创英军，名声大振，成为美国人民心目中的民族英雄。

杰克逊粗中有细，有勇有谋，他的胆大和机智也是出了名的。1809 年的一天，他正乘车外出，路经一片荒凉的旷野，被两个粗壮的劫匪拦住了，他们命令他走出马车，交出财物，为他们跳舞。杰克逊装作吓坏了，告诉他们他只能穿拖鞋跳舞，而他的拖鞋放在车后的那个箱子里。劫匪让他去取，杰克逊打开箱子，从里面掏出一把手枪，冲着两人喊道："现在，你们这两个该死的恶棍，该为我跳舞了，跳吧！不跳我一枪一个崩了你们。"

虽然杰克逊个性刚强，但他却是个守法正直的公民。在新奥尔良战役期间，有一位记者在报纸上攻击杰克逊，为了稳定军心、民心，杰克逊命令逮捕了那位记者。记者向联邦法官多米尼克·霍尔上诉，霍尔引用人身保护支持他的上诉，杰克逊一怒之下把法官也囚禁了起来。战争结束后，杰克逊取消了军事管制法，霍尔也恢复了法官的职位。他立即以藐视法庭罪传

◎ 1780 年，杰克逊的家乡被英军占领，当一名英国军官要求杰克逊为他擦鞋时，年仅 13 岁的杰克逊奋起反抗，拿剑刺向了自己的敌人

讯杰克逊，杰克逊出庭听审后，被处以 1000 美元的罚款。当他离开法庭时，一群人为他打抱不平，要替他报仇，不料杰克逊却说："在敌人入侵的非常时期，为了保卫和维护宪法和纪律，我动用了赋予我的权力，而现在是和平时期，每个公民都应该服从法律，我对判决一点也不抱怨，你们也要引以为戒。"大家对他都非常钦佩。

（二）妻子的忠实护卫"骑士"

杰克逊的婚姻也带有非常浪漫的色彩，杰克逊在一次外出旅游的过程中结识蕾切尔，并一见钟情，她的婚姻非常不幸，正在与丈夫办理离婚手续，但她的丈夫始终不肯签字。蕾切尔不顾一切地爱上了杰克逊，并与他同居一起生活，但一直到两年后，蕾切尔才与她的前夫办理了离婚手续，杰克逊夫妇宣布正式结婚。但镇上的人们对这件事指指点点，认为蕾切尔"有失贞操"，杰克逊誓死保护妻子的名声，心甘情愿地充当心上人的终身"骑士"。

他为了保护蕾切尔的名誉共进行了几十次决斗，两次身负重伤，但都奇迹般地活了下来。最有名的一次决斗发生在 1806 年。当时有个叫查尔斯·迪金森的人肆意侮辱蕾切尔，杰克逊火冒三丈，提出与之决斗。迪金森是田纳西州著名的枪手，枪法百步穿杨。当时许多人都劝杰克逊忍忍算了，但杰克逊决心为了蕾切尔与迪金森决一死战。于是两个人各自找了朋友做裁判，在一个空旷的田野上决斗。按照决斗惯例，两人应彼此相距 24 米站好，由裁判下令后两人同时开枪，如两人都未被对方击中，应重新站好，等裁判下令再同时开第二枪……直至双方中有一人先中弹倒地为止。迪金森见过世面，老谋深算，决斗时他还没等裁判发令，偷开了第一枪。子弹击中了杰克逊的胸部，幸运的是距心脏还差一英寸。他的胸部立刻鲜血如注，湿透了衣衫。但他以顽强的毅力坚持站住，趔趄了几步

决 斗

1806年杰克逊与迪金森决斗之时，胸口距心脏不及一英寸之处中弹，但杰克逊站立不倒，予以还击，杀了对手。医生给杰克逊疗伤时惊异地说："你伤得不轻，真不明白你怎么还站着不倒呢？"这位决斗的胜利者骄傲地回答说："即使他把子弹射进了我的大脑，我也要坚持站着直到把他打死为止。"

忍痛站稳，向迪金森举起了枪。迪金森没想到杰克逊如此顽强，在杰克逊威严的目光下，他吓得魂不附体，转身想溜，但是裁判立即命令他回原地站着。迪金森无奈，只好硬着头皮强作镇静，双臂交叉胸前站着，等杰克逊开枪。杰克逊忍住钻心的疼痛，用充满仇恨的眼睛瞄准了迪金森，咬牙扣动了扳机。只听"砰"的一声，迪金森双手一扬，踉踉跄跄走了几步，便栽倒在地。

这次决斗使杰克逊威名大振，许多人因而不敢再放肆地辱骂他的妻子了。杰克逊和蕾切尔的爱情共持续了34年，直到1828年他当选为美国总统。蕾切尔因长期的思想压力而体质虚弱，在进入白宫前因心脏病发作去世，终年61岁。杰克逊认为妻子是被政敌害死的，他站在妻子墓前悲痛欲绝地说："上帝原谅害死她的人，因为我知道他宽恕他们，但我绝不能。"杰克逊身穿黑色丧服步入白宫，没有举行任何庆祝活动，这在美国总统就职史上是少见的。

（三）备受欢迎与争议的总统

杰克逊在1828年的总统选举时终于不负众望，一举踏入白宫，并在1832年获得连选连任。

1829年3月4日是杰克逊宣誓就职的日子，成千上万的崇拜者从四面八方赶来，观看仪式的人们大约排了500里长。在杰克逊发表完就职演说后，所有在场的观众都争着与他握手，警察都无法维持秩序，杰克逊只好骑马快速回白宫。崇拜者们还是不肯放过，他们跟在后面一路挤过去，涌进了白宫，有的挤不到门口就干脆从窗子爬进去，把白宫里已经准备好的宴会搞得一团糟，杰克逊不得不从后门溜走暂时住在一家旅馆里。士兵们把狂欢的人群渐渐驱散并在白宫周围堆起木桶当栅栏，锁上所有的房间，以阻止随时可能涌入的人群。娴静的华盛顿人简直被这种场面吓坏了，一位报社编辑对这种场面倒予以充分理解，他说："这真是人们值得骄傲的一天，杰克逊将军是属于群众自己的总统。"

杰克逊入主白宫8年，他勇敢地面对困难，果断地采取一些措施，引来了不少争议。1832年他认为联邦的银行续约法案实际上是银行垄断，违背了人民的利益，因此否决了该项法案，抽回了政府在银行内的资金，导致银行法案的破产。南卡罗来纳州议会通过取消关税法，杰克逊认为不妥，他不惜采取军事力量强迫该州放弃原有决议，恢复关税。副总统科亨是反对派的领头人，他在杰克逊生日那天，摆了一场"鸿门宴"，还邀请南卡罗来纳州的人士参加，准备说服杰克逊取消他的决定。杰克逊早有耳闻，他端起酒杯，眼睛直盯着科亨，一板一眼地说："我们联邦的团结应该受到珍视、保护，让我们为此干杯。"科亨明白杰克逊的含义，他的手颤抖起来，然后什么也没有说。

为进一步推进西进运动，安德鲁·杰克逊总统于1830年5月签署《印第安人迁移法》，该法名义上下令遣走所有印第安人，是授权总统与印第安部落洽商购地条款，即以东部的部落所有地，交换当时已有州界以外之西部遥远国土，但实际上是强迫印

遇刺未遂

1835年1月30日，杰克逊从一个葬礼动身离开，一名叫理查·劳伦斯的男子趋身近前，持手枪对杰克逊射击，但枪支卡弹。刺客立即拔出另一手枪，杰克逊趁机以手杖制服刺客。劳伦斯日后被诊断出身患精神疾病，并被拘留在疯人院中。这是美国历史上首次有人意图暗杀在职总统。

第安人把世代居住的西部肥沃的土地让出来，然后迁移到政府划出的贫瘠的"保留地"里去。杰克逊的强硬政策激起了印第安部落的强烈反抗，其中最大的两次反抗斗争就是 1832 年的黑鹰战争和 1835 年的第二次塞米诺尔战争。尽管印第安人奋死抵抗，显示出他们不屈服的英雄气概，但仍无力抵挡装备精良的美国政府正规军的进攻，最后只能接受美国政府的安排，放弃自己世代居住的家园，迁到荒凉贫瘠的"保留地"里去。

身体里子弹的所有权

安德鲁·杰克逊 (1767 ~ 1845) 在 1813 年曾经同一个叫本顿的人决斗过，本顿一枪击中了杰克逊的左臂，子弹一直留在里面近 20 年。到 1832 年医生取出子弹的时候，本顿已经成了杰克逊热情的支持者。杰克逊建议将子弹归还本顿，但本顿谢绝接受，说 20 年的保管期，已使产权发生了转移，子弹的所有权当属杰克逊。而杰克逊说自从上次决斗到现在还只有 19 年，产权关系没有发生变化。本顿回答说："鉴于你对子弹的特别照管——一直随身携带——我可以放弃这一年的产权。"

杰克逊执政期间，向西迁移了超过 4.5 万名印第安人，杰克逊政府强行购下了 1 亿英亩（40 万平方公里）的印第安人土地。搬迁的进程备受渴望获得西部地区土地的美国人的欢迎，却使印第安人备受颠沛流离之苦，很多印第安人在迁徙途中因缺衣少食而死亡。

第五节　西部大开发

一位美国历史学家写道："对于美国的发展来说，没有什么因素比西部的存在更重要了。"

（一）前期的西进运动——开发近西部

早在美国独立之初，一些具有冒险精神的人士就开始踏上西进的征途，他们越过森林密布、野草丛生的高山峡谷，不断寻找着新的机会。这些西进开拓者促进了美国的领土扩张活动，而领土的扩张又为更多的人涌向西部扫清了道路。与此同时，19 世纪 20 年代以后美国的交通运输飞速发展，土地政策逐渐放宽，按照美国的"领地"制度，移民在西部新获得的土地可先建立领地，由国会任命总督管理，条件成熟后可成为联邦的一个州。以上这一切，激起了人们向西迁移的兴趣，从而兴起了一个群众性的"西进运动"。

随着美国领土的大幅度向西扩张，美国人口开始大规模向西部迁徙。1790 年，居住在阿勒格尼山以西的人口只占约 6%，1820 年，这个比例上升到 27%，1850 年进一步上升到 45%，到

印第安人的血泪之路

1830 年 5 月，安德鲁·杰克逊总统通过了《印第安人迁移法》，把印第安人遣送出密西西比河以东地区，西进运动迅速发展。美国西进运动中有大量印第安人死亡，所以这一运动所行之路又被称为印第安人的血泪之路。

1860 年更增加到了 49%，也就是说，内战前，美国已有将近一半的人居住在西部。从 1820 年到 1850 年的 30 年中，阿巴拉契亚山以西地区的居民人数增加了 500 万，这比 1790 年时美国全国总人口还要多。而同一时期，大西洋沿岸各州虽然有大批来自欧洲的移民，但人口也只增加了 200 万。

建国后大量的东部移民涌入西南部的领地，并在那里建立了田纳西州。1803 年在西北领地也建立了第一个州——俄亥俄州，此后西北领地几次重组，又形成新的领地。这样到 1812 年，美国西部的移民区好像一个三角形，北部为大湖平原，南部是海湾平原。

对于农场主而言，西部有着大量肥沃土地的大湖平原是一个诱人的地方，杰克逊政府通过苛刻而不平等的法令把该地区密西西比河以东的印第安人全部驱赶出去，并一再降低土地的价格，有力刺激了西进运动的发展。1815 ～ 1830 年间，来自肯塔基和田纳西州的移民因受种植园经济的竞争威胁，大量涌入五大湖南部。1825 年连接哈德逊河、大西洋与五大湖的伊利运河正式通航，成千上万新英格兰的农场主与中部地区的拓荒者纷纷离开自己的家园，来到对于他们完全陌生但充满机会的西部的大湖平原。1837 年作为大湖平原最后的处女地，明尼苏达也开始对移民开放，并在 1858 年正式建州。大湖平原此后成为美国最重要的农业生产基地，被誉为"小麦王国"。

五大湖

位于加拿大和美国交界处，是闻名世界的五大淡水湖。它们按大小分别为苏必利尔湖、休伦湖、密歇根湖、伊利湖和安大略湖。

而大湖平原南部的海湾平原也不断吸引着拓荒者，在 1815 年后，大批新英格兰人与南部地区的种植园主进入海湾平原，迅速占领了今天的亚拉巴马与密西西比一带，在俄亥俄河以南地区，来自南部地区的种植园主建立了奴隶制种植园经济，而来自东北部新英格兰地区的移民实行的是自由雇佣制度，美国南北两种社会制度的区别与对立，在拓荒过程中就已显露出来。

（二）西进运动的新阶段——远西部的开发

到 20 世纪二三十年代，密西西比河以东的近西部地区已经被早来的农场主与种植园主瓜分殆尽，越来越多的拓荒者开始越过干旱的"大草原"进入落基山脉以西的远西部寻找机会，开启了西进运动的新阶段。

拓荒者一踏上旅途便要经受艰苦的磨炼，移民们除了要忍受危险而单调的旅行外，还要承受疾病和死亡的打击。据估计，在 20 世纪 40 年代的淘金热中仅从独立城到拉腊米要塞的一段路上，便至少埋葬了 2000 人。一些移民在严酷的现实面前动摇了，又返回东部，而更多的人则坚持继续西进。在一大片令人望而生畏的荒原上，移民们为了追求独立与财富，与大自然展开了一场生死搏斗。他们靠辛勤劳动赢得了比较稳定的生活，新一代美国人也随之成长起来。

在开发远西部的进程中，在圣路易斯城基础上建立起来的密苏里州发挥着特殊的作用。1812 年，密苏里领地建立，当时面积包括现在的密苏里与阿肯色州，1821 年正式建州后，成为美国东部的移民"通往远西部的门户"。1822 年 5 月密苏里的富商威廉·贝克利率领一支由 25 辆马车组成的商队到达远西部的圣菲城，到他们 10 月返回密苏里时，带回来 18 万美元与价值 1 万美元的皮货，由此开辟了通往远西部的贸易联系。另外，从 1823 年开始，一批又一批捕猎者络绎不绝地来到落基山脉捕捉河狸，正是这些为利润不惜冒险前行的商人与捕猎者为后来的拓荒者开辟了道路。

美墨战争刚一结束，兼并来的加利福尼亚地区的移民詹姆斯·马歇尔首先在该地区发现了黄金，成千上万的"淘金者"闻讯蜂拥而来，从1848年至1850年，仅仅两年时间，加利福尼亚的人口就从几千人迅速增加到9.2万人。到1860年，加利福尼亚已经拥有38万人口了。淘金热渐渐平息后，一部分淘金者转行从事农业，成为加利福尼亚农业区的首批拓殖者，另一批人则继续西进，成为最后征服落基山脉与大草原的生力军。

西进运动是一场自发的移民运动，绝大多数移民都以个人与家庭为单位迁往西部。在移民队伍中，有土地投机者、奴隶主，但更多的是中下层劳动人民，后者构成了西进运动的主体，而且往往走在西进队伍的前面。他们披荆斩棘，历尽苦难，艰辛的生活夺走了许多人的生命。在拓荒时代的伊利诺伊州，至少三成的儿童不满5岁就夭折了，成年人的平均寿命也只有四五十岁。正是这些为圆美国梦不畏艰难险阻、勇往直前的拓荒者，使西部地区由蛮荒之地转变为繁荣昌盛的现代化城乡乐土。

西进运动促进了农业的发展，带动了交通运输，刺激了西部城镇的兴起和工业的进步，推动了国内统一市场的形成，也锤炼了美国人的民族精神，西进运动是美国历史的一个重要篇章。

第四章

凤凰涅槃——南北战争与南方重建

作为美国历史上一场最大的内部战争，美国的南北战争是北方的工业企业主与南方的奴隶主在围绕奴隶制存废问题上矛盾激化不可调和的结果，它对整个国家经济、政治、社会各个方面的发展都产生了深远影响。北方军民在林肯总统领导下，经过艰苦卓绝的斗争，终于打败了叛乱的南方军队，维护了联邦统一，奴隶制这种罪恶的制度从此彻底在美国土地上消失了。

第一节　废奴运动

美国内战前的废奴运动，实质上是一群富有社会正义感与人权观念的有识之士领导的以废除奴隶制为宗旨的群众性改革运动。废奴派不畏强暴，英勇战斗，持续猛烈地抨击奴隶制达 30 年之久，为奴隶制的最终覆灭和黑人奴隶的解放做出了可贵的贡献。1865 年林肯总统在谈到内战胜利时曾对废奴派的历史作用给出高度评价："我只不过是个工具而已。是加里森的逻辑和道义力量，是全国的反奴隶制人民，是军队，成就了这一切。"

（一）南方奴隶制的罪恶

美国内战前夕，美国南部共有 900 万人口，其中约 300 万是黑人奴隶，他们大多数在从马里兰州佐治亚州的各地烟草种植园和农场中从事农业生产。

在南部的种植园中，奴隶们被当成"会说话的工具"，他们被剥夺了一切人身自由，一切生杀予夺大权均操纵在其"主人"奴隶主的手中。黑人奴隶的处境十分悲惨，他们在田间劳动时经常被迫戴上带刺的铁枷，脚拖沉重的镣链或重物。他们经常遭到严厉的鞭打，背部和四肢到处都是木棍毒打留下的累累伤痕。每天的劳动时间常常是十五六个小时，有时甚至达到十八九个小时。食物则是根据每人劳动能力的大小实行配给，除了水和玉米，很少有其他的东西。繁重的劳动和非人的生活常常使一个健壮的奴隶在种植园中劳动六七年后就耗尽了体力。

美国的奴隶制在 18 世纪时曾一度衰落，这是因为当时南部广泛种植的烟草、稻米消耗地力很快，加之古巴、哥伦比亚等国烟草业竞争日益激烈，烟草已不再是最紧俏的作物，单靠稻米也不足以维

◎奴隶市场内，奴隶被当作牲口叫卖

持大规模的奴隶经济，因此南部许多人对奴隶劳动的经济价值、奴隶制的前景都提出了质疑。独立战争后人权观念逐渐普及，像华盛顿、杰斐逊等开国元勋都主张废除奴隶制。

不料，19 世纪 20 年代美国南部又兴起了棉花种植业，一度衰落的奴隶制再度风行，并且急剧地膨胀起来，奴隶主们疯狂地向西部地区扩张领地，建立起更多的种植园以及新的蓄奴州。随着棉花生产的扩大，对奴隶的需求增加了，奴隶的价格也随之上涨。1800 年一名奴隶大约只值 300 美元，到内战爆发时上升到 1000～1500 美元。为了尽快地增加奴隶数量，奴隶主采取拐骗、绑架自由黑人的卑劣手段，将其变为奴隶。亚拉巴马等州还常以违反《移民法》为借口，把从北部过来的自由黑人任意变卖为奴。

自由黑人

并不是北美大陆所有的黑人都是奴隶，自由黑人很早就在北美安家，但他们没有参军服役和选举的权利，还常受到白人的歧视，在此背景下，他们只能建立自己的教堂、学校与文化团体。

非人的待遇引起了黑人们的反抗，他们采取怠工、装病、拒绝生育、逃亡、自杀、焚烧种植园、杀死监工和奴隶主、武装起义等多种形式进行斗争。密谋和起义中影响较大的是 1831 年 8 月在弗吉尼亚州爆发的特纳领导的暴动，有 60 名白人和许多黑人在暴动中丧命。

（二）废奴运动的兴起

真正意义上的群众性废奴运动是在 19 世纪 30 年代初兴起的，在这场运动中起了突出作用的有威廉·加里森（William Garrison）、弗雷德里克·道格拉斯、詹姆斯·伯尼、格里姆克等人。加里森出身于贫穷家庭，道格拉斯是一位黑白混血种人，过去是南方的奴隶，后来逃到了北方，其他几人都是出身于上层社会，有些人还出身于奴隶主家庭，但他们出于人道主义与人权思想毅然背叛了他们的阶层而投身于废奴运动。

◎威廉·加里森

1832 年 1 月，加里森和其他 11 名废奴主义者一起，成立了"新英格兰反奴隶制协会"。在加里森等人的倡导下，1833 年 12 月又建立了全国性的废奴主义组织——"美国反奴隶制协会"。该协会将完全废除奴隶制作为奋斗目标，以道德感化作为实现目标的主要手段，反对使用暴力。在它成立后不久，各地纷纷建立起反奴隶制协会。到 1826 年，北部各州已有 500 多个此类协会，会员到 1840 年时已超过了 15 万人。反奴隶制协会在北部各地展开了大规模的宣传工作，他们创办报纸杂志，出版小册子，散发传单，举行讲演，组织请愿，使得废奴运动成为当时声势浩大的社会运动。

1831 年 1 月 1 日，加里森在他的第一份报纸《解放者》上宣告："我要为立即解放我们的奴隶大众而进行不屈不挠的战斗……在这个问题上，我不愿让我的思想、语言和文字带上温和的色彩……我说到做到——我决不含糊其词——我决不推诿，我决不后退一步——我的话一定会有人听到。"

他的策略是把黑奴制度中最骇人听闻的事件揭露出来，并且

废奴暴动领袖约翰·布朗

布朗出生于康涅狄格州一个白人农民家庭，其父为废奴主义者，布朗从小受反奴隶制思想的熏陶。成年后，他积极投身于美国废奴运动。1857 年，他开始筹划以解放南部黑奴为最终目的的武装暴动。1859 年 10 月 16 日夜间，布朗率领数十人袭击哈普斯渡口。很快攻占了兵工厂和军械库，控制了市镇，同时在附近村子逮捕种植园主，解放了少数奴隶。10 月 17 日，政府当局召集的民团陆续赶到起义地点，暴动很快被镇压下去。约翰·布朗被俘后以背叛弗吉尼亚的名义被处死。

严厉抨击奴隶主摧残奴隶生命、买卖奴隶的行径。加里森轰动一时的做法，唤醒了北方民众去了解这一罪恶的制度。

1840 年废奴主义者还在纽约州的奥尔巴尼成立了美国第一个废奴主义政党——自由党，并且提名伯尼参加当年的美国总统竞选。

（三）地下铁路

除了宣传之外，废奴派还组织了帮助黑奴逃跑的"地下铁路"，他们派人到南方把奴隶们秘密带出来。

奴隶逃跑之前，通常先躲在奴隶主种植园附近的森林或沼泽中，等到夜深人静的时候，再逃往俄亥俄河，一旦过了这里就有"地下铁路"的

"列车员"护送了。他们将奴隶们从一个废奴主义者的家中转移到另一个废奴主义者的家中，直到把他们送到北部各州或加拿大。

其中最有名的是"地下铁路"女"列车员"哈里特·塔布曼（Harriet Tubman），过去她也是一个奴隶，备受奴隶主的压榨摧残，她逃到北方之后，又勇敢地参加了"地下铁路"工作。她曾返回南方19次，一共救出了300多名奴隶。她的活动引起了奴隶主们的恐慌，奴隶主们悬重赏捉拿她，但都未能得逞。

据估计，从1830～1860年，每年有近2000名黑奴通过"地下铁路"成功地逃到了北方，仅在俄亥俄一州，自1830年至1860年间，获得帮助而逃亡成功的奴隶，估计不下4万人。虽然这种方式解救的奴隶不是很多，但在很大程度上表现了废奴运动解救黑奴的决心与力量，增强了南方黑人奴隶追求自由解放的信心。

废奴文学

废奴运动对美国文学产生了深刻影响。在这几十年中，美国兴起了一种新的文学——废奴文学。许多作家通过自己的文学作品来揭露奴隶制的黑暗和腐朽。废奴文学的杰出代表作是哈里耶特·斯托夫人的长篇小说《汤姆叔叔的小屋》（旧译《黑奴吁天录》）。从1851年6月起，这一长篇小说开始在杂志上连载。1852年又以单行本发行。小说问世后在国内外引起巨大反响，这部小说进一步推进了废奴运动的发展。后来林肯总统在接见斯托夫人时，称她是"写了一部书，酿成一场大战的小妇人"。

第二节　南北双方矛盾的加剧

随着美国西部新开发的土地陆续建州申请加入联邦，南方的种植园主与北方的工商企业主为西部新建的州是否实行奴隶制展开了一场激烈的论争，双方你争我夺，互不让步。

（一）《密苏里妥协案》

随着美国西部领土的大幅度扩张，在西部新建立的各州实行何种劳动雇佣制度成为当时美国社会激烈辩论的话题。北部工商企业主和南部奴隶主都渴望向西扩张，东北部的商人和工业资本家要求在新的领土上建立自由州，扩大其产品的销售市场。南部种植园主力图把使用奴隶劳动的种植园经济扩展到新的领土，以解决单一作物带来的地力衰竭问题。

西部新建州的归属还决定着南北双方对联邦权力的划分，根据美国联邦宪法规定，国会中的众议员按各州人口比例产生，参议员则不论州的大小，每个州一律选派两名。因此，美国西部的新开发地区以自由州还是以蓄奴州地位加入联邦，关系到南北双方在国会内席位的多寡，亦即双方在联邦政府中势力的强弱。1848 年后，随着美墨战争胜利后西部领土的扩张，南北双方的矛盾逐渐趋于白热化，密苏里问题成为矛盾冲突的焦点。

密苏里领地是 1813 年路易斯安那购入地的一部分。1817 年，该领地居民已经达 6.6 万人，其中 1 万人是黑人奴隶，其余大部分是白人自由民和种植园主，他们向国会申请加入联邦。但是，对于密西西比河以西的

◎由于亨利·克莱（Henry Clay）的极力斡旋，1820年3月，《密苏里妥协案》最终形成。亨利·克莱也因此声名大振

土地，美国联邦政府没有关于奴隶制存废问题的明确规定。1787年的《西北土地法令》也只是规定在密西西比河以东（当时美国西部边界），俄亥俄河以北地区禁止实行奴隶制。

密苏里是否以蓄奴州身份加入联邦，没有先例可循。围绕这一问题，南北双方蓄积已久的矛盾迅速激化。1819年2月，密苏里申请加入联邦的议案被提交众议院讨论，纽约州议员詹姆斯·塔尔梅奇提出一项修正案，主张在该地禁止扩展奴隶制，所有奴隶的子女在年满25岁时均可成为自由人，这样就能在该地逐步废除奴隶制。

此修正案在众议院经过一番争议，以微弱多数通过，但在参议院却引起一场轩然大波。多数议员坚决反对南部向密西西比河以西扩展这种不人道的野蛮制度，南部各州议员则提出种种借口，试图将奴隶制推行到所有领地上去。这个分歧迅速激起了美国国会历史上最激烈、最残酷的一场大辩论，南北双方各执一词、互不相让，此议案只好被暂时搁置。

国会上的论争很快激起社会上关于奴隶制存废问题的辩论，奴隶制问题在美国历史上首次成为举国瞩目的问题。北方民众在废奴主义者的领导下纷纷集会，反对奴隶制的扩张。在这种形势下，南部奴隶主不得不有所收敛。同年12月，由马萨诸塞州分离出来的缅因申请作为自由州加入联邦，才使争执有了协商的余地。国会再次集会，参、众两院几经反复，一直到第二年3月3日，才通过参议员亨利·克莱提出的一项法案分别接纳缅因作为自由州、密苏里为蓄奴州加入联邦，在其余的路易斯安那土地上，北纬 36°30′ 以北永远禁止奴隶制存在，此法案通称为《密苏里妥协案》。

《密苏里妥协案》虽然划定了密西西比河以西的南北分界线，暂时缓解了南北就奴隶制存废问题的对立冲突，但不可能根本解决两种社会制度的矛盾，暂时的妥协让步的背后酝酿着更激烈的冲突。

（二）血染堪萨斯

堪萨斯与内布拉斯加都位于普拉特河流域，是美国辽阔的中部大草原的中心，也是美国"最后的边疆"的一部分，于 19 世纪三四十年代之交开始有移民迁入，到 1850 年时居民依然十分稀少。由于这里冬季寒冷，所以很少有人想到它会成为蓄奴区。但南部种植园主仍然企图控制这片富饶的农业地带，并进而把奴隶制扩大到大草原的畜牧业中去，因而引起了北部废奴派及广大自由民的警觉。

根据《密苏里妥协案》，这两个地区北纬 36°30′ 以北是应该禁止奴隶制度而成为自由州的。但是，密苏里那些有势力的奴隶主，反对把与他们西部毗邻的堪萨斯州变成禁奴的自由州。这一时期，国会中的密苏里州议员在南方种植园主支持之下，抵制了堪萨斯设州的一切努力。

在这个时候，伊利诺伊州的参议员斯蒂芬·道格拉斯提出一个明显祖护南方的奴隶主而引起废奴主义者无比愤怒的法案，史称《堪萨斯—内布拉斯加

◎斯蒂芬·道格拉斯

法案》，它规定由该州居民自行决定是否以蓄奴州的身份加入联邦，即所谓"居民主权"论。这就使建立蓄奴州的范围越出了原先规定的北纬36°30′的地理界限，换言之，奴隶主可以随心所欲地在美国领土上根据居民的所谓意志到处建立蓄奴州。

北方的废奴主义者谴责道格拉斯是奴隶主的帮凶，这样做完全是为他在1856年争取总统宝座铺路。讨论该法案时，发生了激烈的辩论。废奴主义者控制的出版物猛烈地谴责这个法案。然而，在5月的一天早晨，参议院和众议院居然在南方奴隶主的强大压力下通过了这个法案，奴隶主在法案通过后，欢欣鼓舞，响起了隆隆炮声以示庆祝。这时，一位反奴隶制领袖预言道："他们现在庆祝胜利，但他们所引起的反响，在奴隶制度本身灭亡之前，将不会停止。"当道格拉斯后来去芝加哥为自己发表辩护演说时，港口的船只竟悬挂半旗，教堂的钟声也响了一个小时，成千上万的支持废奴运动的群众聚在一起叫喊反对奴隶制的口号，他的演讲最后不了了之。

《堪萨斯—内布拉斯加法案》通过后，为争夺对堪萨斯的控制权，一批居住在密苏里州的奴隶主马上进入堪萨斯，他们占领了大片土地，并建立了好几个市镇。与此同时，北部各州的自由农民也纷纷向堪萨斯移民。为了挫败奴隶主在堪萨斯建立奴隶制的企图，北部许多州建立起了"移民援助协会"，协助反对奴隶制的人们移居堪萨斯。结果，在堪萨斯出现了两个议会、两个政府、两个首府：一个在托皮卡，一个在莱文沃恩。从1854年11月的国会代表选举开始，两派之间的流血冲突就不断，1856年5月21日废奴派的据点劳伦斯城甚至被拥护奴隶制的军队洗劫一空。奴隶主武装的反动暴行激起了自由移民的愤怒与反击，8月，双方又在奥萨瓦托米尔交锋。整个战争一直持续到11月，双方互有胜负，据估计有200多人丧生，财产损失200万美元。这一事件史称血染堪萨斯，它成为美国内战的一次预演。

斯科特诉讼案

德雷德·斯科特1799年出生于弗吉尼亚州，他一生下来就和父母一样，成为白人奴隶主布洛家的奴隶。后来斯科特被卖给一位军队外科医生约翰·埃默森，并随他到过禁止实行奴隶制的伊利诺伊州和威斯康星州。1842年，斯科特又随埃默森夫妇回到圣路易斯市。1846年，斯科特为了争取自由权，就在圣路易斯市起诉埃默森夫人，要求解除他的奴隶身份，成为自由人。经过一番你来我往、针锋相对的诉讼后，双方仍没达成协议，1856年，斯科特和律师上诉美国联邦最高法院寻求解决。

1857年3月6日，美国联邦最高法院以7比2的多数做出不利于斯科特的判决。首席大法官坦尼在代表多数法官意见的陈述书中指出，由于斯科特是奴隶，所以他不是美国公民，因此没有权利在联邦法院提出任何诉讼。他说斯科特从来就没有自由过，因为奴隶是个人财产，因此1820年的《密苏里妥协案》违反了宪法，联邦政府无权在一些州禁止奴隶制。

斯科特案的判决引起整个北方的骚动，法院遭受到空前尖锐的指责。对南方的奴隶主来说，这一决定是一个伟大的胜利，因为这件事为他们在各地合法地推行奴隶制提供了法律根据。

第三节　两党制的形成与确立

在美国，每四年要举行一次总统选举。1874 年，美国著名政治漫画家托马斯·纳斯特（Thomas Nast, 1840 ～ 1902）在《哈波斯月刊》（*Harper's Monthly*）发表了他创作的一幅漫画，漫画上有一个跷跷板，一边坐着一头驴，代表民主党；另一边坐着一头大象，代表共和党。这幅画的原意是讽刺两党轮流坐庄的美国政治现实，后来却为两党欣然接受。民主党认为驴子诚实、倔强、谦虚，共和党则认为大象稳重、高大、坚强。"驴象之争"就成为美国政治竞选的形象描绘，也是美国两党制的喻词。

（一）杰汉之争

美国建国之初，联邦政府最为紧要的工作就是解决财政与经济上的问题。当时国库空虚，币制混乱，通货膨胀严重，国家负债累累。被誉为美国金融之父的汉密尔顿在就任美国联邦政府首任财政部长后，开展了一系列大刀阔斧的改革，其中一项重要的措施就是要成立一家国家银行。当时美国共有 3 家银行：费城的北美银行、波士顿的马萨诸

◎托马斯·纳斯特所绘"驴象之争"漫画

塞银行和纽约银行。但它们都是州一级的银行，资金不足，缺乏信用，而且根据宪法，各州也不能发行纸币。汉密尔顿建议成立国家银行，资金总额为 1000 万美元，联邦政府可拥有 1/5 的股票，其余由私人投资。

这一方案立即遭到当时的国务卿杰斐逊的强烈反对，杰斐逊从"严格解释"的宪法出发，认为宪法没有赋予联邦政府成立银行的权力。此外，他认为成立国家银行也并不是绝对必要的，设在费城的州银行即可向政府提供资金。汉密尔顿则主张对宪法作"从宽解释"，认为成立国家银行是合乎宪法的。最后还是汉密尔顿的意见占了上风，1791 年，合众国国家银行正式成立。

两人由财政经济政策引起的争论进一步扩大到诸如联邦的性质、宪法的解释、外交政策等基本问题上，双方的观点日益尖锐对立。国会中的党派对立通过选举渗透到选民中，结果使选民以至社会舆论也分裂为两个派别。汉密尔顿派自称为联邦党，杰斐逊派自称为民主共和党。

"杰汉之争"不仅是杰斐逊与汉密尔顿的个人政见的分歧，它更深层次上凸显出两人所代表的两个派别、两种治国方略、两种价值取向等方面的深刻分歧。两人存在很大的个性差异：杰斐逊是民主派思想家，比较开明；汉密尔顿则比较保守。两人分别来自不同的地理区域，杰斐逊代表以农业为主的南方，汉密尔顿代表工商业发达的北方新英格兰地区；杰斐逊具有浓厚的农业民主思想，主张农业立国，汉密尔顿则强调工商业的重要性，主张工业立国。

◎ "杰汉之争"

由于联邦党人总统约

翰·亚当斯当政期间的内外政策不得人心，联邦党逐渐丧失威信，其支持者纷纷投奔民主共和党。在 1812 年第二次英美战争中，联邦党因其严重的亲英色彩而日渐式微，在 1816 年后基本停止了活动。此后十多年间，基本上是民主共和党"一党统治"的历史时期。

（二）两党制的形成

杰克逊总统任内（1828～1836）是美国两党制度的重要形成期。民主共和党开始分裂为许多派别，政党政治在经历了十余年一党制的沉寂之后，又趋于活跃。在新的政党制度中，一派称为"政府之友"，后来变成国民共和党人，最后成为辉格党人；另一派是"杰克逊党徒"，他们后来自称民主党人。1828 年大选中，国民共和党失势，杰克逊入主白宫，民主党之名正式确定并流传开来。民主党的主要支持者包括南部种植园奴隶主、西部边疆的农业垦殖者、纽约等大城市的商人、北方城市工人等。

18 世纪 30 年代，民主党在杰克逊时期获得迅速壮大和发展。但是这一时期，民主党受到南方种植园奴隶主的控制，主张自由贸易政策，维护和扩大奴隶制扩展到新州。由于与奴隶制问题紧密纠缠，民主党被认为是奴隶制度的"保护伞"。

1834 年，被视为联邦党人的继承者国家共和派改称辉格党（Whig Party），它的名字取自英国 19 世纪成立的反皇室特权的政党。该党力量的核

美国辉格党

辉格党（Whig Party）为美国在杰克逊式民主（Jacksonian democracy）时代的一个政党，自 1832 年至 1835 年间持续运作，反对安德鲁·杰克逊总统及其创建之民主党所订立之政策。该党自选"辉格"为名，附和反对英国王室君主专权的英国辉格党，反对总统专断。存续 26 年，最终因是否同意奴隶制度扩展至新领土之争而瓦解。

心地域是受商业化农业和工业化影响最大的地区，如新英格兰以及西部的北方地区。

辉格党作为联邦党的传承者，其追求的目标是：建立强大的联邦政府，拥护联邦政府对经济和社会事务的干涉；实行保护性关税；废除奴隶制或至少限制奴隶制扩大到新州。由于辉格党顺应了美国政治经济发展的大方向，力量和影响不断增强，并在 1840 年和 1848 年两次取得竞选总统成功。

（三）两党制的最终确立

19 世纪 50 年代中期，由于奴隶制问题上升为美国国内的主要矛盾，一场"不可遏止的危机"迫在眉睫。

《堪萨斯—内布拉斯加法案》又使美国各政党开始重新组合。南方的辉格党人因支持《堪萨斯—内布拉斯加法案》而与北方的辉格党人分立。在民主党内，一部分北部民主党人也反对该法案。1854 年二三月份，辉格党、民主党内的反奴隶制人士开始商议联合起来建立一个新党，一些人提出新党叫共和党。经过几个月的酝酿，1854 年 7 月 6 日，这些人在密歇根州杰克逊市召开了代表大会，会议通过了一项反对奴隶制扩展的纲领，要求废除《堪萨斯—内布拉斯加法案》。这样，一个新的反奴隶制的崭新政党——共和党——就此诞生了。

在 1854 年以后的四年中，共和党在北方各州取代了辉格党成为民主党的主要对手。虽然它未能在 1856 年总统大选中获胜，但在 1860 年大选中，共和党候选人林肯在北方 18 个州获得 180 张选举人票和近 40% 的选民票，成功当选。1860 年起，共和党开始了连续 24 年的执政，此后美国政坛进入民主党与共和党交替执政、轮流坐庄的时期，两党制得到最终的确立。

美国的第三党

除了民主党与共和党外，美国政坛还不断涌现出数目众多的第三党，这些小党派往往是统治集团内部产生分歧，两大党之一内部发生分裂的结果，它可以造成一时的轰动效应，而且产生较大的影响，但往往昙花一现。比如在1912年大选中，前共和党人总统老罗斯福是作为进步主义党的候选人参加竞选的，虽然最后民主党的威尔逊获胜，但老罗斯福得到的选民票与民主党候选人威尔逊相差无几，而且超出共和党候选人塔夫托六七十万张，选举人票也以88：8领先共和党。从投票结果看，它俨然一时成为第二大党。但是随着进步主义运动的衰落，这个党也很快沉寂下去。

1992年在老布什和克林顿的竞选中，美国亿万富翁佩罗（H.Ross Perot）代表的第三党"我们团结战斗，美国"，以"国债问题"为核心，参加大选，竟然获取近2000万张选民票，占选民票总数的近20%，一时间佩罗成为美国政坛的风云人物。

第四节 同室操戈——南北战争始末

南北战争是美国北方工业资产阶级与南方奴隶主围绕社会制度的选择所引发的矛盾日益激化的结果，在人口与经济力量等方面都占优势的北方军民，克服了战争初期因准备不足等因素造成的被动局面，经过艰辛惨烈的战斗，最终打败了南方叛乱的军队，维护了联邦的统一，也彻底埋葬了奴隶制。

（一）战事初起

1860 年的美国总统大选是美国历史上最具有鲜明地域色彩的选举，代表北方资产阶级的共和党反对向各领地扩张奴隶制；而代表南方种植园奴隶主阶级的民主党则坚决维护奴隶制，甚至不惜以南部各州退出联邦相威胁。

1860 年的选举直接关系到奴隶制的命运，共和党人林肯与民主党人斯蒂芬·道格拉斯展开了空前激烈的争斗。美国总统是实行以州为单位的、间接的选举人团投票制度，由于支持林肯的北部地区的人口比支持道格拉斯的南部地区多出一倍以上，这样林肯以 180 ∶ 123 的选举票的优势击败道格拉斯，成为美国第 16 任总统。

南方奴隶主非常清楚，林肯当选必将威胁到整个奴隶制度的存在，因此，在选举结果揭晓后不久，1860 年 12 月 20 日，南方的南卡罗来纳州首先宣布脱离联邦。由于当时还没卸任的布坎南总统长期偏袒南方，南卡罗来纳宣布脱离联邦之后，他不但不采取任何反对分离的坚定措施，反而把这一切的责任推到北方人身上。继南卡罗来纳脱离联邦之后，密西西比、亚拉巴马、佛罗里达、佐治亚、路易斯安那、得克萨斯也先后宣布脱离联邦。1861年2月4日，上述7个州的代表在亚拉巴马的蒙哥马利开会，8日宣布成立"美利坚联众国"（Conferderate Sates of America），历史上人们大都将它称为"南部邦联"。第二天，奴隶主杰斐逊·戴维斯被推举为临时总统，并通过了维护奴隶制度的《同盟宪法》。

1861年3月4日，林肯宣誓就任总统。在就职演说中他旗帜鲜明地反对南部的分裂行为，他说："我否认各州有分裂联邦的权力，任何一个州发生抵抗联邦政府的行为都是叛乱。"南北双方由于奴隶制的矛盾已经积累到不可调和的地步，1861年4月12日，南方军队攻占了南卡罗来纳州的萨姆特岛屿原由联邦军队控制的要塞，从而点燃了内战的战火。4月15日，林肯政府宣布南部各州是叛乱州，同时宣布召集7.5万名志愿军，以镇压叛乱。内战爆发后，原来处于观望状态的弗吉尼亚、北卡罗来纳、田纳西、阿肯色4个蓄奴州也宣布退出联邦，加入南部邦联，但是，马里兰、肯塔基、密苏里、特拉华这4个紧靠北部的蓄奴州仍然留在联邦内。

美国最优秀的总统

由65名历史学家评选的"美国总统排名"报告出炉，在42名"优秀总统"候选人中，亚伯拉罕·林肯当选为最优秀的美国总统，林肯在所有的10个领域排名中都在前3名。在评比中排名前5名的总统依次为林肯、华盛顿、老罗斯福、小罗斯福和杜鲁门。

内战初期，从双方的力量对比来看，北部在人力和物力上处于优势，北部各州的人口是南部同盟人口的一倍多，货币、信贷、制造业、航运业和铁路交通等方面的实力也都优于南部。但是，南部也拥有一些优势，它有本土作战的军事优势，南方人还习惯于户外生活和骑射，普通百姓稍加训练就可成为善战的士兵，在军事指挥与装备上要胜北方一筹。

（二）烽烟四起

　　战争开始时，南北战争的战场以阿巴拉契亚山为界分为东西两个战场，东线战场主要在华盛顿与南部邦联的"首都"里士满之间进行，在这个战场上，联邦军队因指挥不力而败多胜少，处于非常不利的地位。1861 年 7 月 21 日，由麦克道尔将军率领的一支 3 万余人的联邦政府军队在布尔伦河的马纳萨斯与 2.2 万余人的南方军队展开了开战以来的第一次大决战。双方军队都缺乏训练，所以战斗混乱不堪。在北方军队已略占优势的时候，南方的托马斯·杰克逊将军率领的 9000 余名援军赶到，结果形势大变，麦克道尔只得下令撤退，然而，撤退变成了溃败，士兵们七零八落地逃回了华盛顿。这一溃败使华盛顿处于非常危险的境地，然而南部军队不明虚实，不敢乘胜追击。

　　在林肯强烈要求开始进攻下，北方的麦克莱伦将军在 1862 年春季由弗吉尼亚半岛攻入弗吉尼亚州。麦克莱伦这时已经逼近里士满，但由于他过于谨慎，结果错失战机，6 月 26 日南方军队的统帅罗伯特·李（Robert Lee）发起"七日战役"，一举把他的军队击退。

◎罗伯特·李

　　南方军队在"七日战役"获胜之后乘胜北上，将战争推向了北部的自由州。1862 年 8 月 29 日至 9 月 1 日，南方军队在第二次布尔伦河战役中打败了北方军队，夺取了哈普斯渡口。9 月

南北战争经历

1860 年 林肯当选为总统，民主党遭到惨败，这就成为南方奴隶主脱离联邦和发动叛乱的信号。

1861 年 2 月 叛乱各州宣布成立"南部邦联"。

1861 年 4 月 15 日 林肯发布讨伐令，内战爆发。

1863 年 北方在军事上出现转机。

1863 年 7 月 1 日 葛底斯堡大捷，成为内战的转折点。

1864 年 9 月 谢尔曼将军麾下的北军一举攻下亚特兰大，两个月后开始著名的"向海洋进军"。

1865 年 4 月 9 日 罗伯特·李的部队陷入北方军队的包围之中，被迫向格兰特请降。南北战争结束。

13 日，麦克莱伦的侦察兵得到了南方军丢失的一份作战部署图，于是他率领波托马克兵团以两倍的优势兵力终于冲破了南方联盟的防线。双方在安提塔姆发生激战，各自伤亡都十分惨重，仅 9 月 17 日一天伤亡人数就超过 2.6 万人，9 月 18 日，麦克莱伦再次因举棋不定，错失良机，结果让罗伯特·李率领的南方军队借机脱离了包围圈。

在西部战场，联邦军在格兰特（Grant）将军的指挥下，接连打了几次胜仗。1862 年 2 月，在炮艇队配合下，攻克了田纳西州西北部两个对南方军队具有战略意义的堡垒，迫使 1.8 万名南方守军无条件投降。4 月，南方军乘他不备，在田纳西州西南部的夏伊洛地区发动突然进攻，格兰特处境很不利，但联邦军队作战勇猛，后来在援军赶到后，终于将敌军击败。这一仗打得十分艰苦，北方军伤亡 1.3 万人，南方军伤亡 1.1 万人，这是一次付出了惨重代价而取得的胜利。事后，一些人要求撤换格兰特，但林肯还是欣赏他的军事才能而力排众议，坚持让他留任。1862 年 10 月，格兰特被任命为田纳西军区司令。5 月 11 日，联邦军在海军舰队的有效配合下占领了南部重镇新奥尔良。

（三）来之不易的胜利

1863 年是决定内战战局的一年，联邦军集中兵力竭力捕捉战机与罗伯特·李决战。7 月初在宾夕法尼亚州葛底斯堡，罗伯特·李率领的南方军同乔治·米德将军所带领的联邦军浴血奋战。米德抓住李轻敌的毛病，半夜突袭成功，经过一番激烈的战斗，终于占领了南方军队的阵地，击溃了李的反攻。葛底斯堡大战，南方军队伤亡近 3 万人，北方军队也死伤 2.3 万人，这是内战中规模最大的一次战斗，也是内战的转折点，从此，南方军队由进攻转为防御，北方的最终胜利指日可待。

1863 年 11 月 19 日，葛底斯堡战役结束后四个半月，林肯在葛底斯堡的葛底斯堡国家公墓（Gettysburg National Cemetery）揭幕式中发表了著名的演说，哀悼在长达 5 个半月的葛底斯堡战役中阵亡的将士。林肯的演讲修辞细腻周密，以不足 300 字的字数，两三分钟的时间，诉诸《独立宣言》所支持的每个人生而平等之原则，并重新阐释了这场内战的意义，称它不仅是为联邦存续而奋斗，更是为"自由之新生"，是将真正的平等带给全体公民。其中"政府应为民有、民治、民享"的名言被人们广为传诵。

1864 年 3 月 9 日，林肯任命格兰特为陆军总司令，统一指挥整个陆军的行动，此时北方军在数量上和士气上都已压倒南方军。格兰特和谢尔曼将军共同拟订了一个计划，从东线与西线两个方向同时向敌军发起进攻，东线由他亲自指挥，西线由谢尔曼将军负责。

谢尔曼与约翰·斯顿指挥的南方军进行周旋，迫使其节节后退，最后打

◎葛底斯堡战役

入佐治亚，于 1864 年 9 月夺取了要害城市亚特兰大，并从亚特兰大一直打到海边，使南方军闻风丧胆，史称"向海洋进军"。

格兰特于 1864 年 5 月初，同罗伯特·李在弗吉尼亚北部的荒野地带进行"荒原会战"，双方军队都伤亡惨重，但格兰特可望得到源源不断的补充兵员，而罗伯特·李却已经后援无望。4 月 8 日，罗伯持·李陷入重围，4 月 9 日他被迫在弗吉尼亚里士满附近的阿波马托克斯村率部投降。罗伯持·李的投降标志着内战实际已经结束了。

战争给美国人民造成了巨大的损失，双方参战的总人数约 360 万，其中联邦军队死亡 36 万多人，南部邦联军队死亡约 26 万人。这比以后在两次世界大战中的美军死亡人数都多得多。

美国政府兴建国家公墓

士兵们战死沙场，他们的尸体该怎么处理呢？内战期间，凡是死在战场、战地医院，或者是在战俘营里的士兵，他们的尸体都会被就地掩埋。战争之后，搜索队会到所有可能埋葬士兵的地点进行搜寻，把剩余的尸骨挖出来带回他们的家乡。美国政府一共花了五年的时间完成这些搜寻工作，并查找到超过 25 万具尸骨。

1862 年 7 月 17 日，林肯总统签署法案，正式授权美国政府兴建国家军人公墓。到 1870 年，已经兴建了 73 处国家公墓，在全美所有的国家公墓中，弗吉尼亚州的阿灵顿国家公墓（Arlington National Cemetery）是最有名的。凡是在战场上死亡的士兵、战争老兵、美国总统，以及政府领袖都被埋葬在这里。阿灵顿国家公墓也有无名士兵的墓，这是为了纪念那些在战场上为了自由与独立而战，却无法得知姓名的士兵而建。

第五节　南方重建

　　南北战争结束后，美国面临着如何处置前南部邦联领导人，如何重建南方各州政府和发展南方资本主义经济以及如何解决黑人自由民的出路等问题，这些任务通称南方重建。一句话，即如何用政治与经济手段确保在战争上赢得的战果——国家的统一和奴隶制的废除，从而保证社会经济的顺利发展。

（一）不彻底重建计划

　　南北战争后，南方的重建原本应当是内战的继续，是更为深入地铲除南方的奴隶制度，惩戒奴隶主的过程。但林肯不希望发生一次社会革命，他主张对南部奴隶主叛乱分子实行宽大政策，并在容许大部分奴隶主参加选举的基础上，重建南部各州政府。林肯在 1863 年 12 月 8 日致国会的咨文中提出了南部重建计划，即通称的 10% 计划，声称南部各州在 1860 年参加过选举的人中，除少数被剥夺了选举权的南部邦联高级军政官员外，只要有 10% 的人举行效忠联邦的宣誓后，即可召开全州代表大会，重新组成州政府。奴隶主的财产除奴隶外，均可恢复。

　　1865 年 4 月 14 日，林肯遇刺身亡，副总统安德鲁·约翰逊（Andrew Johnson）继任总统。约翰逊来自南方的叛乱州田纳西州，1861 年是南方叛乱州国会议员中唯一继续留任华盛顿的参议员，1864 年成为副总统。约翰逊在南部重建问题上实际上遵循了林肯制定的政策。他于 1865 年 5 月

20 日至 7 月 13 日先后发布了关于重建北卡罗来纳等七个州的宣言，主要内容是：一切曾经直接或间接参加叛乱年收入在 2 万美元以下的南方居民，只要举行忠诚宣誓，即可恢复他们的政治权利和在内战中被没收的除奴隶以外的全部财产，年收入在 2 万美元以上且在南部邦联任过公职的居民可向总统提出特赦申请（重建宣言颁布后，一共有 1.5 万人提出特赦申请，获得总统特赦批准的有 1.35 万人）。由举行过忠诚宣誓的选民选举产生州立法议会和州政府，并选出代表参加联邦国会。

到 1865 年底，南部各州除得克萨斯和佛罗里达外都按约翰逊计划完成了重建。在各州产生的议会和政府中，曾参与分离活动的奴隶主占多数。在被选出参加国会的参、众两院中，有原南部邦联的副总统和 6 名内阁官员以及 4 名叛乱将军，35 名国会议员。

战后南方原来的奴隶主借联邦政府的宽大政策卷土重来，竭力推行排斥与歧视黑人的政策，重建的南部各州在批准废除奴隶主的联邦宪法第 13 条修正案的同时，又先后制定了限制黑人自由与权利的《黑人法典》，这些法典虽然承认以前的奴隶已经得到了自由，但仍要求他们携带通行证，遵守宵禁令，住在简陋的房舍内，不得从事某些职业，在一些州，黑人只允许从事农业劳动与家仆劳动。黑人还不能进入州政府设立的学校和孤儿院，明确禁止黑人享有选举权、参政权与陪审权，禁止携带武器。为了使用黑人劳动力，《黑人法典》规定黑人必须从事某种职业，严禁流浪和违反劳动契约，还规定了对黑人实行严酷的惩罚制度。

（二）废奴激进派的反击——南方军管与弹劾总统

针对南方诸州的反动行动，在联邦国会中主张废奴的共和党激进派议员提议推动下，1866 年 3 月 14 日，国会不顾约翰逊的否决，通过了《自由民管理局法案》和《民权法案》。前者延长了以救济、谈判劳工契

约和开办学校为职能的管理局的
期限，并扩大其权力，以保护黑
人；后者宣布黑人享有同白人一
样的公民权，规定除印第安人
外，美国所有合法居住者不论种
族、肤色以及是否做过奴隶，都
依法视为美国公民享有平等的公
民权。任何州与任何组织个人都
不得以任何法律、规章与惯例为
借口剥夺任何公民的正当权利。

《黑人法典》

《黑人法典》指南北战争后，从19世纪70年代开始，美国南部各州力图保持和恢复奴隶主阶级的统治，制定的一系列对黑人实行种族隔离或种族歧视的法律。密西西比州在1866年首先公布，南方各州继而纷纷效仿。1868年后，《黑人法典》在广大人民的强烈反对下陆续废除或修改。

为了把《民权法案》的内容以宪法形式固定下来，国会于1866年6月通过了宪法第14条修正案。它的第1款规定："凡出生或归化于合众国并受合众国司法管辖之人，即为合众国及其所居住州之公民。"黑人包括在"出生或归化"的美国人一类，故而赋予与白人一致的公民权。第2款规定各州众议员人数按各州人口分配，这样，黑人人口不再以原来联邦宪法规定的3/5计算。

1867年3月2日，国会不顾约翰逊的否决，通过了《军事重建法案》，宣布按约翰逊重建计划建立的各州政府无效，决定将拒绝批准宪法第14条修正案的南部10个州划分为5个军营区，受驻军司令的管制，驻军司令有权在本辖区内镇压叛乱、惩办罪犯；各地地方法庭无权抵制军事法庭的判决，由军管政府召开各州制宪会议，制定新宪法，黑人有权投票选举州制宪会议代表。州宪法经国会批准后，各州代表才有权参加国会，然后才取消军管。

为了限制约翰逊的权力和保证国会重建计划的实施，国会又通过了一些限制总统权力的法令。首先，国会自行规定了它重新召开的日期，打破

◎美国历史上首位被弹劾的总统安德鲁·约翰逊

了以往由总统召开的惯例；其次，国会限制了总统的军权，要求总统在发布军事命令时，必须通过陆军元帅格兰特；最后，国会还通过了官吏任期法令，使参议院有权干预总统内阁成员的更替。约翰逊总统不甘心向国会屈服，他向驻扎在南部的军事指挥官发布命令，限制他们的权力，增加1865年他所建立的地方政府的权力，最后他竟然试图将陆军部长、支持共和党激进派的埃德温·斯坦顿免职。这使得总统与国会之间的斗争进一步激化了。1868年，众议院罗织约翰逊总统的罪过，对他提出弹劾。但在参议院投票时，仅一票之差未获成功。弹劾案虽然没有通过，但约翰逊因此名誉扫地，再无力阻挡重建计划了。

三K党

三K党（Ku Klux Kan，缩写为KKK），是美国历史上及至现今的一个奉行白人至上主义的民间恐怖组织，也是美国种族主义的代表性组织。

三K党于1866年由田纳西州一些南北战争中被击败的南部邦联军队的退伍老兵组成。他们横行南部，杀害白人共和党人和黑人领袖。在其发展初期，三K党的目标是在美国南部恢复民主党的势力，并反对由联邦军队在南方强制实行的改善旧有黑人奴隶待遇的政策。这个组织经常通过暴力来达成目的。1871年，乌里塞斯·格兰特总统签发了《三K党和执行法案》，强行取缔了这个政治组织。在国会重建时期，三K党至少杀害了5000名黑人。它竭力阻止黑人参加投票，使民主党又恢复了在南部的权力。

　　1868 年有七个州完成了新宪法的制定批准工作，选出了州长和议会，批准了宪法第 14 条修正案。到 1870 年，所有南部的州都完成了重建。1876 年，共和党人拉瑟福德·海斯就任总统后，对民主党做出了重大让步，包括从南部撤出联邦军队，使得民主党重新掌握了南方各州的政权，南方重建正式结束。

第六节　彪炳千秋的世纪伟人：亚伯拉罕·林肯

美国著名政治家亚伯拉罕·林肯在 1865 年总统任上遇刺身亡后，马克思在《国际工人协会致约翰逊总统的公开信》中说："他是一位达到了伟大境界而仍然保持着自己优良品质的罕有的人物。这位出类拔萃和道德高尚的人竟是那样谦虚，以致只有在他成为殉难者倒下去以后，全世界才发现他是一位英雄。"亚伯拉罕·林肯是一位极其重要而又特殊的人物。他依靠自身的刻苦努力，从一个边疆小农成长为著名的律师、国会议员，直至当选为美国第 16 任总统，成功地恢复了国家统一，废除了罪恶的黑奴制度。他的巨大功业、高尚品格，以及他从社会底层攀登上权力巅峰的经历，已经被渲染成"美国神话"的一种象征。

(一) 早年艰辛的奋斗经历

1809 年 2 月 12 日，林肯出生于肯塔基州哈丁县一幢简陋的小木屋中，父母都是靠辛勤劳作谋生的边疆小农，一家人以种田、打猎为生。1830 年他们一家人定居于伊利诺伊州梅肯县。9 岁那年，林肯的生母不幸去世，幸运的是继母萨莉·布什是一位善良开明的女性，对小林肯充满爱心，经常鼓励他读书上进，做一个有用之人。林肯是在劳动和读书中长大的，大约 5 岁那年，他就跟着大人下地干活了。他当过俄亥俄河上的摆渡工、种植园的工人、商店中的店员，也做过木工的零活。

虽然没有受过正规教育，但林肯自幼就酷爱读书学习，并且一生乐此不疲。他把书塞进衬衣，裤兜里装满玉米饼就下地去了。中午坐在树下边读书边吃饭，晚上在家中把椅子朝烟囱一放，就靠着墙读起书来。这一时期，他极其认真地阅读了在当地能借到的所有书籍，其中不乏一些颇有启迪价值的书籍，如《华盛顿生平》《伊索寓言》《合众国历史》《哈姆雷特》等。通过刻苦自学，林肯成为一个博学、充满智慧并令人信服的人。

1831 年 7 月，林肯来到伊利诺伊州小镇新萨勒姆为别人经营店铺。由于他办事公道，童叟无欺，很受当地居民的尊敬与喜爱。1832 年 3 月，林肯决心从政，宣布参加州议员竞选，虽然最终落选，但初次竞选的经历使林肯获得了不少宝贵的经验。在两年后林肯加入当时的辉格党，并在州议会选举中，他根据选民心理的变化和两大政党之间的矛盾，制定了周密的竞选策略，有效地利用了辉格党的组织机构，在选民中广泛宣传游说。最终他以得票数第二当选为州议员。人们被这个行为拘谨、身材瘦长、相貌平凡且皱纹满面的年轻人所吸引，他具有温文尔雅的形象、冷静的头脑和不屈不挠的意志，更有令人信服的辩论口才和丰富的幽默感，被公认为该州第一流的演说家和政治家。

自首次入选州议会后，林肯连任四届并成为州议会辉格党领袖。在此期间，林肯刻苦攻读法律。1836 年，他非常轻松地通过了律师业务考试，拿到了律师执照。1837 年，他迁居斯普林菲尔德，成为一位专职的律师和政治家。

然而，林肯此时期在经商和个人生活方面却颇不顺利，1833 年，他的经商活动又告失败，并欠下了一笔巨债；1835 年，林肯的热恋情人安娜患急症突然去世，这场变故几乎使他失去了生活下去的勇气。1839 年，林肯在一次大型

你能永远愚弄一部分人，也能暂时愚弄所有的人，但你不可能永远愚弄所有的人。

——林肯

113

舞会上邂逅了玛丽·托德小姐，很快坠入爱河，由于林肯在处理感情问题上不是很果断，两人的关系时冷时热，在经历了一番风风雨雨之后，1842 年 11 月林肯与玛丽举行了婚礼。玛丽·托德出身于当地名门望族，由于受过贵族式的严格教育并受家庭环境的熏陶，玛丽具有相当强的个性和远大的政治抱负，他们的结合对林肯在政治上的表现有很大影响。婚后两人的关系总的来说还算幸福，但因个性相差很大，也经常发生激烈的争吵，婚后的生活充满着甜蜜也伴随着痛苦。

（二）走向白宫

林肯前半生政治生涯的高峰是 1846 年当选国会众议员。次年，他偕夫人玛丽抵达华盛顿，出席第 30 届国会。在国会众议院，林肯先后在邮政局、邮路委员会和陆军部经费委员会中供职。林肯反对奴隶制，认为奴隶制度是一种罪恶，它将会招致国家的毁灭。他希望美国成为一个没有奴隶制度的国家，但他与废奴主义者不一样，并不持激进主张，不主张立即废除奴隶制度，而主张逐步地、和平地消灭奴隶制。

1849 年林肯从国会卸任，从此时直至 1854 年，他蛰居家乡小镇，一方面潜心律师业务，养妻教子；另一方面全神贯注地认真思索，埋头苦读，积极地充实完善自我，为重返政坛而苦苦努力。1854 年 3 月，国会通过了《堪萨斯—内布拉斯加法案》，这等于取消了《密苏里妥协案》，而把整个西部开放给奴隶制度。这一事件在国内掀起了一股扩张奴隶制度的狂潮。为了反击这股逆流，林肯毅然重返政坛。同年 10 月，他发表了《皮奥里亚演说》，对该法案和奴隶制度进行了系统深刻的批判。林肯向全国发出呼吁："《密苏里妥协案》必须恢复；为了联邦的缘故必须恢复。"

1856 年，林肯加入了新成立的共和党，很快成为该党组织者和领导者之一。1857 年，全国围绕"斯科特判决案"展开激烈的斗争，林肯认为自己必须代表共和党人公开表态。6 月 26 日，他在斯普林菲尔德发表演说，坚决反对最高法院的判决，并对首席法官坦尼歪曲《独立宣言》重要原则的言论给予了无情批判。

1858 年，伊利诺伊州共和党人一致推举林肯为国会参议员候选人，与民主党的候选人斯蒂芬·道格拉斯竞争议员职位。在接受提名时，林肯发表了著名的"裂屋演说"，严正指出："一幢裂开的房子是站不住的。我相信这个政府不能永远保持半奴隶或半自由状态。我不希望联邦解体，不希望房子倒塌，但我的确希望它结束分裂。"由于选区划分不公平，林肯在此次竞选中失败了，但林肯赢得了全国性的声誉，被公认为是这次大辩论的胜利者。

林肯不久就被提名为共和党总统候选人，在共和党的全力支持下，他终于赢得了 1860 年大选的胜利，当选为美国第 16 任总统。

（三）力挽狂澜

1861 年 3 月 4 日，林肯在华盛顿宣誓就任总统。在就职演说中，他诚恳地呼吁国人保持克制，共同创建联邦的美好家园。但主导南方政局的奴隶主完全把林肯视为眼中钉，不久他们就在里士满成立了"南部邦联"，公开宣布退出联邦，并向北方军队猖狂进攻，而北方不仅毫无准备，政治上也处于涣散软弱状态。此时，林肯卓越的政治素养和巨大人格魅力发挥了至关重要的作用，他把北方各界人士紧密团结在联邦的旗帜之下，不屈不挠，指引联邦的航船向着既定目标稳步前进。

1863 年元旦，林肯签署了正式的《解放黑人奴隶宣言》，宣布废除叛乱地区的奴隶制，获得自由的黑人可以应召参加联邦军队。此后战况逐渐好转。1863 年 11 月，林肯主持了葛底斯堡烈士公墓的落成仪式，并发

◎唯一证实亚伯拉罕·林肯前往葛底斯堡的照片

表了著名演说。这篇短短的演说词所表达的是美利坚民族的精神力量，同时指明了国家的发展方向。它要求人们遵奉《独立宣言》的重要原则，持之以恒地为人类文明昌盛而奋斗。在他的不懈努力下，1865 年 1 月，美国国会以 119 票对 56 票通过宪法第 13 条修正案，明确规定奴隶制度不得存在于合众国内以及受合众国管辖的地方。对于《解放黑人奴隶宣言》，林肯自豪地说："如果我的名字将载入史册，那就是为了这一宣言。我整个身心都投入到这项事业中去了。"

1864 年的总统选举中，林肯以明显优势再度获胜。4 月 9 日，南军主帅罗伯特·李在阿波马托克斯村向联邦军投降。至此，这场美国历史上的空前浩劫结束了。5 天后，林肯在福特剧院被一个狂热的拥护奴隶制分子布斯枪杀，享年 56 岁。

美国人民永远不会忘记林肯的伟大功绩和人格魅力，在首都华盛顿为他建造了一座精美的纪念堂，供人们瞻仰。在林肯坐像上方的墙壁上镌刻着这样的一句话："在这个圣殿里，也在人民的心目中，他为人民拯救了联邦，亚伯拉罕·林肯永垂不朽。"

林雕的故事

林肯在长大成人后，决心到外面去闯世界，但父亲不放心自己年轻的儿子离家远行，不准他离开家乡。林肯找到老师倾诉，老师来到林肯家，为他们父子讲了一个故事：

在非洲布隆迪高原的悬崖绝壁上，生活着一种体型巨大的林雕，雌雕每年只产一枚卵，雏雕出生后在父母的呵护下三个月就可以独自飞行。这时，父母会把雏雕逐出巢穴，驱赶到几公里以外的山崖上。既不会捕食又不懂御敌的雏雕只好在孤立无援中哀鸣。此后，父母每隔两三天会给雏雕送来食物。这样的日子持续一个多月，父母便抛弃故巢，到雏雕找不到的山崖上另建新家。雏雕忍饥挨饿，独自练习捕食、御敌的本领，最终长成高原霸主。

1860年，林肯当选为美国第16任总统。他在简短的就职演讲中说："我的经历就如学习捕食、御敌的林雕，虽有过心碎，但依然火热；虽有过崩溃，但依然自信。我对付屡战屡败的最好办法就是屡败屡战，永不放弃。"

第五章

镀金时代

　　美国的镀金时代是从内战结束后到 20 世纪初，它被认为是美国经济崛起、领土扩张、产业革命、人口膨胀最关键的时期，人们通常用著名作家马克·吐温出版的小说《镀金时代》来形容这一时期。南北战争为美国资本主义发展扫清了道路，加上不断涌入的移民和西部新发现的矿藏，这一切使得美国的工业化极速发展，科技发明层出不穷，国家财富迅速增长。到 20 世纪初，美国已经是世界上最强大的工业国了。

第一节 新一轮西进运动与工业革命

内战后的 30 年，是美国移民最后完全占领并开发中西部大草原的时期，伴随着新一轮西进运动，美国的铁路建设蓬勃发展，在铁路干线沿线的土地上，建立了一大批生机勃勃的中小城市。

（一）新一轮的西进运动

1862 年 5 月，林肯政府颁布了北方劳动人民盼望已久的《宅地法》。该法规定，一切忠于联邦的年满 21 岁的成年人只要交付 10 美元的登记费，就可以在西部领取 160 英亩的土地。在所领土地上耕种 5 年后，就可以成为土地的所有者。该法案使大批贫苦百姓获得了土地，从而加速了美国西部开发的进程。

《宅地法》

美国国会于 1862 年 5 月 20 日通过，由林肯总统签署颁布的关于西部土地分配的法令。《宅地法》在一定程度上满足了西部垦殖农民的土地要求，确立了小农土地所有制，从而为美国农业资本主义的发展创造了有利条件。

优厚的条件吸引了众多人大举西迁，当时美国西部只有堪萨斯城与落基山之间的广袤地区未被开发，由于这片大草原气候干燥，不利于农业生产，原先的移民不得不越过这片大草原，向更西的地区迁徙。而在南北战争后，随着农用机械的利用与技术的革新，人们找到了适合当地气候的耕作方法，这片仅存的边疆最后很快被一往无前的移民所填满。

在内战后，美国西部的畜牧业也得到大规模的发展。20 世纪 70 年代和 80 年代初，从达科他至得克萨斯的草原，形成了畜牧王国，并扩大到整个大草原。1860 ～ 1880 年，牧牛由 13 万头增至 450 万头。这是牛仔的黄金时代，挥鞭骑马、彪悍好斗的牛仔、咆哮的牛群、篝火的炊烟等西部景象，成了"西部小说"和后来的"西部电影"与"西部漫画"的典型素材。不过，与电影中有所不同的是，西部牛仔有 1/4 是黑人，实际生活非常艰苦，也并不像电影中所描述的那样"浪漫"。

战后 30 年内，美国在西部地区建立了 100 万个农场，开发的土地超过了以往两个世纪的总和。这次西部开发中的显著特点是：在农场数量、采用机器及家畜拥有方面，西部的发展速度都大大超过全美平均水平。

（二）铁路网的铺设

伴随着大草原的开发，美国的铁路建设蓬勃发展。美国是个幅员辽阔的国家，国土内的主要河流都是南北走向的，而且西部又有绵延数千英里的大山，因此东部与西部间的交通异常困难，运输量也非常有限。随着西进运动的完成、西部开发的展开以及东西部间贸易的增长，美国横贯大陆铁路的修建就在 19 世纪 60 年代初提上议事日程。

内战前美国已有 3 万英里铁路，但只限于密西西比河以东各州。内战后，全长 1775 英里的中央太平洋铁路与联邦太平洋铁路经过 6 年建设，终于在 1869 年接轨，横贯大陆的铁路线直达太平洋沿岸，后来又陆续建成了北太平洋铁路、大北方铁路和南太平洋铁路，这五条铁路，东起大西洋沿岸纽约、费城、华盛顿、波士顿，中经芝加哥、圣路易斯、堪萨斯、盐湖城，西到太平洋沿岸，构成了美国铁路网的主干。

1881 ～ 1890 年的十年，是美国铁路史上发展最快的时期，铁路里程由 15 万公里增至 26 万公里，其中 1887 年一年就修建了 2 万公里，创造了迄今为止世界铁路建设史上的最高纪录。

到 1910 年，美国铁路线长度占世界的 1/3。铁路网的形成不仅实现全国市场，而且铁路业本身成为全国经济的重要支柱，1890 年铁路总收入达 10 亿美元，为联邦政府总收入的 2.5 倍。1880 年后，钢轨开始代替铁轨，刺激了钢铁业及有关工业的发展，包括采煤、客车和货车制造以及仓库建设，促进了西部地区一大批中心城市的兴起。

美国的铁路建设得到了联邦、州和地方政府的慷慨捐赠与支持，1850～1871 年，铁路公司从联邦政府手中就得到了 1.3 亿英亩以上的土地。此数相当于新英格兰各州再加上纽约和宾夕法尼亚两个州的面积总和。铁路公司通过对这些土地的开发转卖，获得了巨额资金用于铁路铺设与西部矿山建设。除了土地赠予外，各市、郡和镇给铁路公司的贷款与津贴约达 3 亿美元。

五大铁路干线所到之处，一大批中小城市从无到有，继而欣欣向荣，使铁路沿线及附近地区日益繁荣。

但不久之后，美国铁路开始进入低潮，特别是进入 20 世纪 50 年代，汽车大量普及且高速公路快速发展，铁路被边缘化，沦为低附加值货物的运输通道，汽车、轮船、飞机占了更多的先机。

（三）工业革命

内战结束前，美国还是农业国。内战结束至 19 世纪末，美国工业迅速增长。1879～1884 年，美国工业产值超过农业产值。美国从工场手工业向大机器工业过渡，从劳动密集型经济向资本密集型经济过渡，小规模生产的经济变成由垄断组织控制的大机器生产。

内战后，蒸汽机的广泛使用促进了大工业的发展。到 1890 年，蒸汽机动力占全国动力供应的 78%。同时，蒸汽机刚刚取代水轮机，内燃机和电动机逐渐取代蒸汽机的过程就开始了。

在内战后，重工业特别是钢铁工业发展更快。1864 年开始，从采用贝西默炼钢法到 19 世纪 90 年代采用平炉炼钢，钢产量由 1865 年的 1.9 万吨增至 19 世纪末的 1000 万吨，卡内基钢铁公司的钢产量已经超过英国。原来手工工场的生产组织形式逐渐让位于现代工厂，到 1890 年，现代工厂生产的产品占制造业总产量的 80%，工厂制在全国范围内取得了决定性胜利。

内战后，通信网也开始形成，亚历山大·贝尔于 1876 年发明电话后，在 25 年中就有了 130 万台电话，并发展了长途电话服务。百货公司、邮购公司、连锁商店等大规模零售商业系统在 19 世纪下半叶与全国铁路网和现代通信网同时形成。

美国的工业化大大得益于外来移民的贡献，1860 ～ 1900 年，进入美国的移民大约有 1400 万，且以青壮年男性居多。1880 年，外国出生的工人构成美国总劳动力的 1/3。据 1907 年美国国会有关部门统计，美国钢铁、煤矿、建筑、铜矿、炼油等基础工业部门中，外国出生的工人平均占劳动力的 60%。移民不仅承担了美国工业发展过程中最艰苦、最繁重、最危险的工作，成为工业革命的主力军，而且还带来了欧洲先进的生产技术。

小说《镀金时代》

《镀金时代》是 1874 年马克·吐温同另一位作家查尔斯·沃纳合写的长篇小说，旨在讽刺当时疯狂的社会投机心理。《镀金时代》通过对一位企业家兼政客的描写，揭露了西部投机商人、东部企业家和政府官吏三位一体掠夺国家和人民财富的黑幕。小说用幽默辛辣的语言揭露了美国在社会转型时期出现的官员与企业主沆瀣一气，瓜分国家财富，整个社会金钱至上的社会弊病，深刻地揭露了"闪光"所掩盖的其实是种种丑陋不堪的社会现实。

19世纪下半叶也是技术发明的黄金时代，联邦政府大力鼓励技术研发与先进技术的引进。1790～1860年，美国专利局批准的专利总计为3.6万件，而1897年一年就批准专利2.2万件。1883～1900年，美国每年签发给外国人的专利证书也在1200件以上，完备而高效的专利制度保障了美国工业技术的进步。

1890年，美国工业制品的总值超过农产品总值，工业在国民经济中开始占据主导地位；1900年，工业制品价值超过农产品价值两倍多，农业社会正在悄悄让位于工业社会。19世纪末，美国工业生产总值已达近95亿美元，超过英国、法国、德国，取代了19世纪号称"世界工厂"的英国工业霸主地位。

第二节 钢铁大王卡内基

"钢铁大王"安德鲁·卡内基是美国工业化时代的传奇人物。这个苏格兰移民的穷孩子，品尝了少时贫穷的艰辛，历经了美国"镀金时代"的风雨，最终造就了钢铁帝国的辉煌，让世人为之惊讶的是，在他事业发展的巅峰，他又将几乎全部的财富捐献给社会。卡内基个人奋斗的不凡经历和深邃睿智的思想，鞭策和激励着无数像他一样的普通人去实现成功的梦想，从他身上折射出的企业家精神，已经成为美利坚民族精神在工业化时代的具体体现，为美国社会乃至世界带来了深远影响。

（一）艰辛的个人奋斗历程

1835 年 11 月 25 日，安德鲁·卡内基出生于苏格兰境内一个叫丹弗姆林的小镇，一个散发着浓郁苏格兰历史人文气息的地方。卡内基的父亲是个家庭织工，母亲则以制鞋为业。卡内基一家人为躲避当时欧洲的饥荒，于 1848 年 5 月 17 日前往美国去寻找新的机会，客轮在波涛汹涌的大西洋上颠簸了整整 50 天，终于抵达了美国东海岸的纽约港。

卡内基全家辗转来到美国宾夕法尼亚州的匹兹堡，最后勉强在当地一个小巷里安顿了下来。为了养家糊口，父亲又操起老本行，织起了桌布和餐巾，沿街叫卖，母亲也缝鞋到深夜。尽管如此，赚的钱仍远不够全家的开销，一家人在贫困中挣扎。

为了替父母分忧，年仅 13 岁的卡内基进了一家纺织厂当童工，周薪

卡内基成功秘诀

> 历尽风雨，不当"大国臣"，宁为"小国君"。
>
> 不徇私人情感。经商利益为上，将财富回馈社会，赢得世人景仰。

只有 1.2 美元，后来，他干起了挣钱稍多一点的工作：烧锅炉和在油池里浸纱管，油池里的气味令人作呕，灼热的锅炉使人汗流浃背。

卡内基不甘心永远过这样贫困的生活，他坚信通过刻苦的个人奋斗完全可以改变命运。一天，卡内基听说匹兹堡市的大卫电报公司需要一个送电报的信差，第二天一早，卡内基穿上崭新的衣服和皮鞋去电报公司面试。公司老板大卫先生打量了一番这个矮个头、高鼻梁的苏格兰少年，问道："匹兹堡市区的街道，你熟悉吗？"卡内基语气坚定地回答："不熟，但我保证在一个星期内熟悉匹兹堡的全部街道。"他停了一会又补充道，"我个子虽小，但比别人跑得快，这一点请您放心。"大卫先生满意地笑了："周薪 2.5 美元，从现在起就开始上班吧！"果然不出一个星期，经过一天天走街串巷，卡内基很快熟悉了匹兹堡的大街小巷。在送电报的间歇，卡内基待在电报房里学习发报，日复一日，终于熟练掌握了收发电报的技术。

和很多成功人士一样，卡内基也非常渴望读书，一天他在翻阅报纸时，发现一条消息：退役的詹姆斯·安德森上校愿意将家中所藏图书借给好学的青少年们。欣喜若狂的卡内基找到上校的家，借到了自己心爱的书，以后一有空闲，他便如饥似渴地钻进知识的海洋。书籍开启了卡内基强烈的求知欲望，给他带来了光明和欢愉，塑造了他沉稳、内敛的性格。卡内基回顾这一时期，称之为"爬上人生阶梯的第一步"。

1853 年，宾州铁路公司西部分局局长斯考特看中了有高超电报技术的卡内基，聘他去当私人电报员兼秘书，这时 18 岁的卡内基踏上了职业生涯的新旅程，几年后，卡内基由于其出色表现被公司提名为运营总管，成为宾州铁路发展关键时期的重要人物。在宾州铁路公司的十余年里，卡内基学会并实践了铁路管理的组织、报告、会计和控制的整套体制，逐步掌握了现代化大企业的管理技巧。这时他已不满足于担任一个领取固定薪酬的管理人员，开始憧憬着创建自己的事业。

（二）建造钢铁帝国

1865 年，卡内基果断地辞掉了铁路公司的职务，开始创建自己的事业。他创办了匹兹堡铁轨公司、火车头制造厂等，并开办了炼铁厂，开始涉足钢铁业。

当时，美国的钢铁工业技术比较落后，冬天里制造出的铁轨断裂现象非常严重，寻求一种更为坚固耐用的材料成为美国铁路业发展亟须解决的问题。在欧洲，成本低廉的托马斯转炉炼钢法已经发明并得到运用，这种炼钢法在炉中用低温还原矿石，除去了碳和其他杂质，使铁更为坚韧，富有弹性。1879 年，卡内基以 30 万美元的价格买下了这套技术并投入使用。之后，他又引进了一系列新技术项目，大大提高了生产效率，使自己的钢铁生产具备了难以匹敌的竞争优势，卡内基也成为当时倡导技术创新的楷模。

当时美国的钢铁生产经营也

◎钢铁大王卡内基

极为分散，从采矿、炼铁到最终制成铁轨、铁板等成品，中间需经过许多厂家，加上中间商在每个产销环节层层加码，致使最终的产品成本与价格很高。卡内基深知传统钢铁企业的这些弊病，他决心建立一个全新的囊括整个生产过程的一体化现代钢铁公司。

1897年，为加强产品运输网络建设，他投资50万美元用于铁路运输设备，在钢铁工厂与五大湖之间修建了联合铁路。一年后，他又购买了整个科尼奥特海港，并购买船只，组建船队，以完善属于卡内基钢铁公司的运输队伍。为了垄断利润，加强对市场的直接控制，卡内基把触角伸向了销售领域。他改变了以往单纯依赖代理商和代销公司的销售模式，开始培养自己的专业销售人员，建立起自己的销售子公司。至19世纪末，卡内基在各大陆建立了销售网点，构筑起巨大而完善的销售网络。

这样，卡内基以托马斯转炉的使用为契机，整合了钢铁生产的各道工序，将钢铁的生产、仓储、运输、销售各个环节之间外在松散的关系，变成了有机的内在联合，各个部门间分散的独立活动变成了统一的生产过程，大大降低了生产成本，企业规模经济效益得以凸显。他本人也攀上了自己事业的顶峰，成为美国历史上成绩显赫的钢铁大王。

（三）散财之道

卡内基并没有把他积累的亿万家财用于个人享乐，他对财富的本质持有独到见解。早在33岁那年，他就在日记上写下了这样一段话："对金钱执迷的人是品格卑贱的人，如果我一直追求能赚钱的事业，有一天自己也一定会堕落下去。假使将来我能够获得某种程度的财富，就要把它用在社会福利上面。"

1900年，他急流勇退，以5亿美元的价格将卡内基钢铁公司出售给摩根财团，毅然从蓬勃发展的钢铁事业中隐退，开始实施他把财富奉献给社会的伟大计划。

第二年，他首先拿出 500 万
美元为炼钢工人设立了救济和养
老基金，以回馈帮助他取得事业

> 一个人死的时候如果拥有巨额财富，那就是一种耻辱。
>
> ——卡内基

成功的员工们。紧接着，他又在纽约市捐款建立了 68 座公共图书馆，帮助家境贫穷却积极向上的年轻人，这个图书馆建设事业持续了 16 年，他总共捐资 1200 万美元，兴办图书馆 3500 座。1902 年，卡内基在他的第二故乡匹兹堡创办了卡内基大学，后来又在美、英各地捐资创办了各种学校和教育机构，卡内基做出的这类用于建造教育设施的捐款达 9000 万美元之多。

小兔子的命名权

卡内基很小就表现出商业天赋。有一次，他捉到了一只母兔，这只母兔不久便生了一窝小兔子，但是他却没有东西来喂它们。在这种情况下，卡内基忽然心生一计。他对邻居小孩子们说，如果谁能弄来金花菜、车前草喂养他的小兔子，将来他就用谁的名字来称呼这些小兔子，以作为对他的荣誉纪念。这一计策果然产生了奇效，邻居的小朋友纷纷弄来各种食物喂养这些小兔子。

1904 年，他创建英雄基金会以资助舍己救人的英雄。1905 年，他建立卡内基教学促进基金会，为大专院校的教授提供退休金，以保障这些学者的晚年生活。1911 年，他又设立卡内基基金会，由专业人员代为经营他的捐献活动，以资助于教育研究、公众健康、法制教育、公益设施等公益事业。1919 年 8 月 11 日，84 岁的卡内基在美国雷诺克斯市的别墅中因肺炎辞世，这时他的捐献总额已高达 3.3 亿多美元。

一个世纪过去了，卡内基创建的 22 个慈善机构中，有 20 个依然存在且运行良好。卡内基捐资建立的和平大厦高高屹立，一砖一石仿佛还在详尽地述说着他对和平的祈盼。

第三节　石油霸主约翰·洛克菲勒

洛克菲勒财团创始人约翰·洛克菲勒，凭借自己独有的魄力和手段，白手起家，从一个小小的经纪人做起，一步一步地建立起他那庞大的石油帝国。在他漫长的一生中，人们对他毁誉参半，有人认为他只不过是极具野心、唯利是图的企业家，也有人恭维他是个慷慨的慈善家。但不管怎样，作为美国历史上第一个身价 10 亿美元的富翁，作为石油巨子，他在相当长的一段时间控制着全美国的石油资源，并创设了托拉斯企业制度，在美国资本主义经济发展史上占有重要的地位。

（一）早年的经商天赋

1839 年 7 月 8 日，约翰·洛克菲勒出生于纽约州哈德逊河畔的一个小镇，父亲威廉是个很精明的商人，他外出经商，一去就是几个月，家中对孩子们的教育主要由母亲承担。但偶尔归家的父亲也与母亲一样望子成龙，一有空就教约翰如何写商业书信，如何准确而迅速地付款，以及如何清晰地记账。他深知社会的现实和世道的冷酷，所以他经常采用一些特殊的方式教育孩子，使他们在踏入社会之前就能坚强而且精明起来。

童年的洛克菲勒就表现出了自己的商业才能，同时，他把父母给的零用钱积攒下来，贷给当地的农民，制定一定的利息，从中赚取利润。还有一次，他在树林中发现了火鸡的窝，就把小鸡弄回家中饲养，到感恩节的时候，再把鸡卖掉，大赚一笔。而这些都得到了父亲的赞扬，父亲教导他："人生只有靠自己，做生意要趁早，只有钱才是最牢靠的。"这种教育方式或许有点偏激，但对年幼的洛克菲勒而言，却影响了他的一生。

洛克菲勒16岁那年中学毕业决定放弃升大学的机会，到商界谋生。他在克利夫兰的街上跑了几个星期，不久，他在一家经营谷物的商行当上了会计办事员。在公司工作的第三年，洛克菲勒无意中听到英国即将发生饥荒的

美国历史上最富有的人

美国历史上最富有的人究竟是谁？世界著名财经杂志《福布斯》最近给出了答案，"福布斯排行榜"所引用的个人资产总额均为上榜富豪巅峰期的数据。为了更准确地反映出他们对于美国经济的影响，《福布斯》对照当时的美国国内生产总值（GDP），将所有人的个人资产转化为2006年的美元，因此，如果约翰·洛克菲勒今天仍然健在，他的个人资产将达到盖茨的数倍。

新闻，于是自作主张大量收购食品，为此老板极为不满，但没过多久，英国真的发生了饥荒，公司的货物销往外国，获得了巨额利润。一时间，洛克菲勒声名远扬，被誉为商业天才。

（二）石油业的霸主

1858年，不满足现状的洛克菲勒辞掉工作，认识了和他有过相同工作经历的英国人克拉克。洛克菲勒以10%的年息向父亲借了1000美元，与克拉克合伙成立了"克拉克·洛克菲勒经纪公司"，把美国西部的谷物、肉类出售到欧洲，开始了自主创业的生涯。

洛克菲勒做生意时总是信心十足、雄心勃勃，同时又言而有信，想方设法使自己取信于人。克拉克对洛克菲勒做事仔细十分欣赏，这时候在美国宾夕法尼亚州已经发现了石油，成千上万人像当初淘金热潮一样涌向采油区。洛克菲勒并没有被这一切冲昏头脑，他冷静地来到石油产地进行考

◎石油霸主约翰·洛克菲勒

察。经过一番细致的考察后，他敏锐地判断出那里的石油开采已经过度而需求有限，油市的价格必然下跌，他建议商人不要在原油生产上投资，从而为当地商人避免了一笔投资上的损失。

1861 年，美国南北战争爆发前，洛克菲勒像是上满了发条的钟表，开始运作了。他迅速办理了大额贷款，囤积了许多战时必需的货物，而当这一切完成之后，战争打响了，洛克菲勒再次大赚了一笔。

战争带来的不仅仅是这些，当时铁路建设风起云涌，石油需求量大增，洛克菲勒等待已久的机会来了。1863 年，在原油价格又一次暴跌时，洛克菲勒逆势而上，他和克拉克等人合作在克利夫兰开设了一个炼油厂，把西部的石油运到纽约等东部地区。虽然当时洛克菲勒对于自己将要创造的"石油帝国"，并没有什么明确的概念，但他对企业的未来及个人的前途信心百倍。他坐镇克利夫兰市的总部运筹帷幄，指挥着全局，应对着一切挑战。

要生产出高质量的产品，扩大市场，首要的是制定质量管理标准，削减成本，降低价格。他向银行贷款，新建了一座堪称"标准"的新炼油厂，生产标准的煤油，很受人们的欢迎。从一开始，他就把目光转向国际市场。他在纽约开设的办事处，专门向东海岸和国外出售公司产品。他尽可能削减各种成本，如自制油桶，并买下一家化学公司，自制炼油用的硫酸。为了免付铁路运输费用，他还购买了油船和输油管。这样洛克菲勒迅速扩充了他的炼油设备，公司日产油量增至 500 桶，年销售额也超出了百万美元，洛克菲勒的公司成为克利夫兰最大的一家炼油公司。

在石油工业中，勘探石油等工作被称为"上游工业"，精制和销售属"下游工业"。随着下游工业的兴盛，克利夫兰出现了 50 多家炼油厂，洛克菲勒意识到必须扩大企业的规模才能抵御惊涛骇浪的冲击。为此他联合了两位资金雄厚、信誉很好的投资合

标准石油公司历程

1870 年 1 月 10 日　洛克菲勒在俄亥俄州创建了股份制的标准石油公司，标榜他们出产的石油是顾客可以信赖的"符合标准的产品"。

1882 年　洛克菲勒创建了世界第一家托拉斯——标准石油托拉斯，并把总管理处迁到纽约。

1890 年　标准石油公司成为美国最大的原油生产商，垄断了美国 95% 的炼油能力、90% 的输油能力、25% 的原油产量。

1911 年　成为美国政府反托拉斯的头号目标。后被最高法院拆解成 34 个独立公司。

作者，在 1870 年 1 月创建了资本额 100 万美元的标准石油公司，洛克菲勒任这家公司的总裁，当时他年仅 30 岁。

科学的管理、精细的经营、高质量的产品为标准石油公司赢得了声誉，也具备了坚实的竞争能力。洛克菲勒用兼并的方法在全国广泛收购炼油厂，到 1879 年底，标准石油公司作为一个合法实体成立后刚满 9 年，就已控制了 90% 的全美炼油业。到了 1880 年，全美生产出的石油，95% 都是由标准石油公司提炼的。自美国有史以来，还从来没有一个企业能占有如此大的市场份额。

（三）托拉斯之父

一次偶然的机会，洛克菲勒在一本公开发行的刊物上发现了一篇文章，里面写道："小商人时代结束，大企业时代来临。"他感到这与自己的垄断思想不谋而合，对文章予以高度评价，并以高达500美元的月薪聘请文章的作者多德作为法律顾问。

多德是个年轻的律师，千方百计为洛克菲勒的公司寻找法律上的漏洞。一天，他在仔细研读《英国法》中的信托制度时，突然产生出灵感，提出了"托拉斯"这个垄断组织的概念。

所谓"托拉斯"，就是生产同类产品的多家企业，不再各自为政，而以高度联合的形式组成一个综合性企业集团，联合组织生产与销售。

在多德"托拉斯"理论的指导下，洛克菲勒在1882年1月20日召开标准石油公司的股东大会，组成9人的"受托委员会"，掌管所有标准石油公司的股票和附属公司的股票。洛克菲勒理所当然地成为该委员会的委员长。就这样，洛克菲勒如愿以偿地创建了一个史无前例的联合事业——托拉斯。在这个托拉斯结构下，洛克菲勒合并了40多家厂商，垄断了全国80%的炼油工业和90%的油管生意。

1884年洛克菲勒把标准石油公司总部由克利夫兰迁到纽约市百老汇街26号，成了全世界最大的石油集团企业，约翰·洛克菲勒成了蜚声海内外的"石油大王"。标准石油公司几经更名，最后定名为美孚石油公司。

（四）最大的慈善家

1896年，57岁的洛克菲勒离开了美孚石油公司总部，搬到了自己的庄园，他退休了！在41年的退休生涯里，他把主要精力放在慈善事业上。密歇根湖畔一家学校因资不抵债行将倒闭，他马上捐出数百万美元，从而促成了如今的芝加哥大学的诞生；当时的美国没有医疗研究中心，他捐资 20 万美元成立了洛克菲勒医学研究所，后来这个研究所因为卓越成就获得了 12 项诺贝尔奖，比任何同类研究所所获奖项都多。

1913 年，他设立了洛克菲勒基金会，和卡内基基金会一样由专业人士负责捐款工作。1915 年，洛克菲勒基金会成立中国医学委员会，由该委员会负责在 1921 年建立了北京协和医科大学。他一生中的捐款总额达 5.3 亿美元之多。

1937 年 5 月 23 日，洛克菲勒在奥尔蒙德海滩别墅里去世，终年 98 岁。洛克菲勒坚信他人生的目标是从其他恶性竞争的商人们身上赚取尽可能多的金钱，而用此金钱发展有益于人类的事业，他以各种手段成了空前绝后的巨富，但他从来不骄奢淫逸，挥霍钱财，一生可谓勤俭自持，并在晚年将大部分财产捐出资助慈善与研究事业，开美国富豪行善之先河。丘吉尔则这样评价他："他在探索方面所做的贡献将被公认为是人类进步的一个里程碑。"

洛克菲勒家族

约翰·洛克菲勒去世后，他的子孙继承了他的事业。洛克菲勒家族成了美国十大超级富豪之一，也是当今美国知名度较高的家族之一。他的孙子纳尔逊·洛克菲勒曾当上了美国副总统，而他的另一个孙子大卫·洛克菲勒则是赫赫有名的大银行家。洛克菲勒家族如今的财富到底有多少，连他们自己也说不清。

洛克菲勒留给儿子的信

洛克菲勒对孩子的家教十分严格，他不厌其烦地教育孩子们勤俭节约，每当家里收到包裹，他总是把包裹纸和绳子保存起来。为了让孩子们学会相互谦让，他只买一辆自行车给4个孩子。而他的儿子小约翰长大后不好意思地承认说，自己在8岁以前穿的全是裙子，因为他在家里最小，前面3个都是女孩。

在一封写给儿子小约翰的信中，他指出了奋斗的真谛："我们的世界就如同一座高山，当你的父母生活在山顶上时，注定你不会生活在山脚下，当你的父母生活在山脚下时，注定你不会生活在山顶上。在多数情况下，父母的位置决定了孩子的人生起点。但这并不意味着每个人的起点不同，其人生结果也不同。在这个世界上，永远没有穷富世袭之说，也永远没有成败世袭之说，有的只是'我奋斗，我成功'的真理。我坚信，我们的命运由我们的行动决定，而绝非完全由我们的出身决定。"

第四节 进步主义运动

19世纪末20世纪初的美国处于历史上前所未有的社会巨变和转型时期。这一阶段由社会转型带来的种种复杂的社会问题，诱发了深刻的社会矛盾和危机，引起民众强烈的不满。一些有识之士倡导各种各样的改革要求和主张，这些改革的先行者揭开了大规模改革的序幕，最终形成了一场声势浩大的全国性改革浪潮，这便是美国历史上所谓"进步主义运动"。

（一）社会的顽疾

19～20世纪的美国进步运动，是美国工业化和城市化运动的必然产物。在工业化与城市化过程中，伴随着大企业的兴起和垄断组织的产生，出现了贫富分化、官商勾结、贪污腐败等一系列社会问题，这就必然会产生一系列的社会矛盾，这一切引起了美国进步人士的担忧与反思。

首先，社会的贫富分化加剧。1896年，学者查尔·斯帕尔在一项调查中发现，占全美国人口1%的人拥有的财富占全美国财富的一半以上，12%的人共拥有全美财富的近90%。到1900年，美国产业工人有70%每天劳动10小时以上，10年后每天劳动时间为8小时的工人也只占8%。但工人的工资很低，在1880～1910年的30年内，产业工人的家庭收入不足650美元，农业工人则低于400美元。19世纪70年代自然灾害频繁，连续发生了好几次严重的旱灾，因此引发了将近20年的农业危机，农产品价格几度下降，广大农民苦不堪言。在经济危机的打击下，因抵押而破

◎辛勤劳动的童工

产和失地的农民，不得不靠租佃土地而维持生活。

社会不平等的加深，使阶级对抗与社会矛盾愈加激烈，作为社会贫困与不幸的主要承受者，工人阶级奋起反抗资本家的无情压榨，或争取合理的雇佣条件，或要求保护工会的权利，或呼吁摧毁劳动工资制度。1893～1898年，平均每年发生的罢工多达1171次，造成很大的社会影响。

当时美国官僚政治模式也发生了危机，公民政治意识淡薄，社会风气也坏到了极点，被称为"城市老板"的党魁们，常常用贿赂收买和官职允诺等手段操纵选举。大资本家收买政客，官商勾结，党魁政治猖獗一时，腐败行径层出不穷，政府在一定程度上沦为少数资本家追逐利润的工具。

另外，城市化和新移民的涌入，也带来了严重的社会问题。城市迅速兴起，而市政管理与公共设施没有获得相应发展，造成市政腐败，贫困现象严重，犯罪事件甚多。

（二）"扒粪者"

"扒粪者"是揭露黑幕的人的代称，专指20世纪初的一些新闻记者，他们是这场改革运动的积极倡导者和参加者。他们通过深入调查，通过自己的笔墨生动有力地揭露了垄断组织托拉斯给美国政治、经济生活带来的各种消极、丑恶事实。他们所写的有关政界、实业界和社会上种种腐败现象的文章和报道震撼人心，为当时美国的改革运动奠定了社会基础。

1903 年，《麦克卢尔》杂志发表艾达·塔贝尔等人的 3 篇文章，由此发起了所谓"黑幕揭发运动"，他们的锋芒所及，从石油精炼厂到贫民窟，从红灯区到进行政治交易的旅馆，从保险公司的欺诈行为到铁路公司的管理不善，从科罗拉乡村童工的残酷折磨到南部盛行的种族歧视，所揭示的均是以前从未触动或很少触动过的社会场景。此后，《美国杂志》《世界主义》《芒西》《人人》等几乎每一种发行量很大的杂志，都先后卷入这一"黑幕揭发运动"。

1906 年前后，塞缪尔·霍普金斯·亚当斯发表了多篇有关药品制造业内幕的文章，抨击制药商唯利是图，揭露成药制造业的骗局，指出许多被称为"包治百病"的流行药品是假的，甚至有些药含有毒成分。他所写的有关制药业、城市贫民窟居住条件和疾病情况的文章在广大劳动人民中间引起震动，公众强烈呼吁政府立即通过有关的改革立法措施。

◎《麦克卢尔》杂志，著名的"扒粪"刊物

1906 年著名的黑幕揭发者厄普顿·辛克莱发表了小说《丛林》，从而掀起了一场反对食品厂在食品中掺假和操作不卫生的运动。辛克莱揭露了芝加哥肉类加工厂食品加工中的问题。另外，他还揭露出资本主义制度下屠宰业托拉斯对工人欺侮剥削的黑幕。制药和食品业黑幕的曝光迫使西奥多·罗斯福政府迅速制定《肉类检查法》，加强对食品业的监督和管理。

1904年，"黑幕揭发运动"的另一主要人物林肯·斯蒂芬司发表了《城市的耻辱》一书，报道市政府、州政府的腐败现象。他指出政客和富豪们相互勾结，对公共事业漠不关心，"腐败政府的根源在于行贿者，而不在于索贿，而这些行贿者正是那些发了大财的商人们"。他认为政府官员和议员们必须廉洁奉公，各级政府的不民主制度必须改革，从1908年起，林肯·斯蒂芬司发表各种文章，要求政府对重要公共事业拥有管辖权。这种思想很快在公众中广为流传。揭露城市黑暗、政府和官员贪污腐败运动的高涨使一系列社会改革立法得以通过，直接推动了城市和各州的社会改革运动。

西奥多·罗斯福于1906年创造了"扒粪者"这个词。他把写揭露性新闻的记者同英国清教徒作家约翰·班扬所著《天路历程》中一个不仰头看天而只顾手握污物的人相比。最初罗斯福认为当时的黑幕调查者和揭露者就像这个书中人物一样，不负责任地指责主要的企业公司。但是记者们把这一称呼视为光荣的勋章而自豪地接受了，因为他们认为自己在为社会做一件有意义的事。后来罗斯福也改变了原来的看法，认为他们的工作很有价值。他说："扒粪的人即揭露黑幕的人，对于社会的健康和幸福是必不可少的。""扒粪者"们激发起了整个美国社会的道德感和社会责任感，为改革创造了舆论环境和社会基础。

"扒粪者"杰克·安德森

安德森出生于1922年，进入新闻行业后，他努力"扒粪"，遭他口诛笔伐的政界、商界要人不计其数。"水门事件"就是在他及同行的努力挖掘下曝光。

（三）制服托拉斯

自 19 世纪 70 年代末起，美国的垄断组织便以托拉斯的形式迅速发展。托拉斯凭借资金与技术上的优势垄断市场，拼命压倒竞争对手，导致众多中小企业纷纷破产，大大损害了市场的公平与效率。

从托拉斯产生之日起，反托拉斯斗争就开始了。早在 1890 年，国会就通过了美国历史上第一个反托拉斯立法——《谢尔曼反托拉斯法》。法令规定："凡阻碍州际或对外贸易与商务的任何合同，任何以托拉斯或其他形式成立的联合，任何秘密协定，均为非法。任何人垄断或企图垄断，或者伙同他人实行联合或订立秘密协定以垄断州际和对外贸易之任何部分，都被视为有罪。"但由于政府内部意见的分歧，该法案没能得到有效贯彻。随着托拉斯的恶性膨胀，托拉斯的巧取豪夺恶化了各阶层人民的处境，从而激起了强烈的反抗。19 世纪末 20 世纪初，爆发了一场以城市中小资产阶级为主体，有工人和农民参加的声势浩大的反托拉斯斗争。

"黑幕揭发运动"的先驱亨利·劳埃德于 1894 年发表了《不利于共和国的财富》一书，他运用数十年来积累的材料，全面系统地披露了美孚石油公司的历史，首次揭露了美孚发家的内幕。书中列举了洛克菲勒的种种罪行，其中包括贪污行贿、背信弃义、炸毁他人设备等。塔贝尔女士在《麦克卢尔》杂志上以连载的形式发表《美孚石油公司的历史》，揭发了托拉斯组织与政府之间狼狈勾结的内幕，美孚石油公司成为大公司的标本和托拉斯累累劣迹的化身。

西奥多·罗斯福于 1901 年 9 月在麦金莱总统遇刺后继任总统，1904 年又当选为美国的第 26 任总统。罗斯福认为，当时国家面临着两大危害：一是暴民；二是托拉斯，并提出了"制服托拉斯"的口号。当然，他认为托拉斯也有"好"和"坏"之分，需要制服的只是那些"胡作非为的大财团"，为了"制服托拉斯"，他上台后的一个重要建议是设立

"商业部"，并对大公司的业务进行一次彻底调查，这两个建议均被国会采纳。

他还在1902年亲自下令总检察官对北方证券公司提出起诉，尽管该公司派人专程到华盛顿进行申辩，但最高法院最终还是在1903年4月以5票对4票的裁决，支持政府一方，下令解散了北方证券公司。

罗斯福此后又对其他一些垄断组织采取行动。从1902年开始的7年里，政府发动了14项反托拉斯的起诉案件，其中包括美孚石油公司、美国烟草公司、牛肉托拉斯等。

罗斯福的反托拉斯战于1907～1908年达到高潮。司法部在这两年分别对美孚石油公司和美国烟草公司进行起诉，指控它们进行垄断和接受运费回扣。最高法院下令将这两个大公司解散，美孚石油公司还被新泽西州地方法院判处2900万美元罚款。虽然这笔罚款后来被最高法院免除，但该公司毕竟受到了很大震动。美国最高法院在1911年做出解散美孚石油公司的裁决，要求它在6个月内与子公司脱离，并禁止公司领导人重组垄断地位，最终美孚石油公司被拆成34个中小公司，再无法在市场上呼风唤雨了。

"托拉斯爆破手"

1901年，在罗斯福的第一个国会演说中，他要求国会立法，对托拉斯的经营活动给予合理的限制。国会未采取行动，但是罗斯福却发起44个针对大企业的法律诉讼，因此人送外号"托拉斯爆破手"。

美孚石油公司的后代们

美孚石油被分割后所形成的几家较大的石油公司，连同英美其他几家石油公司，成为石油史上所称的"石油七姐妹"。这"七姐妹"指的是洛克菲勒创建的石油帝国及其继承公司——埃克森（Exxon）、美孚（Mobil）、雪佛龙（Chevron），连同起家于得州的德士古（Texaco）、海湾（Gulf）、英国石油公司（BP）和英荷皇家壳牌石油公司（Shell）。它们通过联合或者单独把某些国家的一部分或全部变成自己的石油租借地，控制了除北美以外的世界上90%以上的原油生产、油气输送、石油炼制和石油产品销售。

自20世纪80年代以来，石油产业的格局发生了巨大变化。"石油七姐妹"中的埃克森与美孚合并成埃克森美孚（Exxon Mobil），成为一家遥遥领先于其他石油公司的特大公司，海湾石油公司被雪佛龙兼并，2000年，原"七姐妹"中的两姐妹——美国的雪佛龙同德士古合并，组成新的雪佛龙公司，世界石油业进入新一轮的分化组合。

第六章

20世纪初美国的海外扩张

19世纪美国外交的基本特征是力图避免与欧洲大国的冲突，主要致力于北美大陆领土扩张。20世纪的美国则以争霸全球为目标，以充当"世界领袖"为己任，在从19世纪孤立主义向20世纪全球扩张主义转变过程中，美西战争是个极其显著的历史界标。此后，美国开始一步步卷入国际事务中，在拉丁美洲与加勒比地区、远东与太平洋地区展开了一系列文武并用的外交活动，从此走上了海外扩张的道路。

第一节 "缅因号"爆炸之谜与美西战争

随着国力的蒸蒸日上，美国迫切希望在海外寻找殖民地作为原料产地、消费市场与投资场所。而此时，整个世界已被英、法等老牌殖民大国瓜分完毕，美国如果把海外扩张的目标选在非洲或亚洲大陆，必然与英、法、俄等大国形成尖锐的对抗，美国还不愿冒如此大的风险，而位于美国本土西边，由已经落伍的西班牙控制着的大西洋上的古巴、波多黎各和太平洋上的菲律宾等岛国，就成为美国海外扩张的最佳选择。

(一)"加勒比海的明珠"

古巴岛与美国南部的佛罗里达仅相距92海里，古巴的首都哈瓦那坐落在南北美洲之间，作为通往墨西哥湾的咽喉，具有得天独厚的地理位置。哈瓦那虽然地处热带，但气候温和，四季如春，有"加勒比海的明珠"之美誉。1492年10月27日，哥伦布首次登上古巴岛时，就情不自禁地赞叹这是他所见到的最美丽的地方。在拉丁美洲独立战争后，西班牙政府一直把古巴看作其残存的殖民帝国的根基，西班牙人大量移民该岛，先后建立了首都哈瓦那和东部重镇圣地亚哥在内的7座城市。殖民统治者和白人移民根据这里的气候，逐渐开发出甘蔗、烟草、咖啡等种植业，从16世纪末期，古巴就获得了"世界糖罐"的美称。

古巴人民不堪忍受西班牙殖民者残暴的统治，早在1868～1878年就发生过大规模起义。1895年初，古巴在民族英雄何塞·马蒂的领导下，发动了争取民族独立的大规模起义，1895 年 9 月，古巴起义者宣布民族独立，成立革命政府。西班牙竭尽全力镇压古巴革命，派遣了巴莱里亚诺·韦莱尔将军到古巴，建立集中营，把 30 万古巴民众整村整村地赶入集中营，致使其中至少 10 万无辜民众死于饥饿与疾病，古巴当地农业趋于崩溃。而当时美国商人与古巴的贸易每年达到 1 亿美元，美国投资者在古巴的蔗糖和烟草种植园中已投入 5000 万美元，美国的贸易和投资由于古巴严重的社会动荡而受到损害。

美国社会各界普遍要求对西班牙政府施压，借古巴独立战争的机会把古巴从西班牙手里夺过来。1896 年 4 月 4 日美国国务卿理查德·奥尔尼照会西班牙驻美公使，要求西班牙殖民当局实行所谓"改革"，并正式表示美国政府愿出面斡旋。同年 6 月 4 日，西班牙政府答复说，古巴自"发现"之日起一直归西班牙所有，同时表示在"叛乱"平定之后即着手改革，实际上拒绝了美国"斡旋"的建议。此后，美西之间一来一往，外交频繁而紧张，两国之间的矛盾逐渐升级。

（二）"缅因号"事件

1898 年初，美国政府以保护本国侨民为借口，派"缅因号"巡洋舰抵达哈瓦那港，向西班牙政府施加压力，1898 年 2 月 15 日晚，哈瓦那港口一片宁静，海风轻拂着海面，发出一阵阵轻柔的波涛声。在静静的港湾里，美

◎ 美国军舰"缅因号"驶入哈瓦那港

国的"缅因号"军舰停泊在海面上，甲板上的美国海军士兵正欢歌笑语，载歌载舞，享受着哈瓦那的优美壮观的夜景。

忽然，只听见"轰隆"一声巨响，"缅因号"剧烈地震了一下，顿时浓烟滚滚、火光冲天，官兵们不知所措，四处逃窜，整个军舰乱成一团。"缅因号"上的官兵见火势凶猛，救火很难展开，整条军舰大势已去，只得纷纷跳海逃命而去，"缅因号"很快在熊熊烈火中沉入海底，有266名美国海军官兵在此次事故中丧生。

"缅因号"爆炸事件在美国立即引起轰动，《纽约时报》等各大报纸都以头版头条报道了这个事件。3月，美国有关方面公布了调查结果，声称这一事故是由一枚水雷爆炸点燃了"缅因号"前部的弹药仓所致，西班牙有关方面则声称爆炸是由军舰内部的事故而起。尽管没有充分的证据表明主谋是西班牙人，但美国社会都认为西班牙人难逃干系，而这时记者在报道古巴局势时更是对西班牙镇压起义军的邪恶和残暴加以渲染，使很多美国人产生了"正义干涉"的激烈情绪。"为缅因号死难者报仇！""美国人的鲜血不会白流！我们要与西班牙人决一死战！"等极具煽动性的口号充满了美国大小报纸的版面，美国和西班牙的关系十分紧张。

3月25日，美国政府向西班牙政府发出最后通牒，要求西班牙政府最迟至10月1日必须立即同古巴起义军停战，以便美国进行"友好斡旋"。4月11日，美

谁炸毁了"缅因号"

"缅因号"被炸后，美国一口咬定是西班牙所为，而西班牙却发表声明说与己无关，并提出要到"缅因号"上进行调查，被美方拒绝。美国还把炸坏了的"缅因号"拖到大西洋，让它在排空巨浪之中沉入海底。此事最终成为一个谜团。不过此事的结果非常确定，那就是美西战争爆发，最终古巴和菲律宾都成了美国的殖民地。

国总统麦金莱要求国会授权他对西班牙的宣战权，以"保证在古巴岛上建立一个能够维持秩序并执行国际义务的稳定政府"。4 月 19 日，麦金莱的宣战要求得到了美国国会参众两院的批准。西班牙政府见战争已经不可避免，只好在 4 月 23 日向美国宣战，4 月 25 日，美国也向西班牙宣战，美西战争正式爆发了。

（三）连战连捷

美西战争在古巴和菲律宾两地同时展开，1898 年 4 月 27 日，美国的远东舰队司令杜威（Dewey）将军率领早已在中国香港待命两个月的 6 艘战舰起航驶往菲律宾，5 月 1 日，他率领的舰队不顾西班牙的鱼雷和岸上大炮的轰击，闯进了马尼拉湾，和西班牙舰队开始了激烈的海战。"轰！轰！轰！"杜威一声令下，美国军舰一齐开火，一颗颗炮弹呼啸着飞向西班牙的战舰，一时间，海面上炮声隆隆，一股股巨大的水柱时起时伏。美国在技术装备上占绝对优势，战至中午，美国海军封锁了马尼拉港口，7 艘西班牙战舰全被击沉，西班牙军伤亡 381 人，美方仅轻伤 8 人。此后，美国联合菲律宾当地的起义军乘胜追击，8 月 13 日，美军向马尼拉发起总攻并一举攻克。

在古巴的美西战争也拉开了帷幕。西班牙殖民者不甘心丢失古巴这个战略要地，从大西洋的佛得角群岛调来大批舰队，驶进古巴东端的圣地亚哥湾，以援助在岛上的西班牙军队。与此同时，早有准备的美国立即派北大西洋舰队封锁了古巴北海岸。

1898 年 5 月 14 日，谢夫特将军指挥的 6000 名美军登陆部队从美国南端佛罗里达出发，于 6 月 22 日到达古巴圣地亚哥港东部，并在海军掩护下登陆。在美军强大的攻势下，6 月 24 日，西班牙守军放弃了重要防御阵地拉斯瓜西马斯（Las Guasimas），撤退到圣地亚哥。驻扎在圣地亚哥的西班牙海军舰队在等待援军无望后，于7月3日出港冒险突围，很快在圣地亚哥湾遭美国海军围攻，西班牙舰队全军覆灭，被击沉舰艇7艘，被俘2艘，阵亡600人，舰队司令及1800名官兵被俘。两周后，圣地亚哥的西班牙2.4万守军已经弹尽粮绝，再也无法支撑局面，被迫向美军投降，古巴方面的战斗基本结束。7月25日美军在波多黎各登陆，未遇到重大抵抗，当地西班牙驻军在3日后即投降。

（四）胜利的果实

西班牙彻底战败只能被迫求和，在法国的斡旋下，西班牙与美国的和平谈判于1898年10月1日开始在巴黎正式举行。1898年12月10日，两国签署《巴黎和约》，西班牙同意"放弃对古巴主权和所有权的一切要求"，古巴由美国占领，直至古巴政府建立。西班牙还将"波多黎各和西印度群岛中现在西班牙主权之下的其他各岛"以及马里亚纳群岛中的关岛让予美国。和约还规定"由美利坚合众国以付给西班牙2000万美元为代价，西班牙政府将通称菲律宾群岛的各岛屿让予美利坚合众国"。

美国在1899～1901年又向菲律宾当地起义军发动进攻，血腥镇压了菲律宾人民的反抗，把菲律宾变成了自己的殖民地，古巴虽然名义上获得了独立，但却成了美国的"保护国"。

经过美西战争，美国把加勒比海变成了它的"内湖"，在太平洋也获得了重要的战略基地，美国的海外殖民体系就此基本建立起来。

波多黎各岛

　　当哥伦布在 1493 年远航至波多黎各之后，西班牙殖民者就开始勘测岛上的地形地貌。1508 年，西班牙在卡培拉镇（Caparra）创建了他们在这里的第一个殖民地。1830 年之后，糖、咖啡以及烟草的种植在这个殖民地上迅速兴起，成为岛上的主要产业。到 1900 年，已经有将近 100 万人居住在波多黎各这片只有 3435 平方英里的土地上。

　　波多黎各在美西战争后被美国占领，在 1917 年成为美国海外领土，波多黎各人正式得到美国公民的资格。随着工业的发展，也有越来越多的人从乡下到都市里生活，从 20 世纪 20 年代开始，波多黎各人开始到纽约等都市寻找就业机会。1952 年美国给予波多黎各自由联邦的地位，实行自治，但外交、国防、关税等重要部门仍由美国控制。当今的波多黎各不仅是旅游胜地，也是医药业和制造业中心。

第二节　攫取巴拿马运河

19 世纪上半期，拉美独立战争胜利后，拉美大陆出现了十几个独立国家。其中一个是大哥伦比亚共和国，它有一个省，叫作巴拿马。巴拿马的地理位置非常重要，是中美大陆联系太平洋和大西洋的最理想地带。后来美国策动巴拿马从哥伦比亚分离出来，单独成立一个国家，并在它的领土上拦腰修起了一条运河，该运河成了这个国家的国中之国，美国通过这条运河获得了巨大的战略价值与商业利益。

（一）列强必争之地

巴拿马地峡是大西洋和太平洋之间往来距离最短和最便捷的通道，因此一直受到各方面的重视。1821 年，巴拿马在拉美独立战争中宣告独立，并加入大哥伦比亚共和国。1830 年，大哥伦比亚共和国因其中的厄瓜多尔和委内瑞拉先后脱离独立而解体，改名为新格拉纳达共和国（哥伦比亚共和国前身），巴拿马仍留在其内。

1848 年美国加利福尼亚发现金矿后，东部人口大量涌向西部，但由于当时美国陆上交通不便，这些人都纷纷通过巴拿马地峡前往加州，从而使巴拿马更引起美国的重视。美国资本家乘机修筑了一条沟通地峡两岸的铁路，第一次大大缩短了通过地峡的时间。铁路修筑的成功和由此带来的便利及巨额利润又进一步刺激了美国产生开凿一条跨洋运河的想法。

但当时美国的国力还比较有限，担心单凭自己的力量难以支撑全部工程，因此，它便与同样担心自己力量不足的英国签订了《克莱顿—布尔瓦条约》，规定两国都不得排除对方单独建造跨洋运河，运河建成后两国共同使用。但该条约签订后由于种种原因一直没有付诸实施，最后还是法国率先把开凿运河的设想付诸实施。

1869 年，法国凿通了苏伊士运河，充分的信心、丰富的施工经验和丰厚的利润促使法国下定决心抢在美英之前开凿巴拿马运河。法国公司着手开凿运河后，

◎巴拿马运河今景

却是越来越信心不足，由于巴拿马地峡地形复杂，运河工程浩大，法国人又拘泥于修筑苏伊士运河的建造经验，加上公司管理混乱，工地热病流行，到 1889 年，公司只完成整个工程的五分之二便宣告破产。1894 年法国又成立了新巴拿马运河公司，它收买了前公司的租让权及其财产，继续进行开凿工作，但不久因资金困难也同样陷入困境。

（二）羽翼丰满、野心勃勃

美西战争后，美国确立了世界大国的地位，它在加勒比海地区取得了战略上的霸主地位，夺得加勒比海中枢要地古巴。又在远离本土的太平洋中部和西部夺取了夏威夷、关岛、菲律宾等许多新的领土，海军势力猛增，海外市场扩大，它干预国际政治事务的触角已达到远东。这些重大变化，更推动美国加紧夺取巴拿马运河的开凿权和控制权。

◎ 1903 年的漫画展示美国意图通过支持巴拿马独立对巴拿马地区施加影响

且是更重要的步骤。

1901 年，美国乘英国因卷入英布战争而陷入困境之机，迫使英国废除了原来的《克莱顿—布尔瓦条约》，签订了新的《海—彭塞福条约》，承认美国有单独开凿巴拿马运河和保卫未来运河区的权力。1902 年，美国又软硬兼施，迫使当时身处困境、负债累累的法国公司以 4000 万美元将公司的财产及运河开凿权转让给美国。

随后美国乘哥伦比亚内战、政府财政拮据之机，以一次性付给 1000 万美元和嗣后每年付给 25 万美元为诱饵，于 1903 年 1 月 22 日同哥伦比亚政府签订了

法国人的失败和困境，为羽翼丰满、窥伺已久的美国提供了良机。对美国来说，取得巴拿马运河，是它南下加勒比海，建立东西海岸间海上通道的战略中，继夺取古巴之后的第二大战略步骤，而

英布战争

1871 年，南非发现了大量的钻石，致使英国加快了独占南非的步伐。1899 年 10 月 11 日，英国拒绝了南非共和国提出的和平建议，这引起了人们的强烈不满。当天下午，原来统治南非的布尔人拦截了英国火车，并于 12 月 9 日至 15 日歼灭 2500 名英军。英国政府非常震惊，马上增派了 4 万余人的援兵。1900 年 6 月，英国攻下了德兰士瓦。布尔人在战争失败的形势下用游击战略来对付英军，使英国军队屡战屡败，节节失利。最后，双方于 1902 年签订和约，布尔人放弃了独立的要求，接受了英国的战争赔款，英布战争就此结束。

《海—埃兰条约》。根据条约，美国取得 10 公里宽的运河区，并享有在运河区派驻军队和设立法庭的权利。消息传来，立即引发哥伦比亚人民的激烈反对，哥伦比亚参议院不得不否决了这个条约。

美国看到不能从外交上遂愿，就转而支持巴拿马分离主义分子发动武装叛乱，以此达到获取运河的目的。美国总统西奥多·罗斯福通过法国运河公司股东布诺·瓦利拉向当地主张独立的民族主义者提供巨额活动经费，帮助他们制订行动计划，甚至连密电代码、"独立"宣言、宪法草案、国旗等也为他们准备就绪。叛乱前夕，美国派出军舰分头开抵科隆港和巴拿马城，企图实行军事干涉，又指使它控制的地峡铁路当局拒绝为哥伦比亚运送军队，以阻挠哥伦比亚政府平息叛乱。1903 年 11 月 3 日，一次由美国策划的军事政变开始了，分离分子在美国的大力支持下很快夺取了巴拿马省政权，推翻了当地哥伦比亚行政当局，次日宣布成立巴拿马共和国，11 月 6 日，美国正式承认了巴拿马的独立。

巴拿马独立后仅半个月，美国政府就与它签订了《海—布诺瓦利亚条约》，根据此条约，美国以一次性付给巴拿马 1000 万美元和 9 年后每年付 25 万美元运河租金的代价，获得了巴拿马地峡一条宽 10 英里地带的永久租让权以及在这块地带上建造运河、铁路和驻军及设防的权利，自此美国终于如愿以偿，彻底攫取了巴拿马地峡的控制权。

◎ 1913 年，建造巴拿马运河船闸

（三）国中之国

1904 年 2 月，美国总统西奥多·罗斯福任命了一个巴拿马运河七人委员会，监督修建巴拿马运河。同年 5 月 4 日，巴拿马运河区依约移交美国政府，运河正式动工续建。经过 10 年的施工努力和以牺牲 7 万多劳工生命为代价，运河终于在 1914 年全部完工通航。巴拿马运河工程是世界近代史较宏伟的工程之一，运河全长 81.3 公里，宽 91 ～ 304 公尺，为水闸式运河。运河开通后，大西洋和太平洋间的航程缩短了 1 万多公里，极大地方便了两洋间的往来，为世界航运和国际贸易的发展做出了很大的贡献。当然，它给美国也带来了巨大的利益：美国东西两岸的水陆交通距离从此大为缩短，美国可以方便地调动运河两侧大西洋与太平洋的舰队，从而把两洋舰队联为一体，大大方便了美国的对外军事侵略和扩张，给美国的对外贸易也带来极大的便利，此外，运河的航行过境费还给美国带来一笔相当丰厚的收入。

然而，运河区在巴拿马境内俨然是一个国中之国，严重侵犯了巴拿马的独立主权，它给巴拿马人民带来了无穷的屈辱、痛苦和灾难，巴拿马人民从此为收复运河主权而展开了长期的斗争。

◎巴拿马运河位置示意图

巴拿马运河的回归

1956 年 7 月，埃及政府宣布将苏伊士运河收归国有，这消息给巴拿马各阶层人民以极大的鼓舞，巴拿马再次掀起了收复运河主权的运动，于 1964 年迫使美国政府和巴拿马政府谈判，双方经过数年谈判拟订的方案都丝毫未触及美国对运河的根本利益，因而遭到了巴拿马人民的坚决反对。

1968 年，富有民族主义思想的托里霍斯将军发动政变上台执政，他领导的政府继续与美国谈判，双方终于在 1977 年 9 月 7 日达成协议，签订了《巴拿马运河条约》。新条约废除了 1903 年签订的条约，确立运河区从 1979 年 10 月 1 日起由美、巴共管，取消了美国永久占领巴拿马运河及运河区的特权，20 年条约期满后，运河区的美军全部撤出，由巴拿马完全控制运河及运河区的管理和防务。

1999 年 12 月 31 日，条约期满，美国把运河区的全部设施与主权交给巴拿马政府管理，巴拿马运河区至此终于回到祖国的怀抱。

第三节　大棒政策、金元外交

　　到 19 世纪晚期，美国国内经济的迅速发展、国家实力的迅速膨胀，都推动了美国与其他国家经济政治联系的发展，刺激着它向世界扩张势力范围的欲望。随着时代的变化，美国各种新的扩张主义理论和思潮层出不穷，旧的扩张主义则被赋予了新的内涵，其外交政策也就此出现了很大的调整。

（一）大棒政策

　　到 19 世纪末，美国已上升为世界第一经济强国，对外侵略的野心更加膨胀。当时的总统西奥多·罗斯福是一个狂热的扩张主义者，他针对拉丁美洲的外交提出了以强大的军事力量为后盾的"大棒政策"。他认为维持世界秩序是一切文明强国义不容辞的责任，为此，他竭力鼓吹"说话要温和些，但手中应握有大棒，这样就能达到目的"。

　　在此之前，美国对拉美的外交政策，已提出了"门罗主义"。1823 年 12 月 2 日，针对所谓欧洲神圣同盟对拉丁美洲的武装干涉，当时的美国总统詹姆斯·门罗在致国会的咨文中提出了主要包括"反对再殖民""不干涉"和"美洲体系"三个原则的'门罗主义'"。但由于美国后来的主要扩张方向是西部的大陆地区，"门罗主义"没有得到足够的重视。

　　美西战争后，对古巴的占领成为美国拉美政策的转折点，使之有可能开始真正实行在"门罗主义"幌子下的实际计划，把"美洲是美洲人的

美洲"变成"美洲是美国人的美
洲",而推行这一政策的手段就
是武力威胁。

为加强推行"大棒政策"的
后盾,罗斯福当政期间,大力发
展海军。1883 年时,美国海军在
世界居第 12 位。到 1908 年,美
国已建成了一支拥有 29 艘新型战

> **"大棒加胡萝卜"**
>
> 西奥多·罗斯福曾在一次演
> 说中援引了一句非洲谚语:手持
> 大棒口如蜜,走遍天涯不着急。
> 以此说明他任内的外交政策,
> 后发展成所谓"大棒加胡萝卜"
> 政策。

列舰、总吨位达 611 万吨的海军,实力仅次于英国,居世界第二位。现代
化海军成为美国对外扩张的重要工具。西奥多·罗斯福于 1907 年派出一
支由 16 艘战列舰组成的舰队,举行了一次绕过合恩角,横贯太平洋,直
穿苏伊士运河,跨越大西洋的环球航行,成为美国向海外炫耀国力的重要
之举。

"大棒政策"的突出表现是美国 1903 年通过威逼利诱,取得了巴拿马
运河的永久租让权。此后二三十年间,美国多次发动对海地、多米尼加、
巴拿马、尼加拉瓜与古巴的侵略占领,干预拉美国家的内政达至少 30 次
之多,通过镇压反美的群众运动,扶植亲美的傀儡政权,力图把拉丁美洲
变成"美国的后院"。1915 年海地发生政变,群众袭击总统府,总统在混
乱中丧生。美国海军陆战队以"恢复秩序"为由占领海地首都太子港和其
他重要城市。当年 8 月在美国的刺刀下,海地"选举"了新总统。9 月美
国与海地缔结条约,规定美国对海地的海关和财政实行监督,由美国领导
组织海地警察,海地不得将本国领土转让给其他国家,一直到 1934 年美
国军队才从海地撤出。

1904 年,西奥多·罗斯福总统借口清偿债务,派兵入侵多米尼加领
海,迫使多米尼加接受美国对其税收和财政的监管。1907 年,进一步迫

使多米尼加将海关征税权交给美国 50 年，多米尼加海关总税务官及其助理均由美国总统直接任命。1916 年，多米尼加爆发反政府起义，美国海军陆战队登陆，占领多米尼加共和国，到 1924 年 9 月才撤出。

（二）金元外交

1909 年上台的威廉·塔夫脱总统又为"门罗主义"添砖加瓦，作为对"大棒政策"的配合，1901 年他在匹兹堡的演讲中提出了所谓"金元外交"政策，他说："促进和平关系和促进商业关系是一致的。如果美国保证保护他的公民在国外的投资的合法权利，将促使这样大规模投资和刺激扩大商业关系，其结果是值得赞扬的。这样的政策、这样的外交被称为金元外交，从这样的政策出发，美国资本向外国政府提供贷款是合情合理的。"其实质就是以武力为后盾，用金元开路，对世界中小国家进行资本输出和经济侵略，以贷款为条件干涉他国的内政。

塔夫脱提出"用金元代替枪弹"，他主张运用外交政策推动和保护美国银行家的海外投资，特别是对拉丁美洲与加勒比海地区扩大投资，在这些地区排挤和取代其他国家。事实上，金元并没有完全取代枪弹，而只是枪弹的补充，二者常常交替使用或同时使用。在这种政策的鼓励下，美国资本大量投入拉丁美洲与加勒比海地区各国，由此把海地银行变成美国花旗银行的一个分支机构，以贷款等方式控制了洪都拉斯的经济。

金元外交在美洲取得了一定的经济效果，在塔夫脱任职的四年内，对外贸易从 16 亿美元上升

> **金元外交**
>
> 20 世纪初期美国推行的外交政策。即以金元代替枪弹，故名。当时美国主要在拉丁美洲地区推行这一政策。以资本输出为基本原则，以贷款为条件干涉他国内政。

到25亿美元，对外投资从20亿美元上升到25亿美元，总的投资一半在拉丁美洲，四分之一以上在加拿大。美国通过政府公债、铁路股票、垄断企业的投资等债权手段，控制了拉美国家的贸易、交通与土地资源。

西奥多·罗斯福与莽骑兵（Rough Riders）

西奥多·罗斯福在担任美国总统之前，是海军的助理部长。他在1898年辞去职务，专心组织一支骑兵，这也是美西战争中的第一批自愿骑兵队，称莽骑兵。罗斯福招收了一群牛仔、矿工、警察以及印第安人，组建了这支莽骑兵。莽骑兵在1898年7月1日攻克圣胡安山的行动中发挥了重要作用，声名大振。

在战争期间，作为一支独特多族群士兵组成的军队，他们得到世人更多的关注。当然，实际上莽骑兵并没有独立打赢一次战役。在战争期间，有许多士兵与骑兵队员光荣战死。

第四节 "一战"中的美国

1914年8月，为争夺世界霸权，欧洲强国之间爆发了后来将整个世界卷入灾难之中的第一次世界大战。战争使得各老牌帝国主义国家元气大伤。相反，在战争中大发横财、坐收渔利的美国摇身一变从战前的债务国成了欧洲的债权国，国力突飞猛进，晋升为举足轻重的世界强国。

（一）从中立到参战

战争初期，美国因长期孤立主义的影响与军事力量的薄弱，采取了中立的态度。1914年8月19日，美国总统伍德罗·威尔逊（Woodrow Wilson）在致国会的咨文中说："美国不仅必须在名义上，而且必须在事实上保持中立。"美国借战争的机会，大力向交战国销售军需物资，它将炸药输往交战国，大力生产用于制造枪炮的钢铁，大量向交战国家特别是协约国投资，给处于困境的国家政府与企业贷款。从欧洲来的雪片般的订单刺激了美国工农业生产的高涨，美国工业产值1918年比1913年增长了38%，农业产值增长了24%，食品、肉类、食糖的出口也翻了一番。

1913～1916年，欧洲各国从美国购买的货物价值从15亿美元激增至38亿美元，与此同时，欧洲各国的出口骤减，美国商品趁机填补了世界市场的真空。1913～1916年，美国出口总额由25亿美元激增至55亿美元，外贸的扩展带动工农业和就业的同时发展。美国经济呈现出良性循环的增长势头。

1915 年 2 月 4 日，德国海军开始对英国实行潜艇封锁，对包括中立国在内的所有船只未加警告即行击沉，美国的船只不断被德国潜艇击沉，造成重大的人员与物质损失，引起了美国极大的不满。1917 年 1 月 31 日，德国政府悍然宣布：从 2 月 1 日起德国潜艇将不加警告击沉所有敌国与中立国驶向英国的船只，美、德矛盾急剧恶化，威尔逊总统被迫宣布与德国断绝外交关系。

◎美国的征兵广告

德国外交部长奇默尔曼（Zimmermann）1917 年初给德国驻墨西哥公使发布指令，在德、美敌对的情况下，公使应诱使墨西哥对美国宣战。德国开出的条件是帮助墨西哥重新获得在美墨战争中失去的得克萨斯、新墨西哥和亚利桑那。这份德国密件被英国截取后送交美国，美国各界一片哗然，美国民众的反德情绪更为激烈。4 月 2 日，威尔逊总统提请国会召开特别会议，并发表要求对德国宣战的演说，宣称美国必须"为世界和平与民主而战"，国会两院以压倒性多数通过了威尔逊总统的战争咨文，4 月 6 日，美国正式对德国宣战，站到了协约国一边。

从 1917 年 5 月 18 日起，美国自内战以来首次实行义务兵役制，规定凡 21～30 岁的男性公民均应服兵役。至 1918 年 11 月大战结束时，美国武装力量总数达 480 万人。美国很快组织了赴欧远征军司令部，任命约翰·潘兴将军为远征军总司令，首批远征军于 1917 年 6 月 26 日在法国的圣纳泽尔登陆，赴欧远征军陆续增加到 200 万人。

（二）美军战绩

1918年1月8日美国总统威尔逊在美国国会提出包括"十四点"原则的咨文，后又印成小册子在各地散发。"十四点"主旨有三个重要条款：（1）取消秘密条约；（2）强调民族自决；（3）提出建立"国联"。显然，"十四点"的主要目标是要在美国主导下，重建战后世界新秩序，其中"国联"是实现其目标的主要工具。

英国海军在法国的协助下，控制了大西洋海运通道，抗击德国潜艇的袭击活动，有效地封锁了同盟国。1916年，英国海军通过日德兰海战在北海击退了德军打破海上封锁的企图。1917年，威廉·西姆斯（William S. Sims）上将率领的美国海军加入协约国舰队行列，共同为商船和军舰提供护航，大幅度降低了协约国由于受德国潜艇袭击造成的损失。

1918年6月3日，德军击溃法国军队，兵临距巴黎只有56英里的马恩河。美军赶赴前线，美国第一部队在皮尔辛的指挥下，四天之内就摧毁了德军对这个地方的控制能力，经过3周的鏖战，以付出近万人伤亡的代价，在贝莱奥森林击溃了德军，8月上旬，和法军联合肃清了马恩河地区的德军。

日德兰海战

日德兰海战是第一次世界大战期间规模最大的一次海战，是英、德为争夺海上霸权而进行激烈角逐的一个重要组成部分。这次海战发生于1916年，英、德双方舰队各出动了百艘以上的舰只，这在以往海战史中是绝无仅有的。

1918年夏，在德军借俄国发生十月革命退出战争之机发动强烈攻势时，初上战场的美国陆军发挥了决定性作用。1918年9月至11月，美军在默兹河—阿尔贡森林区一线的战役中发挥了重大作用，在美军的英勇顽强的攻击下，德方大肆吹嘘的兴登堡防线陷于崩溃，在为期40多天的战役里，美国投入兵力 120 万，伤亡近 12 万人。此次战役后，德军再无法组织有效的反击，为停战谈判创造了条件。

10 月 2 日，德国首相马克斯亲王通过中立国瑞士向美国发出停战照会，提出以"十四点"原则为基础，开展停战谈判。11 月 11 日，停战协议正式签订，第一次世界大战宣告结束。

（三）和平后的孤立

在 1919 年召开的凡尔赛会议上，威尔逊总统极力反对过分削弱德国，以维系欧洲的势力均衡，但因法国的坚持，在对德国领土割让与战争赔款上还是做出了严厉的惩罚。威尔逊还极力主张建立"国际联盟"，设立由五大国组成的常务理事与小国组成的理事会、全体大会与国家法庭，借以谋求美国的霸权。4 月 28 日，《国联盟约》在和会获得通过，盟约中确定了国际联盟的组织机构、职能、原则和会员国的义务。1920 年 1 月 10 日，《凡尔赛和约》正式生效，也是在这一天，在威尔逊主持下国际联盟正式宣告成立。1919 年威尔逊获得了诺贝尔和平奖，他是继西奥多·罗斯福之后获此殊荣的第二位美国总统。

但《国联盟约》在美国国内遭到强烈反对，以洛奇为首的反对派认为

◎《凡尔赛和约》签订

美国首位六星上将：约翰·潘兴

约翰·约瑟夫·潘兴 (John Pershing, 1860～1948)，美国著名军事家，毕业于著名的西点军校，1917 年美国参加第一次世界大战时，担任美国赴欧远征军总司令，战后晋升为五星上将。1921～1924 年任美国陆军参谋长。

"恐怖的杰克"——潘兴这个名扬海外的绰号是敬畏他的部属私下里送给他的，因为他对军容风纪的要求几乎严格到令人忍无可忍的地步。潘兴是一个完美主义者，甚至在退出现役后，他也是以一个正规军人的姿态——腰板笔直，服装挺括，马靴锃亮，军人礼仪规范，举止一丝不苟——出现在公众面前，直到他去世的那一刻。

潘兴这种严谨的作风，令同他打过交道的美国政治家无不钦佩。潘兴的远见卓识，为"一战"后美国在国际事务中建立强大的军事地位奠定了坚实的基础。因此，当他作为一名具有战略家眼光的英雄凯旋时，受到了美国民众的热烈欢迎，并被授予美国建国以来头一个陆军特级上将军衔（肩章为六颗星）。

美国对于其他国家的领土完整和主权没有保障的义务，盟约的条款将使得美国再次被拖入欧洲的纷争，并剥夺了国会按宪法行使的宣战权。

威尔逊在华盛顿的努力失败后，开始向全国各地的人民进行游说。1919 年 9 月 25 日，威尔逊积劳成疾，在科罗拉多州的普韦布洛城一病不起。1920 年 3 月，参议院在最后一次表决中，最终否决了加入国联的议案，同时拒绝了《凡尔赛和约》和《国联盟约》。美国从这时起，就越来越陷入孤立主义之中。理想主义的外交政策的气氛，从此也随威尔逊而去，继之而来的是一个孤绝冷漠的时代。

1921 年，威尔逊在遭到质疑的忧郁中去职，他在卸任后仍然为他的理想主义政治理念奔走呼号，拖着沉重的病体夜以继日地奔走各地发表演说，力图使美国走上时代的潮头，并期望美国能够负起维护集体安全的重任。1924 年 2 月 3 日，威尔逊怀着对美国孤立主义政策的深深不满和对他所创立的国际联盟的复杂心情因中风逝世，享年 67 岁。

获得诺贝尔和平奖的美国总统

1906 年：西奥多·罗斯福因调解日俄战争而获得诺贝尔和平奖。

1919 年：伍德罗·威尔逊因为倡导国际联盟而获得诺贝尔和平奖。

2002 年：美国已离任的总统卡特因"数十年来锲而不舍地为国际冲突寻求和平解决方案，积极促进民主与人权"获得诺贝尔和平奖。

2009 年：奥巴马因"在加强国际外交及各国人民之间合作上，做出了非凡的努力"而获得诺贝尔和平奖。

第七章

大萧条与"二战"

在20世纪三四十年代，美国先后面临严峻的经济危机与法西斯国家威胁。在富兰克林·罗斯福总统的领导下，美国民众最终战胜了经济危机时期的萧条。在"二战"中，美国成为"民主国家的兵工厂"，成为反法西斯的中坚力量，待"二战"结束，美国已成为世界上首屈一指的超级大国。

第一节　柯立芝繁荣

1924～1928年，资本主义世界出现了一个短暂的、相对局部稳定时期。在这一时期，美国资本主义经济相对稳定，工业生产增长亦较大。因这一时期处于共和党人卡尔文·柯立芝（Calvin Coolidge）总统任期内，故有"柯立芝繁荣"之称。

（一）柯立芝其人

柯立芝总统1872年7月4日出生于佛蒙特州的普利茅斯，其父亲约翰·柯立芝是一个勤劳的农场主。在少年的农场生活中，小柯立芝养

◎卡尔文·柯立芝

成了勤劳、节俭的良好习惯。柯立芝从阿默斯特学院毕业后参加政治活动，职业是律师。1899年任北安普顿市议员。1915年当选马萨诸塞州副州长。1918年当选为州长，1920年他被提名为共和党副总统候选人，成为哈丁的竞选搭档，并在当年11月的大选中获胜。

在1923年8月哈丁总统突然病逝后，作为副总统的他随即继任总统，并在次年的大选中获得连任，继任总统后，他很快清理了哈丁执政时期严重的

政府腐败问题，罢免了涉嫌贪污的官员，重塑政府的清廉形象。

任期内，他在外交上奉行孤立主义政策，同时继续实行自由放任的经济政策，他本人拒绝用联邦政府的经济权力去抑制经济领域的经济过热问题，他也不相信政府的作用能够消除农业和工业的萧条。他提出"美国的事情就是做生意"，主张政府的主要职能就是帮助企业致富，政府为企业服务的最好办法就是压缩政府规模、控制政府预算支出、减轻企业税收负担，20世纪20年代国会制定的关税法大幅度提高关税，使关税壁垒增高以确保美国制造商凭借价格优势可以垄断国内市场。与此同时，联邦政府着手执行一项减税计划，国会在1921年至1929年间通过了一系列法律，把所得税、利润税和公司税撤销或大幅度削减。在此背景下，企业界得到了极为宽松的发展环境。

（二）三大行业的狂飙猛进

据统计，美国1919年的国民生产总值大约只有742亿美元，但到1929年已增加到1031亿美元，而人均国民收入也从1900年的480美元，增加到1929年的681美元。1929年时，美国工业产值达到694亿美元，占全世界工业总产值的48.5%，超过了当时世界3个主要工业国家英、法、德的总和。

20世纪20年代美国的经济"繁荣"主要表现为工业生产的增长，而其中又以汽车工业、建筑工业和电气工业的快速发展为经济增长的主要支柱。汽车工业在这一时期成为全国最大的工业部门。汽车产量由1923年的390万辆增至1929年的531万辆，1929年，汽车制造业的产值已占全国工业总产值的8%左右，雇佣的工人占工人总数的5%以上。

房屋建筑业的日益发展，是20世纪20年代经济"繁荣"的另一个推动力，大战期间，房屋建筑近于停顿，从1922年起，房屋建筑投资迅速增加，每年都不低于 7 亿美元，在 1921 年以后的八年期间，建筑业产值的年增长率约为 6%，1921～1925 年，城市和乡村新建的住宅从 44.9 万幢一跃而为 93.7 万幢。

在这一时期，电气工业也获得巨大发展。20 世纪 20 年代，美国的工业生产转向电气化，工厂设备的电气化程度从 1914 年的 30% 增长到 1929 年的 70%，电气机器工业生产也相应得到发展，无线电广播、有声电影都在此时问世。收音机的产量在 1923～1929 年从 19 万台一跃为近 500 万台。电冰箱、电熨斗等家用电器也都大量增产，电冰箱在 1921 年还是新产品，只生产 5000 台，但八年后已增为 90 万台。电灯照明的人口比例，也从 1920 年的 35% 上升到 1924 年的 50%。

"柯立芝繁荣"建立在科技进步的基础之上，得益于战后有利的国际国内环境。20 世纪科学的进步及美国在技术方面的不断发明、创造、革新和引进，是 20 世纪 20 年代美国经济得以繁荣的最直接原因，其次是以福特发明的"生产流水线"为标志的大规模标准化生产方式的普及，大大提高了生产效率。战后美国取代英国成为世界金融业的中心，大量的贷款和资本输出，则是经济持续繁荣的保障。还有在此期间，美国兴起了消费信贷与分期付款的新型消费模式，通过赊销极大地刺激了人们的消费欲望，促进了生产的发展。

(三) 繁荣表面下的危机

然而，在 20 世纪 20 年代美国的空前繁荣中，早已隐藏下巨大的危机种子。首先是资本的高度集中造成了财富分配的不均，贫富差距日益拉大。据统计，1922～1929 年，工业生产指数几乎上升了 50%，但所雇佣的职工的人数却没有增多，交通运输工人实际还有所减少，而每小时的工资的增加还不足一美分。

1929 年时，工厂工人的平均年工资还不到 1500 美元，有 71% 的美国家庭年收入还不到 2500 美元。与之形成对照的是，最富有的只占人口 0.1% 的有钱人，他们的收入加起来相当于占人口 42% 的穷人的总收入。

其次是在工业大发展的同时，农业却长期处于萧条状态，农业的总收入在 1920～1921 年从 160 亿美元减为 105 亿美元，到 1924 年只达到 20 亿美元，农业的人均收入只有 273 美元，只是全国平均数的三分之一。为数众多的中小农场因无力承担拖拉机等农业机械的费用，在技术优良的大农场的竞争下每况愈下，纷纷破产。1919～1929 年，被迫出卖农场的小农达 500 多万。

最后是股票与房地产投机的盛行带来的危险的泡沫经济。股票交易活动应该以经济运行状况为基础，但到 1927 年最普通的股票价格完全是投机性的，已经与一个公司的实际经营收入情况完全无关。股票的价格在投机需求的极度膨胀下持续上升，直到 1929 年 9 月达到了惊人的高峰。在此期间，美国电话电报公司的股票，每股由 179 美元涨到 335 美元；通用电气公司的股票，每股从 128 美元上涨到 396 美元。据统计，美国多种证券的年成交量，从 20 世纪 20 年代初的 3 亿股涨到 1929 年的 11 亿股。

但不幸的是，官方对隐伏的危机几乎毫无察觉，相反对经济繁荣的估计却极为乐观。共和党候选人胡佛（Hoover）在 1928 年 8 月的总统候选人提名演说中称："我国今天比任何国家历史上的任何时期都更接近于消灭贫困的最终胜利""贫困从我国消失将指日可待"。不到半年，在 1929 年 3 月 4 日的总统就职演说中，他便公开宣布："总的来看，我们达到了世界上前所未有的慰藉和安全，从普遍的贫困中解脱出来后，我们得到了空前的个人自由。"

而危机的征兆在 1929 年夏开始出现，当时住宅建筑业的收入已下降了 10 亿多美元，各企业的库存物已增加了两倍，消费额的增长率下降了五分之四。

初兴的广告业

    美国的企业主早在20世纪初就非常重视广告宣传作用，注重把握人们的各种消费心理，精心设计五花八门的广告，来吸引消费者的注意力，刺激消费者的各种需求和欲望。20世纪20年代广告业已成为一个大行业，从烟卷到妇女的内衣，一切东西都靠广告和标语出售，广告贴满了公告牌，填满了报纸以及充斥在收音机的电波中。1929年一年，美国企业界花在广告上的费用是34亿美元。

第二节　不堪回首的大萧条

1929～1933年席卷整个资本主义世界的经济大危机是以1929年10月下旬美国股市的崩盘为标志的，在这次大萧条中，美国经济遭受到前所未有的沉重打击，在严峻的经济局面下，整个国家陷入一片失望与恐惧之中。

（一）黑色星期四

1929年10月19日开始，纽约证券交易所的投资者在英格兰银行提高银行利率的情况下出现抛售股票浪潮，股市行情急转直下，股价一路走跌。10月24日（星期四）中午，银行家们在摩根金融有限公司开会，商定共同筹资2.4亿美元组成联合基金，按高于市场的价格收购股票，以稳定市场秩序。但当天还是无法扭转局面，接着又出现了一阵猛烈的抛售股票风潮，一天之内共卖出1300多万股股票，十倍于以往正常交易量，导致股价进一步惨跌。银行家们见大势已去，不得不放弃了救市计划。而这时美国政府把股市的波动看成

◎ 1929 年 10 月 24 日，投资者聚集在纽约证交所门前

正常的价格涨落，没有采取任何救市措施，这样股票价格在 10 月 28 日再次暴跌，并在翌日形成了股票市场崩溃的高潮。大小股民在纽约证交所门前完全不看行情走势，在市场上大抛特抛，结果开盘仅半小时，就有 300 万股股票卖出。到收盘时，这一天共有 1610 万股股票易手，再创历史最高纪录，到了年底，各类股票平均价格下跌了 75%，纽约股票市场上大约 450 亿美元的股票市值蒸发殆尽。此后，股票行情继续下跌，在 1933 年，股票市值总额仅 180 亿美元，不到崩盘前的四分之一。

股市是整个经济的晴雨表，股市的危机不能不波及其他经济领域，首先受影响的是银行，它们因借贷方无力还债而陷入困境，作为贷款担保的证券资产，其价值往往低于贷款金额。在 20 世纪 30 年代头 3 年内，因为这种损失而倒闭的银行达 5100 家，储户的损失亦达几十亿美元。

(二) 噩梦般的大萧条

由股市崩盘引发的这场金融危机随即无可避免地影响到各行各业，它们的销售、生产和雇工均告削减，到 1930 年，美国已陷入经济全面大萧条中。银行倒闭，千百万投资者和储蓄者一生积蓄化为乌有，商店关门，工厂关闭，千百万失业者踯躅街头，求职无望。

在危机持续的 4 年间，全美共有十多万家企业破产，企业利润由过去的 100 亿美元锐减到 10 亿美元，企业的倒闭率在此期间上升了 50%，银行倒闭数目也从 1929 年的 659 家逐年增加到 1932 年的 3700 多家。美国工业生产总指数 1931 年比 1929 年下降了 53.8%，其他如建筑、汽车工业的生产都大幅度下降。美国的农业收入更从 1929 年的 130 亿美元下降到 1933 年的 55 亿美元，破产的农场主多达 10 万多户，美国工农业的困境严重地影响了它的对外贸易，1929 年美国出口 52 亿美元、进口 43 亿美元，3 年后这两个数字分别下降到 16 亿美元和 13 亿美元。

　　美国全国的失业人数由 1929 年的 150 万逐年增加到 1933 年胡佛总统离任时的 1300 万，这后一个数字为全美民用劳力总数的四分之一。受失业影响的人数达 8000 多万，而在职员工的工资也大为减少，产业工人的周平均工资在 1929 年时还有大约 25 美元，但到 1932 年只剩下 17 美元，约降低了三分之一。

　　由于收入下降，公众的健康状况恶化。危机期间，人们的购买力下降，导致生活质量下降，营养不良现象十分普遍。许多人排长队等待领取救济食品，有些人则只能吃上土豆或者野菜，少数人甚至去偷狗饲料或者从垃圾箱中翻找食物。由于不断有人食用劣质的食品，肺结核、伤寒以及痢疾等疾病发病率急剧增加。危机给美国的教育事业也带来了不良影响，许多家庭被迫放弃了子女上大学的机会，从 1930 ～ 1933 年，美国大学的总入学率减少了 8.5%，甚至很多教育机构本身也因经费拮据而倒闭。

（三）捉襟见肘的救市计划

　　尽管 1929 年开始的危机已波及国民经济的各个领域，但当时的胡佛政府对这场危机的严重程度估计不足。他还提议说可把"危机"一词改为"萧条"，以免引起民众的恐慌。而且，一待情况稍有缓解，他就立即散布官方的欢乐气氛，试图以此减轻人们的恐惧心理。

　　由于受自由放任的传统观念的束缚，他不能大

◎ 1929 年大萧条下美国一家银行出现挤兑

刀阔斧地采取行动，造成他的以平衡政府预算和恢复企业主信心为显著特征的救市政策力度不够，虎头蛇尾，难见实效。胡佛的救市政策存在明显的两面性，他一再召集企业界领袖们开会，敦促他们稳定物价，但他也只在私下提意见而不愿公开干预。胡佛一方面要求各州加快工程建设；另一方面又告诫他们在行动时"须谨慎行事"。他声称"作为一个国家，我们必须防止我们的人民中那些确有困难的人挨饿受冻"，但又不许联邦政府直接出面救济，只强调由私人慈善机构去解决问题。他虽然提出对各州的公共工程提供联邦补贴，但又坚决主张和维护传统的预算收支平衡的原则，以避免联邦政府出现财政赤字，并一再运用总统否决权来阻止有关法案的通过。

退伍金军队

1932年5月，大量失业的退伍军人来到华盛顿，要求政府支付他们的退伍金，被媒体称为"退伍金军队"。到6月，2万名退伍军人及他们的家属在国会大厦附近露营。然而，尽管众议院投票同意支付退伍金，参议院却表示反对，示威群众便留5000多人作为代表继续抗议。7月28日，在胡佛总统的命令下，警察强行清除示威者的营地，并把示威者赶出华盛顿，造成多人死亡、100多人受伤的惨剧。

这种缺乏力度、前后矛盾、消极的救市政策最后在1932年完全归于失败。美国的社会矛盾日益尖锐，整个美国的政治经济制度在危机中经受考验，在1932年的总统大选中，呼唤变革的声音日渐成为主流。

第三节　再造美国——罗斯福"新政"

2008 年美国金融危机，美国人在批评布什政策时，总是频频提到另一位美国总统——富兰克林·罗斯福。正是他推行的"新政"，帮助美国走出了 20 世纪 30 年代的经济大萧条。出于对过去的怀念和对未来的怀疑，金融危机下的美国人甚至发出了"美国需要又一个罗斯福"的声音。

（一）富兰克林·罗斯福其人

1882 年 1 月 30 日，富兰克林·德兰诺·罗斯福（Franklin Delano Roosevelt）出生于纽约海德公园小镇一个富裕企业主家庭，其父亲老詹姆斯·罗斯福和母亲萨拉·安·德拉诺分别来自纽约州富裕的荷兰裔和法裔的名门望族。1896 年，罗斯福被送入以培养未来精英领袖为目标的格罗顿公学。在格罗顿公学他成绩优异，还积极参加各种体育运动及社会活动。从格罗顿公学毕业后，他于 1900 年进入哈佛大学，攻读政治学、历史学和新闻学。1904 年，罗斯福进入哥伦比亚大学法学院，继续攻读法学学位。1905 年 3 月，他与时任总统西奥多·罗斯福的侄女埃莉诺结婚，西奥多·罗斯福总统亲自参加了结婚仪式，使得婚礼非常隆重，但富兰克林发现，大多数人都是奔着总统而来，由此激发了他从政的决心。1907 年，罗斯福从法学院毕业，进入律师事务所任律师。

1910 年，罗斯福以民主党人的身份开始涉足政界，他乘着一辆红色的汽车，每天进行十多次演说，最终当选纽约市参议员。1913 年，威尔逊总统任命他为海军助理部长，他在任七年，表现杰出，主张建设"强大而有作战能力的海军"。此后，罗斯福出任马里兰信用与储蓄公司的副董事长，同时又重操律师旧业。

就在富兰克林·罗斯福在政坛一帆风顺的时候，他因一次意外事故染上了致命的脊髓灰质炎，下肢从此瘫痪，在家人的鼓励照顾下，他经过两年的康复训练，用惊人的毅力战胜了疾病，终于可以借助特制的支架独立行走。1924 年，他又拄着双拐重返政坛，并在 1928 年当选为纽约州州长。

1933 年 11 月 8 日，充满自信、神采奕奕的民主党总统候选人富兰克林·罗斯福以绝对优势轻松地击败了对手——前任总统胡佛，当选为美国第 32 任总统。罗斯福知道他的头等大事是克服弥漫在全国的悲观失望情绪，为此他在 1933 年 3 月 4 日就职时，发表了著名的就职演说："这个伟大的国家会一如既往地坚持下去，它会复兴和繁荣起来。因此让我首先表明我的坚定信念，我们唯一不得不害怕的就是害怕本身——一种莫名其妙的、丧失理智的、毫无根据的恐惧，它会把转退为进所需的种种努力化为泡影。"

在他就任总统的头 100 天里，他雷厉风行、大刀阔斧地出台了一系列应对萧条的政策法案，有效抑制了经济持续下滑的局面，使当时在危机中受苦受难、悲观绝望的民众看到了希望。

（二）"新政"面面观

由于金融业是经济危机的重灾区，罗斯福的"新政"首先从整顿金融入手。3 月 5 日，罗斯福宣布暂时关闭一切银行，3 月 9 日，国会通过《紧急银行法》，授权总统改组破产的银行，对银行开业实行许可证制度，并提供 30 亿美元的贷款帮助大银行恢复营业。随后又实行债务延期、禁

止储存、输出黄金等保障硬通货
供应的措施，几天后原来的 2 万
多家银行有一半得到了许可证宣
告恢复营业，由此重建了银行的
信用。1933 年，美国放弃金本位
制度，宣布美元贬值，以刺激出
口。1935 年又颁布银行条例，规
定一切拥有 100 万美元的州银行
必须在 1942 年加入联邦准备银行

◎ 罗斯福

系统，以巩固国家银行制度，扩大国家中央银行的权限与控制力。

　　在调整工农业生产方面，1933 年 6 月，国会通过了《全国产业复兴法》，根据这一法案，罗斯福政府设立国家产业复兴委员会作为该法令的执行机构，它的职责是将各个产业部门的各企业单位组织起来，组成该产业部门的协商委员会，共同拟定能够为参加者遵守的生产销售方面的规定，限制某一地区或某一产业部门在一定时期的生产量，避免盲目竞争与生产过剩，控制生产的无政府状态。同时给大企业提供大量的贷款，加强其竞争力。《全国产业复兴法》还对劳工关系做了详细规定，按照它制定的企业主营业规定，工人有权利组织工会，就工资与劳动条件与资方"集体谈判"，要求雇主必须遵守最低工资与最高工时的限制规定。

　　在农业方面，1933 年 5 月，国会通过《农业调整法案》，以政府给予补贴的形式要求农场主缩减农业生产，减少耕地和产量，以提高农产品价格，克服农业生产过剩。这次法案实行的结果，是在 1933 年减少了棉田耕地 100 万英亩，小麦耕地 800 万英亩，政府购买并屠宰生猪600 万头，烟草生产量也减少三分之一。随着农业生产供应的下降，加上1933 ～ 1934 年遭到严重旱灾，农产品价格开始回升。从 1932 年到 1936 年农业总收入增加了超过 50%，出售农产品的现金收入（包括政府补贴）几乎翻了一番，农业收入从 1932 年的 19 亿美元上升到 1936 年的 46 亿美元。

在"新政"中，"救济"是一个主要方面。"新政"初期，政府制定《紧急救济法》，拨款 5 亿美元救济失业者。1935 年又通过《社会保障法》，建立基本的养老与失业保险制度。在进行直接救济的同时，更主要的方面是以工代赈。罗斯福上任后从一开始就倾注了大量的力量兴办大规模的公共工程，以扩大政府开支来弥补私人投资下降而出现的空白，并解决部分就业问题。当时一个很受欢迎的公共工程是由国民资源保护团负责的森林保护项目，它专门吸收 18 ～ 25 岁的失业青年和退伍军人参加，他们住在帐篷里，进行森林水土保持工作，他们在密林中开辟防火带，清除危害森林的杂草，使价值 4.2 亿美元的自然资源获救。"新政"时期成立了很多诸如公共工程署、民用工程署和工程兴办署的机构组织负责公共工程建设，到 1941 年，这些机构建设了上百万个大大小小的工程项目，其中包括新建铁路的 10%，医院的 1/3，公共建筑的 2/3，以及成千上万的桥梁、运动场、水利设施等。

罗斯福集邮

罗斯福每晚临睡前都会用半小时来集邮，他整理过的邮票有 80 万枚。他还关心美国邮票的印制，不管是从内容到设计，他都要亲自过问，他亲手过问过的邮票有 200 多套。第二次世界大战期间，美国开展了捐邮票慰问伤员的活动，罗斯福积极参加，不断把自己的邮票捐献出去。

在外交方面，罗斯福政府推行睦邻亲善政策，为了缓和拉美人民的反美情绪，罗斯福在总统就职演说中就宣布实行"睦邻政策"，并提出"民族平等"的口号，承认拉美各国的独立主权。此后，美国废除了强加给古巴的《普拉特法案》，撤回了在海地、多米尼加、尼加拉瓜的占领军。1934 年，美国通过《互惠贸易协定条例》，并成立专门的进出口银行，给拉美各国提供贷款，以扩大贸易。在处理与苏联关系上，罗斯福政府也采取务实做法，积极改善同苏联的关系，1933 年 11 月 16 日，美苏正式建交，结束了 16 年来两国关系的不正常状态。

（三）"新政"的效果与历史意义

"新政"使长期处于低谷的经济逐渐复苏，社会生产得到较快恢复，面对国民收入 50% 的增幅，罗斯福娓娓地描述道："此时此工厂机器齐奏乐曲，市场一片繁荣，银行信用坚挺，车船满载往来奔驰。"美国的社会矛盾随着经济的复苏也得到很大程度的缓和，美国的失业人口由 1933 年的 1500 万，减少到 1933 年的 1260 万，到 1939 年减为 850 万人。

"新政"对于美国而言是一场深刻的历史性变革，具有里程碑的意义。"新政"使得联邦政府的地位发生翻天覆地的变化，联邦政府的职和权都空前集中，国家权力全面渗透到经济的各个领域。从罗斯福本人到他的"新政"，谋士们都认为一个关心群众福祉但犯错误的政府要比一个漠视人民疾苦却无所作为的政府好。

罗斯福鲜明地提出了有名的"四大自由"观点：言论自由、信仰自由、免于匮乏的自由和免于恐惧的自由，也第一次在基本人权中注入经济因素。新的观念认为，在这样一个富有的社会中还有赤贫现象是不合理的、非正义的，消灭这种不合理现象应是政府和社会的目标。有劳动能力的人应有就业的权利；没有劳动能力或失去劳动机会的人应有得到救济的权利。

"新政"为美国建立了系统完整的社会保障制度，罗斯福有一个明确的思想：与发财的机会相比，广大普通人所追求的更重要的是生活安全。"新政"的一系列立法，诸如失业救济、最低工资、养老保险以及医疗保险都是这一观念的体现。后来历届政府又加以发展成为今天的福利制度，美国逐渐成了福利国家，普通民众的生老病死有了基本的保障，大大缓解了社会矛盾。

美国建国之初建立的国家经济社会制度在"新政"中得到扬弃，在历史的大潮中得以以崭新的面目呈现在世人面前，为美国此后成为超一流的强国奠定了坚实的基础。

美国总统图书馆的创始人

在罗斯福以前，美国的总统都把他们在任期内形成的档案文件看作私有财产，往往总统离任，就把自己的档案文件全部搬走。由于有些总统珍爱档案文件，因此他们的档案文件没有受到大的损失。有些总统则认为自己的档案文件没有保存价值，或不宜让别人看到，或因年久缺乏维护，因而档案经常出现损毁的情况。

罗斯福于1934年签订了建立美国国家档案馆的法令，1939～1940年，他用40万美元的捐款，在家乡纽约海德公园建成了自己的总统图书馆，收藏本人的档案文件和图书，并建议在他死后把图书馆连同地皮一起捐给美国人民。罗斯福总统图书馆于1941年向公众开放，罗斯福逝世后，墓地就建在图书馆里的公园内。此后，他的前一任总统胡佛以及后来的历任总统，全都援例在家乡附近建立了自己的总统图书馆。

总统图书馆在向公民传播与教育本国历史知识上发挥着极大的价值，杜鲁门总统在评价总统图书馆的意义时讲道："它就像一盏明灯，照耀着我们所走过的路，以便让后人更清楚地看到我们的过去。"

第四节 从《中立法案》到《租借法案》
——美国外交政策的转变

与美国通过内部经济与社会改革克服危机不同,德国、意大利、日本等国因历史环境不同而走上了对内独裁、对外武力扩张的法西斯式道路,法西斯国家野心的不断膨胀终于打破了"一战"后形成的国际秩序,最终在 1931 年 9 月揭开了第二次世界大战的序幕,1939 年 9 月世界大战全面爆发。美国虽然极力避免卷入战争,但也尽可能地支援英国、法国和中国反击法西斯侵略,并整顿自身的防务,积极备战。

(一)孤立主义与《中立法案》

在第一次世界大战后,美国民众普遍存在着和平主义和厌战情绪,不希望政府过多地卷入美国以外的国际事务。在国会中也有不少议员主张孤立主义政策,他们认为美国在拒绝加入"国际联盟"后,仍然取得了 20 世纪 20 年代的繁荣和一系列外交方面的成功,美国不必再为欧洲事务承担过多的责任与义务,这种孤立主义思潮在 30 年代的美国有着很大的影响。

在 20 世纪 30 年代,德国与日本分别建立了法西斯制度,形成了战争策源地,国际局势空前紧张。美国孤立主义势力利用美国民众的反战情绪,大力鼓吹美国不应该卷入欧洲与远东的纠纷。1935 年 8 月 31 日,美国国会通过《中立法案》,规定在两个或若干个外国之间发生的战争中,美国或其属地不得把武器、弹药及军事装备输送到第三国,也不得输送到中立国运至交战国。

◎ 1935 年《中立法案》由罗斯福总统签署，正式生效后美国在欧洲的基本政策固定下来，推动了欧洲的绥靖主义

1935 年在意大利侵略埃塞俄比亚的战争中，根据中立法，美国对两国都实行了武器禁运，但因埃塞俄比亚的国力远不及意大利，美国此举在客观上帮助了法西斯的侵略。在 1936 年的西班牙内战中，国会又通过禁止向西班牙交战各方出售武器的法案，还禁止美国公民以志愿者的身份前往西班牙。1937 年，美国国会又通过《永久中立法》，除了保留原中立法的条款外，还规定把禁运范围扩大到发生内战的国家。在英、法、美的纵容下，得到德、意支持的佛朗哥及右翼派别很快战胜了左派势力，在西班牙建立了法西斯独裁政权，并在 1939 年 4 月得到美国的外交承认。

1938 年 3 月，德国吞并奥地利，接着又威胁要以武力侵占捷克斯洛伐克的苏台德地区，酿成"五月危机"。其后，英、法的绥靖政策发展到顶点，9 月 30 日，英、法、德、意在德国的慕尼黑签订了《慕尼黑协定》，为避免战争，一步步向德国法西斯妥协让步。在此期间，美国总统罗斯福事先不愿强烈反对德国吞并奥地利，以免危害"欧洲的某些政治上的绥靖"，继而在"五月危机"中始终保持缄默，完全置身事外，最后才在 9 月 26 日呼吁："为了和平、公正和建设性地解决事端，不要让谈判破裂。"

(二)《租借法案》——美国外交政策的转变

1939年9月1日凌晨，德国以庞大的兵力对波兰发动"闪电战"，两天以后，英、法分别向德宣战，第二次世界大战终于全面爆发。面对法西斯侵略势头的蔓延，美国罗斯福政府的外交政策悄然发生改变。

战争爆发后，罗斯福利用民众对英、法的同情情绪，要求国会修改《中立法案》，废除武器禁运。他在9月21日的特别会议上指出：如果坚持原来的《中立法案》，将使美国误入歧途，对美国的中立与安全尤其是美国的和平环境造成极大的危害，废除了禁运，美国会比保持现行法律更能保持和平。他还指出：援助英国就是帮助美国自己，通过货物交易可以扩大国内的就业、改进国防、增加黄金储备，国会经过激烈辩论，终于通过了对《中立法案》修改的决议，取消约束性武器禁运，改为现购自运。这一修改显然对拥有庞大的远洋船队，控制了各大洋航道，并拥有巨额外汇储备的英、法有利。

1940年4月，德军侵入丹麦、挪威，到6月20日，法国、比利时、荷兰等6个西欧国家被占领。德军在西线的大规模进攻，导致美国公众情绪更加倾向于反对纳粹德国，援助同盟国的声势大增。6月10日的民意测验表明，赞成向英、法提供飞机的人数比例，已从5月29日的47%增至80%。

1940年11月，罗斯福打破惯例，第三次当选总统。这时，英国用于现购自运的外汇储备即将耗尽，加上德国潜艇战的威胁，"运输自理"也十分困难，英国首相丘吉尔写信给罗斯福紧急

闪电战

由古德里安创建的战争模式，攻势凌厉，无往而不利，"二战"期间发挥了巨大作用，堪称战争史的一大经典。闪电战挟最新高技术兵器以最小的损失，突然、迅速地达成战争目的，其理论魅力至今依然不减。

呼吁美国大规模援助。12 月 17 日，罗斯福在记者招待会上以借邻居水龙头灭火来比喻美国应该以贷款或租借武器方式帮助英国。29 日罗斯福更在"炉边谈话"中提出："我们必须成为民主制度的伟大兵工厂。"次年 3 月 11 日，《租借法案》经国会通过，由罗斯福签署生效，规定总统有权向对美国防务至关重要而且对美国有益的国家出售、交换、租借或转让任何军需物资，但由于孤立主义势力的阻挠，物资的运输仍需要受援国自理。《租借法案》便成为美国同反法西斯各国合作的军事、经济基础。至此，美国不但已由中立转为事实上的反法西斯国家，而且同英国建立起了军事同盟，按照该法案，美国向英国提供了大量军事援助，使当时受法西斯严重威胁的英国渡过了最困难的危急时刻。

罗斯福总统的"炉边谈话"

1933 年 3 月 12 日，即罗斯福就职总统后的第 8 天，他就在总统府楼下外宾接待室的壁炉前接受美国广播公司、哥伦比亚广播公司和共同广播公司的录音采访。总统希望这次讲话亲切些，免去官场那一套不必要的客套，就像坐在自己的家里，总统与民众随意交谈。哥伦比亚广播公司华盛顿办事处经理哈里·布彻就说："既然如此，那就叫'炉边谈话'吧。"于是就此定名。

罗斯福在其 12 年总统任期内，共做了 30 次炉边谈话，每当美国面临重大事件之时，罗斯福都用这种方式与美国人民沟通，向各界民众分析局势、解释政策、提出吁请，这也开创了美国总统与民众互动的生动案例。

在华盛顿的罗斯福广场，我们可以看到这样一个塑像：一个穿着平常服装的平民，坐在房间一角，侧着脑袋，正全神贯注地听着什么，原来他是在听罗斯福的"炉边谈话"。

1941 年 6 月 22 日，德军分兵三路突然袭击苏联，苏德战争爆发，"二战"全面升级。24 日，罗斯福也表示"美国决定在可能范围内，全力援助苏联"，美国开始逐渐加强对苏联的援助。8 月 9 日，罗斯福与丘吉尔会晤于大西洋北部纽芬兰海面的军舰上，发表了著名的包括 8 点内容的《大西洋宪章》，宣布了反对侵略扩张、保护国家主权、解除侵略国的武器、确保战后和平、建立普遍安全等原则，呼吁世界各国共同抵抗法西斯侵略，建立一个更为广泛而持久的普遍安全体制。9 月 24 日，苏联宣布同意《大西洋宪章》的基本原则，反法西斯联盟终于形成。12 月 7 日，罗斯福正式宣布《租借法案》同样适用于苏联。至此，已同德军作战的英、苏与尚未参战的美国，在军事、经济上的合作就更加密切了，并为国际反法西斯联盟的形成奠定了坚实基础。

第五节　珍珠港事件

1941 年 12 月 8 日，美国总统罗斯福在致国会的咨文中写道："昨天，1941 年 12 月 7 日——这是个令人永远不能忘怀的可耻的日子——美利坚合众国遭到日本帝国海军和空军突如其来但蓄谋已久的袭击。"

（一）美日矛盾的激化

1931 年 9 月 18 日，日本悍然发动对中国东北地区的突然袭击，并迅速占领整个东北。东北对于日本而言，既是反苏基地，也是掠取煤、铁、木材和粮食等物资的重要处所。对于日本的侵华政策，胡佛政府的国务卿亨利·史汀生阐明了美国的"不承认主义"，即不承认有损于美国在华的条约权利，反对日本独霸中国东北。罗斯福入主白宫后，继承了前任的对日政策。1933 年 6 月，美国开始通过贷款形式支持国民党政府，为此招致日本的不满。1934 年 4 月 17 日，日本政府发表声明，警告美国不得干预和损害日本在中国的"特殊地位"。1936 年，日本又声明不受华盛顿会议规定的美、英、日主力舰吨位比例的约束，企图排斥美、英在华势力，打破太平洋"均势"，确立日本在太平洋上的优势地位。

1937 年"七七事变"后，日军在不到两年的时间内就占领了中国大片领土。为了进一步满足其建立"大东亚新秩序"的野心，1940 年 7 月组成的第二届近卫内阁决定放弃北上进攻苏联的计划，转而南进向东南亚侵略扩张。作为南进的第一步，日军于 9 月 23 日占领越南北部，这样日本的扩张严重威胁到美国在亚太地区的战略利益，日美矛盾日益激化。

这时罗斯福调整了对华政策，对日本的扩张活动实行部分遏制。1938 年 6 月 11 日，罗斯福宣布对日本实行飞机和制造飞机的重要原料的"道义禁运"，增加对中国的财政援助。1939 年 9 月，第二次世界大战全面爆发，日美关系处于僵持状态。在罗斯福的要求下，1940 年 7 月国会授权总统统管战略物资出口，罗斯福开始并扩大了战略物资的禁运范围。

1941 年 2 月，日本任命野村吉三郎为驻美大使，与美国国务卿赫尔开始了日美秘密谈判。日本企图通过谈判而取得支配西太平洋的主导权。如若不能得逞，也可麻痹英国，掩盖日本发动太平洋战争的准备工作。美、日两国在 3 ～ 12 月举行了 60 多次会谈，但因双方利益矛盾根本对立，无法调和，未达成任何协议。罗斯福尚不愿在亚洲进行一场战争，只是在日本继续进行"南进"，占领全部印度支那地区以后，才于 1941 年 7 月 26 日颁布行政命令，冻结日本在美国的资产，实行停止与日本的包括石油在内的贸易往来。同时，美国根据 1941 年 3 月 11 日国会通过的《租借法案》，给予中国援助。美国对华援助的目的是保护美国在华利益，在军事上支持中国与日本打一场消耗战，减轻美国的压力。

10 月 18 日，日本主战的强硬派东条英机接任首相，在表示继续与美谈判的同时，加快了战争准备。11 月 5 日，日本内阁通过了对美、英、荷作战的决定，并将日期定在 12 月初。12 月 1 日，日本御前会议正式决定对美、英、荷开战。次日，日本军部最后确定将于东京时间 12 月 8 日发动对美国的战争。但为了制造假象，掩饰袭击行动，日方继续参加谈判。12 月 6 日晚 8 时半（东京时间），日方将最后通牒分段发往野村大使，当野村将最后通牒面交赫尔时，珍珠港事件已经发生一个半小时了。

（二）珍珠港的耻辱

为了掩盖偷袭珍珠港的军事行动，日本采取"声东击西"的诡计。1941 年 12 月 6 日，日本舰队驶入暹罗湾，摆开南下架势。同日，罗斯福以个人名义写信给日本天皇，敦促他运用其权威来维护和平，但已毫无意义，日本海军主力已接近珍珠港。

11 月中旬，6 艘日本航空母舰在九州的佐伯港集结完毕。日本海军联合舰队司令山本五十六亲临港口，登上"赤城号"旗舰。他召集全体军官，告诉他们同美国的谈判行动"非常糟糕"，因此，他们将出发并发动一场日本有史以来最大的军事行动。接着这几艘航母离开日本港口，向浩瀚的太平洋挺进。

11 月 24 日，一连串小艇将数百名飞行员送到"赤城号"旗舰上举行最后一次聚会。心绪不宁的飞行员将作战室和飞机库挤得满满的。一位名叫铃木的中尉间谍正在向他们报告他最近的珍珠港之行，还出示了许多从当地一架向游客开放的飞机上拍摄到的军事设施照片。飞行员们为喝"最后一次酒"频频干杯，狂吼着"效忠天皇"的口号。两天后，舰队向夏威夷群岛进发。12 月 2 日，山本的一个密电打到舰队，宣布谈判行将失败。舰队继续在汹涌的波涛中前进。12 月 7 日凌晨，300 多架日本飞机从航空母舰上起飞，分两批袭击美国太平洋舰队的基地珍珠港。

当日 7 点 50 分，珍珠港的美国海军"内华达号"战列舰炮塔上，水手杰姆斯正在甲板上津津有味地阅读一本畅销小说，突然，从天上如雨点般掉下来的黑色炸弹使他惊骇得丢下书就跳上炮台开始射击。另一艘"奥格拉号"战舰上的一个雷达兵跳上岸就开始狂奔起来，待他再回头看时，只见机枪子弹如下雨般泻在他刚才站立的甲板上。他事后说："我永远忘不了飞机上那家伙的脸，他长着一小撮胡子，不停地狞笑着。"

美国的几艘航空母舰那天恰恰都在珍珠港外的海上，但是所有的战列舰则整整齐齐地排列在港内。说时迟，那时快，日本人的一颗炸弹不偏不倚地扔中了"亚利桑那号"战列舰前舱的弹药库，只见火光一闪，一团火球直升高处，刹那间浓烟笼罩住整个战列舰。

这时，"俄克拉何马号"战列舰上扩音器传出严厉的命令："这是真正的战争，赶快各就各位。"但是，无论怎么快都显得慢了一步。正在机舱里的沃尔特下士只见海水和油污从破裂的水管里不断涌进舱内。舰上灯光全部熄灭，舰身开始摇晃。沃尔特拼命往上挤，舱内水位迅速增高，舰身接着又开始倾斜。沃尔特拼命敲打船板，救护人员好不容易在钢板上打了个洞才把他救出来，这时舱内的水已经淹到了他的颈部。沃尔特是最后一名幸存者，他的 477 名同伴全部淹死在舱内。

两个小时后，战果累累的日本飞机离开了珍珠港。当天深夜，太平洋舰队司令金梅尔独自一人在旗舰"宾夕法尼亚号"的甲板上踱步——这是一艘因为故障停泊在船坞里而幸免于难的战列舰。司令官走到一个水兵面前平静地问："你的伙伴怎么了？"他看上去就像一个被鞭打了一顿的人，苍凉的话音使对方至今难以忘怀。

金梅尔所指挥的太平洋舰队遭此次突袭几乎全军覆没，8 艘战列舰中，"亚利桑那号""俄克拉何马号"和"西弗吉尼亚号"已经沉没，"加利福尼亚号"正在沉没，"马里兰号"遭到重创，"内华达号"也中了一枚鱼雷和两枚炸弹，"田纳西号"受轻伤，只有"宾夕法尼亚号"侥幸躲过这场灾难。

◎珍珠港遭袭成为各大报纸的头条新闻

美军 188 架飞机被击毁，4500 多名官兵伤亡。

下午 2 时 20 分，日本大使野村走进了国务卿赫尔的办公室，赫尔对这位大使很冷淡，连座位也没有让一下。野村把日本政府的最后通牒给了赫尔。赫尔看完文件后凝视着日本大使，几乎是一字一句地说道："在我整个 50 年的公职中，从未见过如此充满了无耻的虚伪和歪曲的文件。我至今做梦也想不出，这个星球上竟然还有撒出如此弥天大谎和牵强附会的国家！"

当天晚上，罗斯福总统在白宫召开内阁会议，他的书房里铺满了地图，罗斯福总统宣读了向日本宣战声明的全文。第二天，国会通过了宣战声明，美国正式参与第二次世界大战。

复仇的闪电——截击山本

1943 年 4 月，美军情报人员破译了日军的密码，获悉山本五十六将于 4 月 18 日乘中型轰炸机，由 6 架战斗机护航，到前线视察。罗斯福总统亲自做出决定："截击山本。"美军派出战斗机空中伏击，于所罗门群岛的布干维尔岛上空击落了山本五十六的座机。几天后，日军找到了座机残骸。山本五十六的尸体依然被皮带缚在座椅上，他头部中弹，仍握着佩刀。山本五十六是历任联合舰队司令长官中唯一的战死者。

日本方面将山本五十六的死讯封锁了 34 天，5 月 21 日东京电台才公布"山本壮烈牺牲"的消息。日本当局追授山本元帅称号，6 月 5 日，在东京为其举行了隆重的国葬。

第六节　从"火炬行动"到柏林战役
——美军在北非、欧洲战场

对日宣战后不久，美国总统罗斯福在 1941 年 12 月 22 日签署了新的《选征兵役法》，新法规定所有 18～64 岁的男子必须进行登记，现役军人都要在战争期间服役，并且规定延长服役期半年。按照该法案，美国一共招募了 1000 万人入伍，到"二战"结束前，美国一共有军队 1514 万人。次年 1 月中旬，为了进行全面的经济动员，罗斯福还设立了名为战时生产局的专门机构。在此期间，美国军队陆续在太平洋地区、北非和欧洲战场投入了战斗，按先欧后亚的原则，欧洲战场是美国的军队作战的最关键地区。

（一）火炬行动

1942 年 7 月，英、美首脑决定实施进攻北非的"火炬行动"计划，并任命艾森豪威尔将军为"火炬行动"的盟国远征军总司令。9 月下旬，美、英两国参谋长联席会议在伦敦确定了实施"火炬行动"行动作战计划的细节，决定两国军队于 11 月 8 日在法属北非的阿尔及尔、奥兰和卡萨布兰卡实施登陆，占领沿海主要港口，然后由阿尔及尔登陆部队向东抢占突尼斯，再待机与北非的英军协同作战，消灭在北非的德、意部队。

1942 年 11 月 8 日午夜，由 500 多艘军舰和运输船组成的庞大的英美特混舰队，载着 10 万大军，在大量飞机的掩护下，分三路在法属北非登陆，开始了英、美盟军的"火炬行动"。当时北非的守军是受德国控制的法国维希傀儡政府的军队，由于法军对法西斯纳粹占领法国的行径强烈

艾森豪威尔的"第一"

在美军历史上，共授予10名高级指挥官五星上将军衔。艾森豪威尔是晋升得"第一快"；他出身"第一穷"；他是美军统率最大战役行动的第一人；他第一个担任北大西洋公约组织盟军最高统帅；他是美军退役高级将领担任哥伦比亚大学校长的第一人；他的前途是"第一大"——唯一的一个当上总统的五星上将。

不满，因此对美英联军的抵抗不是很坚决。乔治·巴顿（George Smith Patton）将军麾下的美国部队负责进攻摩洛哥的卡萨布兰卡。驻守当地的法国维希政府的贝图亚尔将军试图投降，但遭到摩洛哥总督盖诺的反对。这时在盟军的压力下，维希政府北非地区武装部队总司令弗·达尔朗海军上将下令停止战斗，迫使盖诺于11月11日宣布投降，美军遂占领卡萨布兰卡。在阿尔及利亚，由弗雷登将军指挥的美军与法军激战后，于11月10日攻占了奥兰。由海军少将罗斯指挥的英国部队进攻阿尔及尔，由于法国马斯特将军等人主动投降，英军未遇抵抗而顺利得手，"火炬行动"大获成功。

1943年初至2月中旬，德军在突尼斯集结兵力，于2月14日发起反扑，被盟军击败。4月19日，盟军发动总攻，经过18天激战，于5月7日分别攻占了突尼斯城和比塞大港。由于没有运输船只可用于撤退，成为瓮中之鳖的25万德意军队只得于5月13日全部投降，北非战役胜利结束。这场较量除达到盟军预期的战略目的外，还锻炼了刚刚投入战争的美国军队。

（二）西西里战役

1943年，庞大的美、英军队在最高统帅艾森豪威尔的指挥下，发动了以进攻意大利为战略目标的西西里战役。7月10日，16万英美盟军正

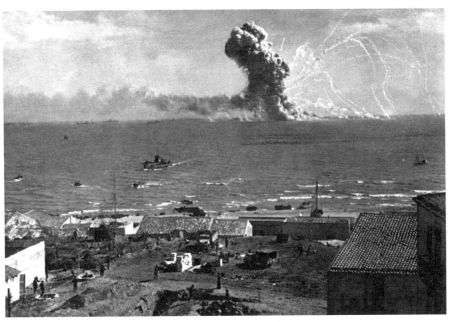

◎西西里岛登陆战役中美国军舰被德军轰炸机炸弹击中

式实施西西里登陆战役，经过两天的激战，盟军全部登陆，占领了西西里岛南部。接着，巴顿将军率领的美国第 7 军同蒙哥马利的英国第 8 军一起展开了持续一个多月的两栖作战。8 月 17 日，盟军最终打败了士气低落的意大利军队。7 月 25 日，意大利统治集团内部发生了推翻墨索里尼的政变，法西斯政府倒台，"新政府"成立后立即派密使与英美展开停战谈判。9 月 3 日，意大利政府与盟军签订停战协议，9 月 8 日，意大利正式宣布投降。后由于德军救出墨索里尼，并反包围罗马，意大利"新政府"匆忙逃走，德国在罗马建立了以墨索里尼为首的傀儡政权，盟军与占领意大利的德军展开了激烈的战斗。

9 月 3 日，英军登岛开始进攻意大利本土。9 月 9 日，由美国将军马克·克拉克指挥的一支盟军在那不勒斯以南的萨勒诺岛登陆，向意大利西海岸进军。经过与挖壕据守的德军激烈战斗后，克拉克的部队同从西西里岛北上的蒙哥马利部队会合，西西里战役取得了成功，后来经过数月激烈的战斗，盟军终于在1944年6月4日攻克了罗马。西西里战役的胜利，不但消灭了德国的部分有生力量，迫使意大利政府投降，使盟军完全控制了地中海上的交通，而且有利于盟军今后在欧洲的作战。

（三）诺曼底登陆

1943年11月28日，罗斯福与丘吉尔飞抵伊朗首都德黑兰，同斯大林会谈。在这次历时4天的德黑兰会议上，三大同盟国首脑第一次面对面地一起商讨了在西线开辟第二战场方面的问题。

在对德作战问题上，英、苏之间分歧较大。斯大林希望美、英尽快开辟第二战场，而丘吉尔却以各种借口拖延。罗斯福则坚持早些时候提出的"霸王战役"计划，认为盟军横渡英吉利海峡在法国登陆，是进军德国的最理想路线。后来，三方终于达成了以罗斯福意见为基础的对德作战计划，美、英同意在1944年5月实施"霸王战役"计划。

德黑兰会议后不久，经美、英商定，罗斯福任命艾森豪威尔担任西北欧盟国远征军最高统帅。盟军开辟第二战场的计划是：在诺曼底地区登陆后，随即占领法国西北部，并与在法国南部的盟军会合，随即向德国腹地进攻，协同苏军共同击败德军。

艾森豪威尔的战后感言

艾森豪威尔在诺曼底登陆后说："毫无疑问，诺曼底战场是战争领域所曾出现过的较大屠宰场之一，那一带的通道、公路和田野上，到处塞满了毁弃的武器装备以及人和牲畜的尸体，甚至要通过这个地区也极为困难。我所见到的那幅景象，只有但丁能够加以描述。一口气走上几百码，而脚步全是踩在死人和腐烂的尸体上……"

经过充分的准备，有史以来最大的一次两栖登陆战在1944年6月5日正式开始。仅在最初的进攻中，盟军就使用了20多万兵力、1500辆坦克、5000多艘舰艇和1.2万架飞机。6日傍晚，盟军击退了德军的反扑，已在诺曼底附近建立了牢固的滩头阵地。

到7月中旬，盟军不但掌握了制空权，而且登陆部队也超过了百万之众，从7月底开始至8月中旬，盟军先后对德军发动了大规模的进攻，取得了巨大战果，8月15日当盟军向法国心脏地区进军时，美、法军队又从法国南部登陆，实施先称为"铁砧"后称为"龙骑兵"的两栖作战行动。9月上旬，"龙骑兵"与盟军主力的右翼在法国与瑞士边境会师。

与此同时，盟军于8月25日在法国爱国者的配合下解放巴黎，盟军最高统帅部也迁到了凡尔赛。盟军从9月中旬起分兵几路向德国边界挺进，但因德军顽强抵抗，盟军的进攻很是艰难。盟军才在1944年10月攻占第一个德国城市——亚琛。后来，德军在比利时的阿登地区调集了25个师发动反攻，在历时月余的阵地战中，德军纵深突进达60英里，盟军损失惨重。1945年1月底，盟军才恢复了原来的阵线。阿登战役后，德军再无力组织起有效的反击了。

（四）攻克柏林

1945年2月4～11日，美、英、苏三国首脑在苏联克里米亚半岛的雅尔塔召开了著名的"雅尔塔会议"。会议在原则上达成了战后由美、英、法、苏四国分区占领德国和柏林的协议，并确定了波兰的战后政府组成原则与疆界。会议还牺牲中国的主权和利益，签订了《雅尔塔秘密协定》，满足了苏联在远东地区的利益要求，同意维持外蒙古独立现状，把千岛群岛、库页岛南部及附近所有岛屿划给苏联，将大连港国际化，苏联租用旅顺港作为海军基地。

◎罗斯福的葬礼

罗斯福从雅尔塔回国两个月后，在佐治亚州度假时因患脑出血症逝世。像罗斯福那样被人民深切爱戴和哀悼的人，在美国历史上是少有的。副总统哈里·杜鲁门就任总统后，开始有力地领导全国，继续为实现彻底打败德国与日本法西斯的目标而努力。

就在雅尔塔会议前后，盟军正在西线的莱茵河集结，准备新的进攻。1945年3月中旬，美军突破齐格菲防线，打到了莱茵河畔，3月23日美、英主力部队开始强渡莱茵河。4月1日，北部的英军与中部的美军会师，将32.5万德军围困在鲁尔区，4月18日，鲁尔区被困德军向盟军投降。4月19日，美军占领莱比锡。4月25日，美苏军队会师于柏林以南约75英里处的易北河。

4月22日，苏军到达柏林，4月27日，苏军逼近柏林市中心，与德军展开巷战。4月28日，意大利法西斯头目墨索里尼在意大利被游击队处决。4月30日，苏军占领柏林的国会大厦；当天下午，希特勒在总理府地下室自杀身亡。5月2日，苏军全面攻占柏林，柏林城防司令率残部投降。5月4日，德国西北部、南部和丹麦、荷兰边境的德军全部向美、英军队投降。5月7日，在设在兰斯的艾森豪威尔将军总部，德国防军元帅阿尔弗雷德·约德尔在德国向同盟国无条件投降的文件上签字，欧洲战场上的战争正式结束。

第七节 太平洋战争

太平洋战场是日本和美国等同盟国家间的主战场。1941 年 12 月 7 日，日本海军偷袭美国军事重地珍珠港，美国与日本的海、陆、空军在太平洋的海域与岛屿展开了厮杀，美国凭借先进的科技力量与雄厚的国力很快转变了初期的被动局面，一步步把战火烧到日本本土。

（一）日军的闪电战

在日本空袭珍珠港的同时，日本南方军 40 余万人，分兵数路进攻中国香港、马来西亚、印度尼西亚和缅甸，在日军计划周密的闪电战进攻下，英国和荷兰的军队节节败退，损兵折将。日军出兵占领了同盟国在太平洋中部和南部的一些战略岛屿，如关岛、威克岛等地，之后日军开始猛攻美国控制的菲律宾群岛。

最初，近 2 万名美军和 10 万菲律宾士兵在美国道格拉斯·麦克阿瑟将军指挥下，进行了阻止日军登陆的战斗。但是，由于日军兵力十分强大，装备精良，战斗力远胜于美菲联军，美菲联军难以抵御，被迫退却。1942 年 2 月，乔纳森·温赖特将军继麦克阿瑟出任在菲律宾的美军司令，并继续在马尼拉对面的巴丹半岛进行抵抗。4 月 9 日，日军攻占巴丹。第二天，被俘的美菲军人被胁迫在 6 天内步行 85 英里，由于酷热和饥饿，有数千人在这次"死亡行军"中遇难。

这样日军在短短五个月的时间内，就攻占 10 倍于日本本土的东南亚约386万平方公里的广大地区，歼灭同盟国陆军和海军30多万人，建立了一条北起千岛群岛，经威克岛、马绍尔群岛、北所罗门群岛、爪哇岛、安达曼群岛，直至缅印边界的外围防线。

（二）战争的转折点——中途岛与瓜达尔卡纳尔岛

为了防范美军持续由侧翼直接对日本本土进行攻击，歼灭美国航空母舰，日本海军大将山本五十六便积极策划了对夏威夷群岛的前哨阵地中途岛的进攻作战计划。可他们万万没想到的是，美军的间谍人员破译了日军的密码，海军提前了解了日军的作战计划。

中途岛战斗从1942年6月3日打响，美军飞机从"大黄蜂""约克镇"与"企业号"等航空母舰上起飞，共击沉了日军海军旗舰"赤城号"等4艘航空母舰。美军乘胜追击，又击沉和重创了日本2艘重型巡洋舰和3艘驱逐舰，击毁了323架飞机。当然，美军的损失也不小，"约克镇"航空母舰与1艘驱逐舰被击沉，损失飞机147架。经过中途岛的惨败，日本的联合舰队从此一蹶不振，再也无力发动大规模的海空作战。从此以后，日军被迫停止了在战略上的全面进攻，转而采取守势。中途岛战役是太平洋战争的转折点，对整个战争有着决定性影响。

中途岛海战失败后，日本把注意力集中在澳大利亚附近海域，下一时期作战的目标集中到东新几内亚和所罗门群岛一线，

◎1942年6月4日下午，美军"约克镇号"被"飞龙号"第二拨鱼雷击中，随后被迫弃舰

而主要力量集中到瓜达尔卡纳尔岛争夺战上。6月中旬，日军急忙在该岛上扩建飞机场，如果这个机场建成，美澳交通线就会受到严重威胁，附近岛屿的美军就将饱尝日本人的航空炸弹。美军得知此消息后立即决定调整计划，将瓜达尔卡纳尔岛列为首要夺取的目标。

1942年8月7日清晨，一支由89艘舰船组成的美国海军陆战队第1师庞大舰队借助恶劣天气的掩护，劈波斩浪地驶入瓜达尔卡纳尔岛和图拉吉海域。趁日军不备，1.1万名美军没有遇到抵抗

中途岛密码战

突袭珍珠港后，山本五十六再次策划攻占美国重要的航空基地中途岛。美国密码专家约瑟夫·罗奇福特少校发现日本电报中频繁使用"AF"两个字母，这一代号显然表示某一大行动的目标。据美方推断，"AF"指中途岛。中途岛上的海军司令部受命用浅显的英语拍了一份作为诱饵的无线电报，报告中途岛上的淡水设备发生故障。果然不久以后美军截获的一份日军密码电报声称：AF可能缺少淡水。经过这一证实，美国把舰队埋伏在中途岛附近，给日军迎头痛击。

就顺利登陆。第二天早晨，没有地图的美军摸索着到达机场，日军扔下没来得及吃完的早餐逃入丛林，美军轻而易举地占领了已近完工的机场，缴获了大批粮食和军事设备。

此后日军与美军在海上与陆地为争夺瓜达尔卡纳尔岛的控制权发生了激烈的战斗，日军在强大的美军攻势下，逐渐丧失了制空权与制海权，败局已定时，从1943年2月1日开始，山本五十六用20余艘驱逐舰分三次将奄奄一息的1万日军运出瓜达尔卡纳尔岛，瓜达尔卡纳尔战役就此结束。在这场历时半年的血腥战役中，美国陆海军伤亡共1.1万多人，损失军舰24艘、飞机250架，而日军共伤亡近5万人，其中飞行员2362人，损失军舰24艘、飞机893架。此役之后，日本不仅损失惨重，消耗巨大，

失去了开战之初的兵力优势，还彻底丧失了战略主动权，陷入了全面被动的局面。而美国则掌握了太平洋战争的战略主动权，以所罗门群岛为踏脚石，揭开了太平洋上大反攻的序幕。

（三）越岛战术

在此后一年里，以美军为主的同盟国军队在太平洋上的兵力增长十分迅速，完全掌握了战场上的主动权。在麦克阿瑟的指挥下，盟军地面部队在西南太平洋发动进攻，开始实施著名的越岛作战方案。

1943 年中，美军对南太平洋上的最大兵站——新不列颠岛的拉包尔的日军发起攻击，其第一个战略目标是攻占所罗门群岛中部的新乔治亚群岛和西北部的布干维尔岛。10 月初，美军占领新乔治亚后，日本加强了布干维尔岛的防御，守军增至 6 万人。11 月 1 日，美军开始在布干维尔岛登陆，受到日军拼死阻击。美军虽没有占领全岛，但岛上的日军孤立无援，难有作为，最后只能束手就擒。

1944 年夏季，美国的陆、海、空力量在太平洋战场上已取得了绝对优势。1944 年 6 月 15 日，美国海军陆战队向西太平洋的重要关隘——塞班岛发起进攻，经过殊死战斗，美军终于在 7 月 7 日攻克了塞班岛，全歼岛上的 3000 多名日军。6 月 19 日，美国海军在马里亚纳海域打败日军，击沉日军航母 2 艘，击毁日军 440 架飞机，随后，美军突破了太平洋上日军的内防御圈，将日本本土与西南诸岛完全置于同盟国的正面打击之下。

越岛进攻

所谓"越岛进攻"，就是不实行逐一收复各岛的战法，而是绕过敌人防守坚固的岛屿或在战略上不重要的岛屿，直击敌我双方交通要塞等岛屿，加速战争胜利进程。

1945 年 2 月 19 日，美军登

陆距离日本更近的硫磺岛，与守军展开一个多月的浴血鏖战。2.1万多名美军在战斗中死伤，2万多名日军被打死。3月26日，美国海军陆战队最终占领全岛。4月1日，美军开始进攻掩护日本本土的最后一道障碍——冲绳岛，日军以满载炸弹的"神风"飞机对美国军舰和运输船开展疯狂自杀式攻击。在近3个月的激战中，日军伤亡12万多人，被俘9000多人，损毁飞机400多架；美军以损失飞机760架，伤亡7.5万人的代价，于6月21日最后占领冲绳岛，彻底摧毁日本本土的外围防线。

当美军开始进攻日本本土时，日本军界还是计划实行焦土政策，拼死抵抗美军的进攻，据当时的军事作战专家估计，美军要完成对日本本土的占领，将还要付出至少100万人的伤亡。基于这种情况，美国政府开始考虑使用非常规武器摧毁日本的战斗力，逼迫日本投降。

太平洋战争中的"敌侨"问题

1942年2月19日，在一些反日激进势力的压力下，美国总统罗斯福签署了《9066号总统令》，出于防止"敌侨"进行破坏活动的考虑，这项命令要求居住在太平洋沿岸200英里内11万日裔美国人与日本侨民全部迁往位于加利福尼亚、亚利桑那、卡罗来纳、阿肯色、爱达荷等地的收容营监视起来。1988年国会通过议案对在世的这些日本侨民给予每人2万美元的补偿。

第八节　广岛与长崎上空的蘑菇云

"二战"期间，美国为先于德国制造出原子弹，制定了著名的"曼哈顿计划"，集中当时欧美最优秀的科学家，在严格保密的情况下，制造出人类历史上第一批原子弹，并把其中的两颗投掷到日本的广岛与长崎，把这两个城市炸成一片废墟，狂妄的日本政府在这一威力巨大的武器面前不得不投降。

（一）必须抢在希特勒之前

1934年意大利物理学家罗马大学教授恩里科·费米（Enrico Fermi），在以中子撞击种种原子的实验中，发现用人工制造铀原子的方法，以及由慢中子引起的核反应，从而获得1938年诺贝尔物理学奖。为了逃出意大利法西斯的魔掌，费米趁赴瑞典领奖之机，携带家眷逃到了美国。当时在美国已经集中了不少从德国逃亡来的科学家，包括在科学界享有极高威望的爱因斯坦。

1938年，德国科学家哈恩和斯特拉斯曼在原子核研究方面取得了较大的进展，他们发现，当用中子去轰击铀原子核时，铀原子核会分解成质量相等的两半，并释放出巨大的能量，这一发现引起了科技界的震惊，这意味着威力无比的原子弹可以被制造出来。这时，深知原子弹威力的希特勒，在德国陆军军械部设立了核研究局，并建有核研究实验中心，组织海森堡等一批物理学家展开了核研究工作。不久德国科学家使用离心法，成功地分离出了所需的铀。

1939 年夏，费米和犹太物理学家希拉德等科学家从一份机密情报上得知德国科学家正在进行核裂变实验的消息。这使希特勒有可能利用这一成果制造核武器，如果德国法西斯掌握了这一极有杀伤力的武器，后果将不堪设

◎由费米设计的芝加哥 1 号堆，它是史上首个核反应堆

想。"必须抢在德国之前"，费米和希拉德意识到情况的紧迫，于是他们会见了爱因斯坦，请他敦促美国当局着手研制原子弹。

1939 年 8 月 2 日，爱因斯坦给美国总统罗斯福写了一封长信，详细阐明了进行原子弹研制的必要性与紧迫性，还附上科学家们写的一份备忘录，就科学技术方面的内容作了详尽的解释，由罗斯福的经济政策顾问萨克斯交与总统本人。10 月 11 日下午，萨克斯身负科学家的信任和重托步入白宫，向总统递交了爱因斯坦的信，可是罗斯福觉得这些应该是科学家的事，他淡淡地说："现在由政府出面组织操办，是否为时过早了？"

当萨克斯怀着绝望的心情准备告辞时，总统邀请他第二天共进早餐，回来后萨克斯苦苦思索。第二天他迂回作战，旁敲侧击，以拿破仑拒绝富尔顿关于蒸汽船的建议的教训借古讽今，终于打动了罗斯福，当天晚上，美国成立了铀咨询顾问委员会，专门研究原子能应用于军事的机构。

（二）"曼哈顿计划"工程

1941 年 12 月 6 日，即日本偷袭珍珠港事件的前一天，罗斯福批准了

研制原子弹的计划，此计划规模异常庞大，投资达20亿美元（相当于今天的300亿美元），该工程在巅峰时期曾聘用过54万名科研人员。

1942年，罗斯福和丘吉尔首相达成协议，把美英科研部门的所有力量集中在远离德国的美国和加拿大，两国科学家共同开发研制原子弹。美国成立了以罗斯福为首的最高决策小组，下设军事政策委员会。曾担任工程兵司令、办事干练的格罗夫斯将军被总统授权领导组织原子弹研制工作。军方选择远离城市处建立了一个秘密从事研制原子弹的生产基地，格罗夫斯将它取名为曼哈顿工程管理区，后来被简称为"曼哈顿工程"。

美国制造原子弹是在极端保密的情况下进行的，就是美国副总统杜鲁门也是在继任总统后才知道此事，"曼哈顿工程"的保安措施非常严密，所有来往邮件都要经过严格检查，来往电话一律受到监听，科学家离开实验室就有人如影随形盯梢。在曼哈顿工程区工作的数十万人当中，只有12人知道整个计划。在相当长的时间内，绝大多数人都不知道他们是在从事制造原子弹的工作。

曼哈顿的技术总负责人是一位不到40岁的物理学家奥本海默（Oppenheimer）。罗伯特·奥本海默毕业于哈佛大学，后获德国格丁根大学博士学位，1941年秋开始从事有关原子能军事利用的理

"曼哈顿计划"中的中国身影

在"曼哈顿计划"中，有一位年轻的中国女科学家吴健雄。吴健雄1912年出生于江苏，1936年留学美国，她的老师就是奥本海默。奥本海默对吴健雄的物理才能特别赏识，从1944年3月开始，吴健雄经奥本海默推荐，获得了特殊的保密许可，参加了美国的最高机密"曼哈顿计划"。吴健雄在整个核武器研制当中发挥的作用非常大，她在美国率先研制了原子核的分裂反应，这是一个很重要的物理试验，就是把过去的原子弹爆炸核裂变反应这样一个理论变成一个试验来验证。

论研究。奥本海默以杰出的才能和激昂的爱国热情承担起曼哈顿工程区主要技术负责人的重任，为核武器的研制成功发挥了不可替代的巨大作用，后被尊称为"原子弹之父"。

1942年12月2日，费米领导筹建的原子反应堆工程首传捷报，在芝加哥大学斯塔格运动场的西看台的地下成功建成了世界上第一座试验性铀—石墨原子反应堆。

经过四年多时间的研制，在众多土木工程学家、化学家、物理学家和军官的全力协作与精心工作下，1945年7月，美国终于装配成功三颗原子弹，其代号为"小玩意儿""小男孩"和"胖子"。

7月16日上午5时30分，在美国西南部邻近墨西哥国境的新墨西哥州境内的沙漠地区阿拉莫戈多，安置在高空铁塔上的那颗代号"小玩意儿"的原子弹爆炸成功。只见一个浓紫色间杂橙色光亮的大火球腾空而起，形成一个直径约1.6公里的小太阳，闪光照亮16公里以外的山脉，一座高空钢塔被高温完全蒸发，爆心周围700米的沙漠表面被火焰熔成了一片玻璃体，蘑菇状的原子云冲向万米高空，爆炸力相当于2万吨TNT炸药。

在爆炸后的几个小时，正出席波茨坦会议的杜鲁门接到了原子弹试验成功的消息，杜鲁门漫不经心地对苏联首脑斯大林说："美国已拥有一种威力强大的武器。"斯大林冷静地说："那就让它来对付日本吧。"

◎人类史上首次核试验

（三）广岛与长崎的世纪浩劫

1945 年 7 月 25 日，杜鲁门做出了在他总统任期内最重大的一项决定：如果日本拒绝接受《波茨坦公告》，不肯无条件投降，就要对日本本土投掷原子弹。7 月 26 日杜鲁门总统下令美国军事情报局把《波茨坦公告》公开向日本广播，该公告马上引起了日本的关注，日本内阁经过冗长而激烈的争论后，在军方强硬派的坚持下，决定对《波茨坦公告》采取"默杀"的态度，不予答复、置之不理。

1945 年 8 月 6 日下午 8 点 15 分 17 秒，两架美国 B29 飞机在日本广岛市中心离地面 580 米的上空投下了代号"小男孩"的原子弹。就在这一瞬间，闪光、热线、巨响、暴风覆盖地面，把广岛市中心的一切建筑物全部毁掉，爆炸圈里的一切人与物体都在转瞬间被熔化得无影无踪。原子弹爆炸后，首先是一道使人双目失明的强烈闪光，随即传来震撼山岳的巨响，翻滚的烟幕笼罩全市。原子弹在爆炸的一瞬间，产生几百万摄氏度的高热，形成小火团，火球直径约 100 米，表面温度为 7000～9000℃，好像地面上出现的一个小太阳。从火球发出的热量，不用说人畜，连砖瓦的表面都被熔化为发泡状态，玻璃则被灼烧为饴糖状。广岛当日死伤 13 万多人，而当时广岛市区的总人口才 34 万人。

在爆炸的几分钟后，天空中开始落下一阵奇怪的雨。雨点有如子弹大小，而且全是黑的。这个诡异事件是由于原子弹爆炸的火球蒸发水汽形成的云层迅速冷却造成的。广岛不幸成为日本军国主义势力负隅顽抗与美国政策急切希望尽快结束战争矛盾的牺牲品。

8 月 9 日上午 11 时 30 分，美军飞机又在长崎市投下剩下的那颗代号为"胖子"的原子弹。长崎的受灾情况基本和广岛相同，只是因当地多山，原子弹的破坏力稍小一点，当日死亡 3.5 万余人，受伤与失踪 6 万多人。

8月10日，日本内阁通过中立国瑞士政府送交美国一份文件，接受《波茨坦公告》所提条件，并希望美国能"谅解"日本国民的感情保留天皇。8月14日，日本政府正式宣布接受《波茨坦公告》，8月15日中午，日本昭和天皇通过电台宣读了日本无条件投降的《停战诏书》，9月2日，在东京湾的美国军舰"密苏里号"甲板上，日本代表正式向盟军签署投降书，第二次世界大战至此以德、意、日法西斯的彻底失败，同盟国的全面胜利而告终。

核电站的诞生

1954年6月27日，原子能自发现后首次成为用于和平建设的能源——世界上第一座原子能发电站投入运行了。这就是位于莫斯科附近的奥布宁斯克原子能发电站。虽然是一座小型发电站，功率只有5000千瓦，但它却表明，和平使用原子能的时代已经到来。

据统计，至20世纪90年代，全世界运行中的核电反应堆约400个，其发电量占世界总发电量的17%。

第八章

一山二虎——"冷战"与"热战"

　　"二战"中，美国作为唯一本土未受到战火破坏的交战国，由于军需物资订单的刺激，经济飞速发展，成为世界上最强大的国家。美国与战后同样迅速崛起的苏联构成两极格局，美苏这两个超级大国开始了长达半个世纪的"冷战"。美国在与苏联的外交斗争中，凭借国力和西欧国家的支持在柏林危机与古巴导弹危机等事件上挫败了苏联相关举措。但在朝鲜与越南战争中，因社会主义力量的顽强抵抗，以及美国欧洲事务第一的安全战略的牵制，美国在"局部地区"的热战未能取得预期的胜利。

第一节 杜鲁门主义与"冷战"的开始

由于国家利益与意识形态的冲突，在"二战"废墟上崛起的两个超级大国——美国与苏联在 20 世纪后半期，在全球范围内展开了一场涉及政治、经济、军事、文化、科技等各领域的冷战，并在一些第三世界国家发生了局部的热战。

（一）美国霸权地位与美苏矛盾

与战前相比，战后初期的国际形势发生了深刻的变化。在战争中，战前 6 个资本主义大国中的德、意、日三国被彻底打败，成为战败国，英、法的实力也受到严重削弱，只有美国的经济与军事力量不但没有在战争中受到削弱，反而大为增强。

在经济力量方面，美国在资本主义工业总产量中所占比重由 1937 年的 4.4% 增加到 1947 年的 62%。美国黄金储备 1949 年高达 246 亿美元，占资本主义世界总量的 73.4%。在军事力量方面，1939 年，美国军队总数只有 33.5 万人，国防预算不过 10 亿美元，到 1945 年，美国军队总数达到 1200 万人，国防预算达到 800 亿美元。到第二次世界大战结束时，美国已拥有世界上最庞大和最有威力的空军，海军也首屈一指，484 个美军海外基地几乎控制了全球所有的海域。

大战期间，由于美、苏两国都受到法西斯势力的威胁，因而结成了战时同盟关系。但是，随着反法西斯战争胜利的临近，随着共同敌人的消失，战时同盟的政治基础开始动摇。美、苏在一系列国际问题上的分歧与矛盾日益扩大和激化。

苏联计划在东南欧建立一条"安全带"，毗邻苏联的国家如芬兰、波兰、罗马尼亚、保加利亚、匈牙利、捷克斯洛伐克和南斯拉夫等必须受苏联控制，由苏联掌握它们的军事防御和外交政策。与此相反，美国和英国希望这些东南欧国家成为亲西方势力，在苏联边界上形成一条反共的"防疫地带"。

杜鲁门一上台，便极力主张对苏联采取强硬政策。在他看来，"俄国人需要我们，比我们需要他们多得多"。虽然当年杜鲁门曾支持罗斯福关于促使苏联参加对日作战的主张，但在苏对日宣战后的第二天，杜鲁门立即宣布东欧国家"不应是任何大国的势力范围"，同年 8 月 18 日，美国国务卿贝尔纳斯发表声明，公开谴责苏联操纵保加利亚选举，美、苏矛盾随着战争结束而日趋明显。

（二）铁幕演说与杜鲁门主义的提出

1946 年 3 月 5 日，在美国密苏里州富尔顿市的威斯敏斯特学院，英国前首相丘吉尔在杜鲁门总统的陪同下发表了名为《和平砥柱》的演说，杜鲁门便借此机会，公开打出了"冷战"的信号，丘吉尔耸人听闻地提出："从波罗的海的什切青到亚得里亚海边的的里雅斯特，一幅横贯欧洲大陆的铁幕已经降落下来，……现在需要的是解决问题。"他声称"美国此刻正高踞于世界权力的顶峰。……如果拒绝、忽视或糟蹋这个机会，我们将受到后世长期的责备"。丘吉尔主张建立英、美军事同盟，共同对抗苏联和它控制的东欧国家，该铁幕演说成为"冷战"的前奏曲。

1947 年 4 月 12 日，杜鲁门在国会两院联席会议上宣读了他的一篇咨文，杜鲁门在咨文中宣称"希腊受到共产党领导的几千名武装人员恐怖主义的威胁"，"希腊的邻国土耳其也值得我们给以重视"。他说，希腊一旦"失陷"，对土耳其的影响将是直接的、严重的，"混乱和无秩序状态就很可能扩及整个中东地区"，这不仅将给欧洲一些国家带来影响，并且对全世界都具有"灾难性"。因此，杜鲁门请求国会在1948年6月30日以前，向希腊、土耳其提供4亿美元的援助，并选派军事人员前往那里执行任务，采用一切经济和军事手段来帮助希腊和土耳其抵制共产主义的渗透，杜鲁门指出，苏联已成为美国的敌人。因此，既然美国出钱出人打第二次世界大战，也就应该拿出钱来反对苏联的共产主义。杜鲁门声称，美国的政策必须是支持自由国家人民抵抗少数武装分子或外来压力的征服企图。这就是所谓"杜鲁门主义"。

乔治·凯南的遏制理论

1946年2月22日，时为美国驻苏联代办的乔治·凯南向美国国务院发回了一封长达8000字的电文，对苏联的内部社会和对外政策进行了深入分析，并提出对付苏联的长期战略。1947年7月，乔治·凯南在《外交季刊》化名"X"发表《苏联行为的根源》，提出了对苏遏制战略。凯南认为，由于资本主义和共产主义固有的对抗性，苏美不可能是伙伴而只能是对手，但他又认为苏联的行为是有弹性的，苏联政府会在优势力量面前退却。因此，美国必须在一系列根据苏联的政策转移和策略部署而经常转移的地理点和政治点上，灵活而警惕地运用对抗力量加以遏制。

1947年5月22日，杜鲁门正式签署了援助希腊的法令以后，在同年最后五个月中，美国运给希腊的军火共达7.4万吨，截至1949年中，希腊共得到6.48亿美元的援助，其中有5.29亿美元用于希腊内战。美国政府在1947年11月成立了美希联合参谋总部，调动军事人员达1.8万人。在杜鲁门主义"积极援助"下，希腊的共产党武装遭到残酷镇压，美国完全控制了希腊的内政和外交。

美国对土耳其也提供了1亿美元的"军事援助"，用于军备、飞机和船只，其余则用于改造兵工厂和公路，仍与军事密切相关。1947 年 7 月，美国改组并重新装备了土耳其的军队，在伊斯肯德伦湾建立了海军基地，在阿达纳等地建立了空军基地。

第二节 马歇尔计划

马歇尔计划是第二次世界大战后美国援助欧洲的复兴计划，它成功地挽救了西欧濒于崩溃的经济，是战后美国对外政策中较成功的例子之一。美国实施这一计划不仅是为了西欧的经济复兴和美国的经济利益，而且还希望借助欧洲的经济复兴来遏制苏联对西欧地区的渗透，确保美国的霸权地位。

（一）战后西欧的危机

欧洲是第二次世界大战的主要战场，这场浩劫带来的灾难、损失难以言状。战争使英国的国民财富损失了 1/4，船舶吨位减少了 3/4，和其他西欧国家一样，黄金外汇储备枯竭，一半以上的工业完全瘫痪，煤矿完全关闭，失业人数突破 600 万。丘吉尔惊呼"大英帝国的权力与地位一落千丈"，"英帝国的力量和影响已下降到惊人的最低点"。

法国的状况更为严重，法国在希特勒的闪电战中败降而饱尝了亡国之痛，战争夺去了 140 万法国人的生命，经济损失惨重，按 1945 年的价格计算，其损失高达 48930 亿法郎，百万公顷以上的土地被破坏而无法耕种，1945 年初工业生产还不及 1938 年的一半。加之 1946 年底又碰上了百年罕见的酷寒，真是饥寒交迫，民不聊生。

1946 年联邦德国地区的工业生产只及战前 1938 年的 23%，几乎所有的大城市都沦为一堆瓦砾，老百姓已经无法正常生活下去。其他西欧各国生产凋敝，濒临崩溃，原料、燃料和日常生活品奇缺。经济的衰败使得西欧民众对现政权的不满情绪与日俱增，政局动荡，当地像法国、意大利共产党力量迅速壮大，西欧各国资产阶级政权处在风雨飘摇之中。

美国政府认为，在战后美、苏尖锐对抗的局势下，西欧危机"正好为共产主义的苏联统治世界提供了良机"。从经济复兴、安全防御来说，西欧要借助美国的力量；从战略需要来看，美国则更需要西欧的复兴，联合起来与苏联对抗并夺取世界霸权。

（二）"马歇尔计划"与西欧的复兴

1947 年初，美国前总参谋长马歇尔（Marshall）将军接替贝尔纳斯出任美国国务卿。6 月 5 日，在哈佛大学毕业典礼上，马歇尔向 8000 名听众发表演说，提出了欧洲复兴计划，他首先对欧洲的经济形势作了简要的回顾，强调欧洲已经是一片废墟，整个经济结构已土崩瓦解，这种局面如果不改变，就会对美国和整个"自由世界"带来灾难性的影响。马歇尔说："事实真相是，欧洲在今后三四年内需要从外国，主要是从美国进口粮食和其他必需品，其需要量比它目前所能偿付的能力大得多，因为它必须获得大量的额外援助，不然就得面临性质非常严重的经济、社会与政治的恶化。"他说"美国应该尽其所能帮助世界恢复正

TIME
THE WEEKLY NEWSMAGAZINE

MAN OF THE YEAR
He aimed the Republic.
(U.S. at War)

◎《时代》周刊上的马歇尔

常的经济状态，这是合乎逻辑的。否则就不可能有稳定的政治和有保障的和平。我们的政策不是反对任何国家或任何主义，而是反对饥饿、贫穷、冒险和混乱"，他还强调这个"计划"必须是联合性质的，"马歇尔计划的一个特点在于它是以自助为基础的，其目的是要使欧洲各国联合起来，与美国共同设计出一套符合它们的需要的解决办法"。马歇尔这次演说为"马歇尔计划"打下了基本的基调。

"马歇尔计划"在欧洲引起强烈的反响，被政治、经济危机压得喘不上气的西欧各国政府立即作出积极的反应，响应"马歇尔计划"。但在东欧，苏联认为"马歇尔计划"要求制订一个欧洲"统一"的经济计划，其害怕美国势力向东欧渗透，因此对该计划持反对态度。1947年6月9日，英、法、苏三国外长在巴黎会晤讨论马歇尔建议时，苏联谴责"马歇尔计划"违背了国际合作的原则，使欧洲分裂为两个集团，指出这个计划是美帝国主义侵略扩张的工具。接着，苏联先后与东欧各国签订了一系列贸易协定，进一步巩固了苏联与东欧的经济联系，东欧各国因此退出了"马歇尔计划"。

◎杜鲁门与马歇尔等人

1947年7月12日，英国、法国、意大利、奥地利等16个西欧国家在巴黎开会，建立起"欧洲经济合作委员会"。9月24日，委员会向杜鲁门总统提出了一个西欧互助和自助的总的复兴计划，以回应美国财政援助的方案。杜鲁门向国会提出了所谓"欧洲复兴计划"的咨文，1948年4月2日，获国会批准，称《1948年经济合作法》，根据该法规定，西欧国家与美国签订了一系列双边与多边协定，援助总额达130多亿美元，由美国利用财政公共开支来购买食品、燃料、机器设备等物资援助西欧各国，其中联邦德国、英国、法国、意大利等国受援最多。

"马歇尔计划"的援助，使从冰岛到土耳其的16个西欧国家的经济迅速复苏，在不到3年的时间内，它们的工农业产量分别比战前增加25%和40%。在一定程度上帮助西欧经济渡过了困难时期，巩固了西欧的资本主义统治秩序。到1950年，西欧各国生产已达到战前水平，年增长率达6%，有的国家高达10%。英、法、意的工业生产，在1948年底已超过战前水平，德国西方占领区的工业生产，到1952年为战前的115%。该计划还推动了西欧国家的经济联合，为20世纪50年代末建立欧洲经济共同体进而实现西欧经济一体化奠定了基础。

第三节　两次柏林危机

全世界成千上万个城市，几乎没有一个城市的地位像"冷战"时期的柏林那样奇特。柏林这个先后曾经是勃兰登堡侯国、普鲁士王国、德意志帝国乃至纳粹德国的都城，在"二战"后被分裂为东西两个部分。东柏林成了德意志民主共和国的首都，而西柏林则成为一个独立的政治实体，后者在外交上虽然由联邦德国代表，但却不是联邦德国的一部分，而且其四周由两米多高的柏林墙把它与外界隔离开来。柏林的这种奇特局面的形成，其直接根源就是柏林危机。

（一）第一次柏林危机

1945 年 2 月，苏、美、英在雅尔塔会议上确定了对德分区占领，并邀请法国为第四占领国，美、英从其占领区中划出一部分组成法占区，原本的设想是经过民主改造后建立一个完整的新德国，但由于"冷战"的对立，德国由于占领国意识形态与社会制度不同而出现了分裂。

德国投降后，1945 年 6 月 5 日，四国驻德占领军总司令在柏林签署协议，规定把德国划分为四个占领区（苏占东区、英占西北区、美占西南区、法占西区），大柏林则由四国共同分区占领，各占领区司令遵照各国政府训示行使最高权力。四国组成盟国管制委员会，其任务是保证各占领区协调行动并就涉及德国整体的主要问题做出决定。在各国分区占领的情况下，各国占领当局均各行其是，盟国管制委员会作为当时唯一能够进行磋商和做出共同决策的组织机构，由于美苏的矛盾分歧日益严重，渐渐丧失了权威。各占领区事实上逐步成为各自独立的实体，形成了事实上的初步分裂。

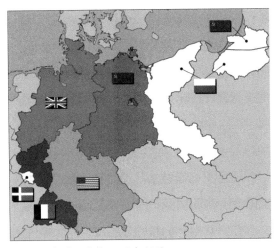
◎ 1945 年德国分成四国占领区

由美、英、法控制的柏林位于苏占区中心，离西部占领区边界 100 英里。西方国家要供应物资给各自在柏林的驻防部队及各自占领区的居民，就必须有一条从西部占领区到柏林西区的通道，但这一问题因美苏的分歧而一直没得到有效解决。1948 年初，美、英、法、比、荷、卢六国召开了伦敦会议，决定召集德国西部三个占领区各州总理联合会议，授权联合会议在 9 月 1 日前召集立宪大会起草联邦德国宪法，并以此宪法组织联邦德国政府，完成联邦德国的建国。主张保持德国形式上统一的苏联在多次抗议伦敦会议的行动之后，于 1948 年 3 月 20 日退出盟国管制德国委员会，作为四国管制德国的最高权力机构的管委会不复存在。

6 月 18 日，美、英、法三国决定在整个西部占领区实行货币改革，独立发行新的货币，苏联对此做出强烈反应，谴责货币改革是"非法的"，并警告说苏占区不得不采取行动保护经济。6 月 24 日，苏联停止了所有占领区间的铁路客运交通和进入苏占区的公路交通，同时发表声明指出德国西部占领区发行的货币不准在苏占区和柏林流通，柏林是苏占区的一部分，各占领区间的贸易今后按国际间贸易处理。苏联想凭借柏林在苏占区的有利地理位置，封锁柏林的交通，造成西方国家难以待在西柏林的条件，从而迫使它们在德国问题上做出让步。

作为对苏联封锁西柏林的回应，6月30日，美国国务卿马歇尔发表声明，宣布美国留在柏林，通过空运来给柏林市民供应生活物资，在水陆交通都被封锁的情况下，从6月25日起，美国等西方国家动用上万架飞机，架起了"空中走廊"，向西柏林居民大规模空运粮食、煤炭等急需物品。到1949年春天，美国向西柏林空运的物品达到平均每天8000吨的水平，这与封锁前美英通过水陆交通运送给西柏林的物品量基本持平。与此同时，美国等还对苏占区和东柏林实行反封锁，阻止向苏占区运送煤炭和钢铁等。

苏联对柏林的封锁并没有产生预期的效果。随着时间的推移，形势逐渐朝着不利于苏联的方向发展。由于美英的反封锁，苏占区和东柏林无法从西占区和西柏林得到其所需要的商品，尤其是钢铁等，这严重影响了苏战区的工业生产与社会稳定。为号召德国人民争取国家统一，苏联转而发起了广泛的和平运动。苏联策略的转变使柏林问题通过和平谈判求得解决具备了条件。美国和苏联的代表秘密进行接触，终于在1949年5月4日达成协议，四国代表宣布从5月12日起同时解除对对方的封锁，第一次柏林危机宣告结束。

柏林危机最终还是没能阻止德国分裂的局面，1949年5月，德意志联邦共和国成立，10月，德意志民主共和国成立。一个民族分裂为两个政治经济制度完全对立的国家实体。西柏林从此成为一块飞地，在美国看来，西柏林是反共产主义的堡垒和前沿阵地，它象征美国对欧洲所承担的义务，是西方生活方式的宣传阵地和收集东欧国家和苏联情报的理想地点。在苏联看来，西柏林是喉中骨、肉中刺，是安置在民主德国境内的特洛伊木马。由此产生的柏林问题成了20世纪五六十年代国际紧张局势的热点之一，屡次发生危机，并导致第二次柏林危机与分隔东西柏林的柏林墙的建立。

（二）第二次柏林危机

1953 年 6 月 17 日，东柏林爆发了反对苏联对民主德国控制的示威抗议事件，苏联派军队平息了这一事件，造成数百人伤亡，出于对苏联与它控制的民主德国政府的不满，大批民主德国的民众开始经西柏林逃往西方。

开放性东西柏林边界的存在为东德人口外流开了方便之门。自德国正式分裂至 1961 年 8 月，通过西柏林从东德流向西德的人数多达上百万，仅 1961 年 7 月一周时间就有 1 万人通过西柏林离开民主德国，这些人有知识分子、科学家，大多数是小企业主、小经营者、农民。而民主德国因此而蒙受的经济损失高达 1200 亿马克，柏林问题使得民主德国经济濒临困境，苏联不能熟视无睹。

鉴于此，苏联千方百计想把西方三国赶出柏林，主张柏林应归并于其地理位置上所属的民主德国。1958 年 11 月 27 日，苏联政府正式照会美、英、法三国政府，限定在半年内结束西柏林的占领状态，正式宣布取消柏林的四国共管地位，建议把西柏林变成一个独立的政治单位——"非军事化自由城市"，由苏、美、英、法四国和两个德国政府共同保证尊重西柏林的自由城市地位。在发出照会的当天，赫鲁晓夫就柏林问题举行记者招待会，他把西柏林比喻为"一个毒瘤"，现在建议把西柏林变为"一个非军事化的自由城市"，是一种"无痛的切除手术"。赫鲁晓夫还威胁说，如果西方不同意这一建议，把坦克开到柏林，用武力来保卫其地位的话，苏联的火箭将要"自动发射"。苏联政府还威胁要与民主德国签订和平条约，从而把整个柏林交还民主德国，民主德国就可行使对西柏林的主权，苏联还将把柏林的空运与陆路控制权完全归还民主德国。

西方三国和联邦德国于 1958 年 12 月 31 日、1959 年 1 月 5 日复照苏联，拒绝了苏联的建议，认为"赫鲁晓夫的'自由城市'建议必然破坏西柏林的自由"。美国宣称要"不惜用武力保卫柏林","华盛顿准备采取核战争的手段来保卫柏林"。苏美互相对立的强硬态度，使柏林的气氛骤然紧张起来了，从而爆发了持续 3 年左右的"第二次柏林危机"。

由于美国的强硬态度，苏联也不想与美国闹到兵戎相见的程度，态度逐渐软化，1959 年 3 月 5 日，赫鲁晓夫访问民主德国时暗示，如果西方领导人愿意谈判，苏联可放弃 6 个月的限期。

但两年后，1961 年 6 月 3 日至 4 日，美苏首脑在维也纳会晤时，赫鲁晓夫又提出西柏林地位问题，要求西方取消对西柏林的占领，并再次扬言西方必须在 6 个月内做出答复。这样，"柏林危机"再度爆发。

面对苏联发难的"柏林危机"，美国立即予以回击。肯尼迪宣布了一系列军备计划追加国防经费 32 亿美元，征募新兵人数增加一至两倍。美国还向西欧大量增派军队，使美国驻欧部队总数接近 30 万。8 月初，美国空降部队调往西德参加军事演习，柏林危机全面升级。

而苏联不愿意就此与美国兵戎相见，但也不希望西柏林继续成为民主德国国民逃往西方的便捷通道，很快苏联政府就想到了一种既不与美国发生直接冲突又能保障民主德国利益的绝妙方法。1961 年 8 月 12 日凌晨 1 点，2 万多名民主德国军队士兵突然开到东西柏林边境，立刻开始了修筑柏林墙的工程，到 13 日凌晨，第一期工程全部完工，西柏林的周围完全被铁丝网包围起来，网外再加路障，柏林墙从此竖立起来。13 日中午 12 点，最后一个路口宣布封锁，柏林正式被分成两半。

西方国家对柏林墙的修建又气又恼，为做试探，美国增调一支 1500 人的战斗部队乘坐装甲车从联邦德国的曼海姆出发，沿着 110 英里的高速公路，耀武扬威地到达西柏林。美国总统肯尼迪则放弃通常的周末休假，在午夜及凌晨两次紧张地听取最新汇报。最后证实，美国战斗部队毫无阻碍地进入了西柏林。美国由此发现"柏林墙"并不影响西方驻军出入西柏林，更不会影响他们对西柏林的控制，为避免过于激怒民主德国和苏联，也只能容忍了这一既成事实。随着柏林墙的修建成功，这次持续3年多的柏林危机就此结束。

柏林墙的开放与德国统一

20世纪80年代后期，美国与苏联的对立缓和，在民主德国国内的抗议示威此起彼伏，国民不断经由匈牙利、捷克等国逃往联邦德国，于是民主德国的统一社会党政府于1989年11月9日晚作出一项重大决定，开放"柏林墙"，宣布民主德国公民即日起经由民主德国边界出国旅行和多次往返，不必申述特别理由，凭身份证就可去西柏林。这一决定公布之后，人们如潮水般涌向民主德国各边境大门，等待出境。这一决定具有划时代的意义，它标志着民主德国40年来第一次开放了两个德国和东、西柏林之间的边界，打开了两国之间长期封闭的闸门。柏林墙的开放被历史学家认为是东西方"冷战"终结的开端，也是东西柏林和联邦德国统一的标志。1990年10月3日，德意志民主共和国加入德意志联邦共和国，德国和柏林完成统一。

第四节　朝鲜战争

在美国不甚愉快的经历中，朝鲜战争算是其中之一，当它结束后，大多数美国人都急于把它从记忆中抹掉，因为朝鲜战争是美国第一次没有胜利班师的对外战争。

（一）从内战到国际战争

朝鲜是一个具有悠久历史和文化的古国，1910 年 8 月被日本吞并，沦为日本帝国主义的殖民地。第二次世界大战结束时，美、苏军队分别占领了朝鲜半岛的南部和北部，并按照美国的意见，以北纬 38°线为界接受日本投降。

美国在杜鲁门主义出台后，加紧了对南部地区的控制，1947 年 10 月，美国片面终止了原来统一协调朝鲜半岛重建工作的苏美联合委员会的工作，将朝鲜独立统一问题提交给第二届联合国大会，并操纵联合国大会于 11 月通过决议，决定在外国军队无限期占领下，在朝鲜举行议会选举，成立朝鲜政府和建立武装力量。1948 年 8 月 15 日，通过单独选举，受美国扶植的李承晚上台，成立大韩民国政府，而 9 月 9 日朝鲜半岛北半部则在苏联的支持下，建立了金日成领导的朝鲜民主主义人民共和国，朝鲜正式分裂。1949 年，美苏相继从朝鲜撤军，但都留下大量军事顾问，并对其扶植的政权给予经济与军事援助。

社会制度与意识形态截然对立的朝鲜南部与北部政权的矛盾很快激

化，终于 1950 年 6 月 25 日，朝鲜战争爆发。美国将朝鲜战争的爆发视为苏联在亚洲地区对美国的进攻之举，为维护其在亚洲的战略利益，美国控制的联合国安理会很快在苏联代表缺席的情况下，通过了谴责朝鲜金日成军队入侵南朝鲜的决议，并决定派遣联合国军援助南朝鲜。6 月 27 日，杜鲁门发表声明宣布将出兵朝鲜，并派遣第七舰队进入台湾海峡，保护撤到台湾的国民党蒋介石政权。

　　战争初期，武器装备与兵力占优势的朝鲜军队节节胜利，6 月 28 日就夺取了韩国当时的首都汉城，韩国国防军和前来救援的美军被一直逼退到釜山。

　　美国纠集英国、法国、澳大利亚、土耳其等 15 个国家组成所谓"联合国军"，麦克阿瑟将军为总司令。9 月 15 日，麦克阿瑟将军率领的美军第 10 军主力两个师，在美英两国 300 多艘军舰和 500 多架飞机的掩护下，在朝鲜半岛南部的仁川登陆，与位于南部釜山地区的美军遥相呼应，造成对朝鲜人民军的夹击之势，迅速夺回了仁川港和附近岛屿。9 月 27 日，仁川登陆部队与釜山部队在水原附近会合，一日之后重夺汉城。朝鲜军队由于腹背受敌，在遭受重大伤亡后，被迫节节后退。美军乘胜追击，在 10 月初进抵

◎ 1950 年 9 月 15 日，美军开始在仁川登陆，并在全线发起总攻。朝鲜人民军主力被隔断，腹背受敌，粮少弹缺，经顽强抵抗被迫逐步撤向"三八线"附近。在这种情况下，美国决心进一步扩大战争。10 月 1 日，麦克阿瑟下令美军越过"三八线"向北进攻，并企图于感恩节（11 月 23 日）前占领朝鲜全境，全歼朝鲜人民军。至此，朝鲜民主主义人民共和国已处于万分危急之中

"三八线"附近，朝鲜战局很快发生戏剧性的逆转，朝鲜金日成政权岌岌可危。10月21日，美军攻占平壤，并继续向中朝边境挺进，妄图消灭朝鲜政权，一举统一朝鲜半岛。

中国政府对美国领导的联合国军越过"三八线"表示了强烈的愤慨，1950年10月19日，由彭德怀元帅任司令的中国人民志愿军跨过鸭绿江，开赴朝鲜，抗击以美国为首的联合国军的侵略。朝鲜战争从此由内战转变为一场国际性的局部战争。

（二）停战协议的签署

朝中方提出恢复"三八线"为朝韩边界的建议，但韩美方并没有接受这一建议，他们要求将停火分界线放置在中朝军队控制的地区，第一次谈判就此破裂。

为赢得谈判桌上的有利地位，联合国军和南朝鲜军队于8月18日至9月18日和9月29日至10月22日分别发动了夏季攻势和秋季攻势，分别进攻中朝军队西线和东线防线，朝鲜人民军和中国人民志愿军进行了顽强的抵抗，终于迫使美国放弃了继续扩大战果的努力，在10月25日重新恢复停战谈判，地点改在了板门店。

交战双方于1951年7月开始停战谈判。在谈判期间，美军先后发动多次攻势，均被粉碎。经过两年谈谈打打、曲折反复的斗争，在1953年3月苏联领导人斯大林去世与美国主和派候选人艾森豪威尔就任总统后，在美、苏关系缓和的气氛下，终于在1953年7月23日正式签订了以"三八线"为南北朝鲜边界的停战协定，朝鲜战争正式结束。美国以阵亡官兵3万余人、伤10万多人的代价保住了自己在朝鲜半岛的战略利益，此后美国通过与澳大利亚、新西兰、日本、东南亚国家签订的一系列军事安全条约，建立了环太平洋防卫体系，对社会主义国家进行了长期的封锁。

麦卡锡主义

1950 年 2 月，美国共和党参议员麦卡锡在一次纪念林肯诞辰的聚会上声称自己掌握了 205 名渗入国务院的共产党人的名单，从此开始了无耻的诽谤活动和疯狂迫害。他利用自己作为参议员和参议院政府活动委员会及其常设调查小组委员会主席的职权，对政府机构进行所谓"共产主义渗透"的调查，搜集黑名单，乱扣红帽子，攻击和迫害民主进步人士及持不同意见的人，在美国国内制造恐怖气氛，践踏公民自由，很多公职人员因一些莫须有的罪名遭到监控、解雇或囚禁，这种恶意以亲共名义诽谤诋毁他人的行为后来被统称为麦卡锡主义。

第五节　不堪回首的越南战争

越南战争是美国历史上为时最长的战争，它不仅在越南造成了异乎寻常的生灵涂炭，在美国社会内部也引起愤慨、失望和深深的痛苦，从而导致了 20 世纪 60 年代后期以反战为主题的社会动荡。前美国民主党参议员乔治·麦戈文说："我认为，越南战争是我国历史上最大的军事、政治、经济和道义错误。"

（一）越南战争的缘起

越南在 19 世纪末沦为法国的殖民地，在第二次世界大战期间日本借法国战败占领了越南。1945 年 8 月 15 日，日本宣布无条件投降后，胡志明领导的印度支那共产党发动"越南八月革命"，9 月 2 日宣告越南独立，越南民主共和国成立。但是，越南南方仍然控制在法国殖民者及其扶植的越南末代皇帝保大手中。1945～1954 年，胡志明领导越南人民军进行了 9 年的抗法救国战争，在战场上逐步取得巨大的战略优势，法军节节败退，处于被动挨打的境地。

1954 年 5 月到 7 月，中、苏、美、英、法五大国以及越南、南越及柬埔寨、老挝代表在日内瓦召开会议讨论越南问题。会议经过激烈辩论，最后达成一项政治解决方案：以北纬 17° 线为界，越南划分为南北两个"集结地区"，越南的越南人民军集结于该线以北，法国军队与南越军队集结于该线以南，同时也规定这只是一条临时军用分界线，而并非国际边界线。

1954年4月7日的一次新闻发布会上，美国总统艾森豪威尔公开提出"多米诺骨牌理论"，他为美国干预越南事务提出其理论根据说，如果越南让共产党统治，东南亚的其他地区将"迅速垮掉"，就像"一排多米诺骨牌被推倒了第一个"。这一个理论后来一直是美国侵越战争的指导方针。

1954年9月6日至8日，美国、英国、法国、澳大利亚、新西兰、菲律宾、泰国、巴基斯坦在马尼拉开会，签署了《东南亚集体防务条约》及议定书，将南越、老挝和柬埔寨指定为条约保护国。为了选择更为合适的代理人，1955年10月26日美国支持"越南国"总理吴庭艳出任总统、总理和国防部长。

执掌越南北方的胡志明领导的印度支那共产党于1951年2月改称越南劳动党（1976年后又改称越南共产党）。1960年12月20日，按照劳动党的决议，南方革命者在越南东南部的森林中成立"越南南方民族解放阵线"（简称"民解"）。从名义上看，"民解"是一个与北越毫不相干的独立组织，但实际上是劳动党的下属机构，由劳动党南方局领导，人员与物质上也通过一条名为"胡志明小道"的秘密通道源源不断地得到北越的供应。

"民解"成立后，在越南南方广泛动员农民，开展土地改革与游击战争，建立革命根据地，解放区迅猛发展，逐步控制了南方广大的农村地区，而不得人心的南越的吴庭艳政权只能控制中心城镇，统治地位摇摇欲坠。在这

越战伤亡统计

北越：死亡110万人，受伤60万人，失踪33万人；南越：死亡13万人，受伤50万人；美军：死亡5.8万人，受伤30.4万人，失踪2000多人；中国：死亡1446人，受伤4200人；韩国：死亡4500人；澳大利亚：死亡500人，受伤2400人；泰国：死亡350人；新西兰：死亡83人。

种情势下，美国的肯尼迪政府忧心忡忡，唯恐整个越南地区完全落入北越的共产主义政权手中，将引起像"丢失中国"一样严重的政治后果，于是决定向南越增加军事援助和军事顾问，展开所谓"有限卷入"。

鉴于法国殖民者与朝鲜战争的教训，肯尼迪认为直接派遣美军赴越作战只会适得其反，激起越南民众的民族主义情绪，因此决定只派遣军事顾问和少量特种部队，同时给越南吴庭艳政权提供军事装备和经济援助。从1962年初起，美国向南越派遣了4000多名军事顾问，指导南越军队作战。在美军顾问的指挥下，几十万南越军队对"民解"领导的游击队进行了大规模扫荡，妄图一举消灭南越的"民解"武装。

但"民解"力量不仅没被消灭，反而解放了南越70%的土地，歼灭了包括2000多名美国军事顾问在内的20余万南越军队。1963年11月，南越爆发推翻吴庭艳的军事政变，吴庭艳被打死，但此后南越政权一直不稳固，局势更为动荡。这时美国政府认

胡志明小道

1959年5月5日，根据抗美斗争的需要，越南劳动党中央军委决定正式开辟一条向南方运输的道路，这就是被美国人称之为"胡志明小道"的秘密补给线，支援南方"民解"的干部与士兵南下、北上，北方及外界支援越南南方的军火、物资都通过这条小道，依靠人背、肩扛、牛车拉、自行车载等方式送到战火纷飞的南方。它可以说是越南南北方之间的一条"大动脉"，是一条炸不断的"生命线"。

美国使用了当时所有可以使用的高科技手段：空投特种部队，向美军基地提供交通运输情况，指示轰炸目标；在交通线上设置地雷，还有人迹嗅探器、声音传感器；为了毁灭丛林植被，还大量地喷洒化学脱叶剂；又用B-52型轰炸机对这些小道进行了长达一年多共3630次轰炸。但是胡志明小道不但照样畅通无阻，运输量还越来越大。

胡志明小道建成的16年中，有100多万越南士兵、干部和大量军事物资、后勤给养通过这条小道运往南越战场。16年来也有很多越南优秀的儿女为维护小道的畅通而献出了年轻的生命。

为，除了像朝鲜战争一样直接派兵进行军事干预外，再没别的办法阻止北越统一越南了。

（二）南打北炸——越南战争的升级

1964 年 8 月 4 日，美国政府宣称，美国的驱逐舰"马多克斯号"和"腾那乔埃号"在北部湾附近的公海上进行巡逻时，遭到北越海军鱼雷艇袭击，这就是著名的"北部湾事件"。8 月 7 日，美国国会通过议案，授权总统可以动用包括武力在内的一切手段来应对这一事件，美国迅速以轰炸北越的海军基地作为报复，接着美军开始大规模轰炸北越的军事与民用设施，越南战争全面升级。美国在越南实施"南打北炸"战略，即在南越进行陆面战争，在北越施以大规模空袭，借此打击北越的有生力量。

1965 年 3 月 8 日，3500 名海军陆战队队员在南越登陆，美国的军队正式加入越南战争，此后美国持续增兵，到 1967 年，在越南地区的美军达到 50 万人。

1965 年 11 月 14 日，美军的三个营与"民解"军队的一个团在德朗河谷发生了一场大规模的阵地战，装备精良的美军在炮火的支援下很快击溃了"民解"军队，"民解"军队在这次战役中伤亡 1000 余人，此后转变战术，采取游击战。

1968 年春，"民解"军队发动春季攻势，向南越大城市与军事重镇发动猛攻，沉重地打击了美国和南越军队，战局开始向不利于美国的方向发展。同时，因美军伤亡越来越多，美国国内积郁已久的反战情绪首先在大学迸发出来，随后迅速扩散到社会各界，形成声势浩大的反战运动。青年们拒服兵役，焚烧征兵卡，或逃往国外，巨额的战争开支使国内经济不堪重负，内外交困的约翰逊总统被迫在 1968 年 3 月 31 日宣布部分停止轰炸越南北方和退出下届总统竞选，并于 11 月完全停止了对北越的轰炸。

1968 年 5 月 13 日，美国与北越开始展开和谈，但因美国拒绝无条件停止对北越地区的轰炸，和谈陷入僵局。11 月中旬，美国、南越、北越和"民解"四方在巴黎重新和谈，但一直没取得实质性的进展，1969 年 6 月，和谈因苏联承认"民解"建立的南越临时革命政府而宣告破裂。

（三）战争越南化与越南的统一

尼克松在 1971 年担任总统后，为了摆脱越南战争的泥潭，提出了使战争越南化的策略，把美国的援助局限在培训南越自己的军队上，开始减少派往南越的美军，希望逐渐从越南战争的泥潭里早日脱身。与此同时美国也增加了对北越的轰炸，想在不增加美军伤亡的情况下迫使北越让步。为粉碎美国的计划，1971 年春，越南劳动党领导的"民解"发动了著名的九号公路战役，其集中 5 万兵力，以机动战术歼敌 2 万多人，由此北越在越南战争中掌握了战场上的主导权。

此时，美国国内的反战运动愈演愈烈，1968 年 3 月以卡利中尉为首的一批美军曾在南越马来村屠杀 300 多名非武装平民，其中还包括妇女和儿童的丑闻被新闻界揭露出来。1971 年 6 月，一位前国防部官员又向报界透露了一批五角大楼文件，揭露政府在战争早期欺骗公众、蓄意扩大战争的行径，这一切使美国公众的厌战情绪发展到了极点，厌战情绪甚至蔓延到驻越美军中间。

1973 年 1 月 27 日，处于内外交困情况下的美国被迫在和谈上让步，和北越达成了《巴黎协定》，规定美军在停火后 60 天全部撤出越南，北越释放美军战俘，越南问题留给越南各方自行解决。美军撤离后，在南越留下 2 万多名军事顾问，并保留了相当数量的海空部队，支援南越军队作战。

1975 年春，为统一越南，北越军队连续发动了西原、顺化和西贡三大战役，彻底打垮了南越军队的主力，4月30日，北越以四个军的主力攻克西贡，并将原来南越的首都改名胡志明市，为漫长的越南战争画上了句号。

越南战争是美国历史上历时最长而又最不得人心的战争，它夺去了5.6万

◎ 1973 年 1 月 27 日，巴黎和平协约签订

名美国士兵的生命，约30万人受伤，直接战费约1500亿美元，损失飞机7000多架，越南战争的惨痛经历对美国社会造成了十分深刻的影响，许多美国人在事后伤心地写道："战争毁坏了整整一代美国人。"给他们带来了"程度无法确定的心灵创伤"。

越南战争大事记：

1961 年 5 月美国在越南南方发动"特种战争"。

1963 年 11 月在美国策划的军事政变中，越南共和国总统吴庭艳被打死。

1964 年 8 月美国制造"北部湾事件"，开始轰炸越南北方。

1965 年 3 月美军在岘港登陆，把越南战争升级为以美军为主的战争。

1968 年 3 月美国政府被迫宣布部分停止轰炸越南北方。5 月，越南民主共和国、美国双方在巴黎开始举行会谈。11 月，美国全面停止轰炸越南北方。

1973 年 1 月美国签署《巴黎协定》。3 月 29 日，美军完全从南越撤出。

1975 年 4 月 30 日北越攻占西贡，南越政权覆灭，越南战争结束。

1976 年 7 月 2 日越南社会主义共和国成立，越南统一。

第六节　古巴导弹危机

1962 年，加勒比海爆发了一场严重的危机，它由苏联在古巴部署导弹、美国则坚持要求撤除导弹而引发。这是"冷战"期间美苏两大国之间最激烈的一次直接对峙。这次危机虽然仅仅持续了 13 天，但几乎跨越了核门槛，是人类历史上第一次"核对抗"。

（一）古巴革命与"猪湾入侵事件"

距离美国南部海岸仅 90 英里的古巴在美西战争后获得独立，其后，一直受美国的控制，由独裁政府统治，政局动荡，国内社会矛盾一直比较尖锐。1953 年，菲德尔·卡斯特罗以"建立古巴人的古巴"为口号，成立武装革命组织，反对巴蒂斯塔的独裁统治，在 1959 年 1 月 1 日，卡斯特罗率领义军推翻了巴蒂斯塔政权，建立革命政府。此后，卡斯特罗在国内推行激进的国有化政策，征用没收美国在古巴蔗糖种植业、银行、铁路的财产，并采取与苏联接近的政策。这一切引起美国对古巴新政权的敌意，1961 年 1 月 5 日，美国宣布与古巴断交，并开始对古巴进行制裁。

从 1960 年开始，美国就开始为古巴反卡斯特罗的流亡者提供武器与船只，1961 年 4 月 17 日，在美国中央情报局的策划下，100 名古巴流亡分子从美国迈阿密的中央情报局秘密训练基地出发，跨海来到古巴首都哈瓦那以南的猪湾登陆，试图制造内乱，推翻卡斯特罗政府。然而，这次颠覆行动很快以失败告终，古巴流亡分子的登陆艇因频频触礁而倾覆，美国中央情报局许诺的空中支援根本不见踪影，保障登陆的补给船要么被古巴空军击沉，要么早就逃之夭夭了，72 个小时后，古巴流亡分子弹尽粮绝，只好投降，在这一事件中，共有 114 名古巴流亡分子被打死，1189 人被俘，这就是古美关系史上著名的"猪湾入侵事件"。

（二）危机的爆发

猪湾事件后，古巴与苏联进一步接近，苏联逐渐从政治、经济和军事上控制了古巴，试图把古巴作为同美国对抗的前沿阵地。为了抵消美国的核力量与常规武器方面的优势，1962 年苏联开始向古巴运送导弹，9 月15 日，第一批中程弹道导弹运抵古巴。到 9 月底 10 月初，20 枚核弹头运抵古巴。

美国在对古巴施压的同时，一直密切关注古巴与苏联的关系，尤其是双方军事关系的发展，从 1962 年 8 月起，美国开始对古巴进行经常性的空中侦察。10 月 14 日，美国情报人员根据 U-2 侦察机在古巴上空拍摄的大量照片得出结论：哈瓦那西面的圣克里斯托瓦尔附近已建成一导弹基地，从那里发射的导弹可以摧毁美国各大城市，苏联把能载核弹的伊尔 -28 轰炸机运入古巴。

10 月 16 日 早 上，肯尼迪总统得知上述情况后大为震惊，他认为苏联在美国家门口部署核导弹的行动必须制止。接着，肯

◎ 苏联制的 R-12 导弹于红场上的展示，该型导弹后续部署至古巴

尼迪指定了一个包括副总统和国务院、国防部、中央情报局、司法部、财政部等部门的重要官员在内的专门小组秘密研究对策，经过认真考虑后决定对古巴进行海上封锁、武器禁运。

10月23日下午，美国总统肯尼迪签署了《关于禁止向古巴运送进攻性武器公告》，宣布美国武装力量将于1962年10月24日格林尼治时间下午2时（当地时间上午9时）开始，"制止向古巴运送进攻性武器及其附属物资"，美国海、陆、空军将在"合理"的距离内划定禁区，对任何驶向古巴的飞机和船只进行拦截和检查。

（三）危机的高潮与结束

美国海军对古巴实行封锁后，美苏双方在这段时间都十分克制，极力避免冲突发生。

美苏在海上对峙的紧张局势虽然有所缓和，但是，苏联在古巴修建导弹基地的步骤却在加紧进行。情报表明，越来越多的中近程弹道导弹正进入可使用状态，一个月后，中远程弹道导弹也将全部准备就绪。10月25日，肯尼迪表示，由于导弹发射场的建造工程还在继续，"我们必须继续坚定地采取对抗措施"，肯尼迪命令国务院着手准备一项入侵古巴的应急计划，并扬言要进行空袭，炸毁古巴的这些导弹基地。

备受压力的赫鲁晓夫非常担心在导弹装上发射台之前美军就会入侵古巴，以至最终无法收场，甚至引发美苏之间的核大战。于是，苏联开始让步。10月26日下午，苏联驻美使馆参赞通过美国广播公司记者试探。当天晚上，肯尼迪就收到了赫鲁晓夫的一封信，暗示苏联愿在联合国监督下撤出在古巴的进攻性武器，交换条件是美国撤销封锁以及美国与西半球国家保证不入侵古巴。27日上午，赫鲁晓夫又给肯尼迪写了一封长信，表示苏联准备从古巴撤出导弹，但美国也应从土耳其撤走进攻性武器。

10月27日下午，白宫发表声明重申，苏联首先必须撤走在古巴的全部导弹，否则美国将对导弹基地进行空袭，并随即向古巴发动进攻。声明中没有理会赫鲁晓夫要美国从土耳其撤走进攻性武器的要求。

就在双方讨价还价之时，古巴导弹危机达到了高潮。在后来被称为"黑色星期六"的10月27日，古巴境内已有5个导弹发射场完全可供作战使用，第6个也将竣工。当天早晨，美国的2架U-2侦察机遭到古巴地面炮火的攻击，其中1架被苏联人操纵的萨姆导弹击落，飞行员丧生。

在此情况下，肯尼迪总统决定，侦察机继续执行空中侦察任务，如果再次被击落，就做出全面反应或攻击击落飞机的导弹发射场。同时，美国的常规部队和核部队也已在世界各地处于高度的戒备状态。

不过，身为总统的肯尼迪十分清楚，一旦对古巴境内的苏联基地开火，必然造成无可挽回的严重后果。为争取和平解决事端，肯尼迪经过仔细分析研究，决定接受其弟司法部长罗伯特的建议，暂时放弃空袭古巴的计划，并给赫鲁晓夫写一封回信，同意做出不入侵古巴的许诺。他要求赫鲁晓夫珍惜这次最后的机会，并表示苏联应立即做出答复。否则，美国在一两天内会采取行动拆除古巴导弹基地，肯尼迪还保证，苏联一旦停建并拆除导弹基地，美国将停止对古巴的"封锁"行动。

10月28日上午9时，莫斯科电台广播了赫鲁晓夫给肯尼迪的复信，表示愿意停止发射场工程，导弹将装箱运回苏联，并在联合国开始谈判，从而接受了肯尼迪在信中提出的

◎被击落的U-2侦察机的发动机

解决危机的条件。肯尼迪立即回信，认可苏联的让步，称赞赫鲁晓夫的政治家风度。接着，美、苏在联合国的代表进行了复杂而艰巨的谈判。直到 11 月 20 日苏联同意在 30 天内撤走伊尔 –28 轰炸机，美国才宣布终止海上对古巴的封锁。次日，苏联对在危机中动员的军队下了"解除"动员令，古巴导弹危机至此结束。

U-2 侦察机

1955 年 8 月，美国洛克希德公司试制成功一种新型高空侦察机，取名"U-2"，交付中央情报局使用。这种飞机酷似滑翔机，翼展 24 米，几乎比机身长一倍。全机初为银灰色，后改为黑色。在飞机里装有各种侦察设备。U-2 飞行高度可达 2.3 万米，比当时任何喷气式飞机的飞行高度都高出一倍多，苏联的高射炮和米格战斗机都无法将其击落。

U-2 飞机于 1956 年开始投入使用，其基地主要设置在靠近社会主义国家的联邦德国、土耳其和日本等地。在 1956 ～ 1960 年长达 4 年的有计划的秘密飞行中，拍了大量照片，其中包括军事基地、工业设施、铁路和公路干线等，有效地刺探了苏联发展导弹和进行核试验的情报。美国中央情报局长艾伦·杜勒斯曾得意地说："U-2 收集的情报，比起地面上任何特工人员来要更快、更准确、更可靠"。

第九章

"二战"后的美国

　　"二战"后，美国迎来了前所未有的经济繁荣，各届政府相继出台了一系列经济社会改革政策，整个社会面貌焕然一新，美国的国力蒸蒸日上，并在1969年实现人类登月的梦想，当然不时的经济危机与社会问题也深深困扰着美国。

第一节　明星总统约翰·肯尼迪

美国波士顿大学历史学家罗伯特·达利克在 2003 年出版了一本关于肯尼迪的传记——《未走完的人生：约翰·F. 肯尼迪（1917 ～ 1963）》，达利克表示："不仅在美国，而且在美国以外的地方，肯尼迪都是一位形象高大的人物。"达利克把肯尼迪与乔治·华盛顿、亚伯拉罕·林肯和富兰克林·罗斯福一起看成是美国历史上最富影响力的总统，"他的演说口才、讲话的用语，使全美国人对更加美好的未来充满了希望"。

（一）显赫的身世与早年生活

约翰·肯尼迪 1917 年 5 月 29 日出生于美国马萨诸塞州布鲁克莱恩一个声名显赫的金融家庭。约翰·肯尼迪的祖上是爱尔兰人，他的曾祖父 1848 年逃荒来到美国的波士顿。他的父亲老约瑟夫·帕特里克·肯尼迪（Joseph P. Kennedy）于 1888 年生于波士顿，1912 年毕业于哈佛大学，后从事银行业并成为华尔街的经纪人，"一战"结束后他投资股票赚了大钱，成为百万富翁。1932 年美国大选时，他支持富兰克林·罗斯福，1934 年他被罗斯福总统任命为新成立的证券交易委员会主席，此后他还出任过美国驻英国大使。1960 年美国《财富》杂志把肯尼迪家族列为美国第 12 大家族，估计拥有 6 亿美元的资产。他共有子女九人，四男五女，约翰·肯尼迪是他的次子。

1924 年，7 岁的肯尼迪被父亲送入当地的德克斯特学校学习，后来肯尼迪又进入位于康涅狄格州瓦林福德（Wallingford）的坎特伯雷寄宿学校继续学习、生活。1936年7月，肯尼迪进入哈佛大学学习政治学与国际关系。

肯尼迪根据他两次欧洲之行的见闻与收集的资料，完成了一篇论述英国绥靖政策根源的论文：《慕

◎肯尼迪一家1931年在马萨诸塞州海恩尼斯港的合照，左上角为肯尼迪

尼黑的绥靖政策——英国民主从裁军政策缓慢转化为重整军备政策的必然后果》。《纽约时报》的一个专栏作家帮助他进行了风格方面的修改，并根据温斯顿·丘吉尔的作品《英国沉睡的时候》推荐了一个标题：《英国为什么沉睡》（*Why England Slept*）。肯尼迪写成这篇论文之后，他的父亲积极鼓励他出版，这本书在美国和英国都得到了好评。1940年6月他以优异的成绩从哈佛大学毕业，并获得了国际关系学士学位。

1940年9月，肯尼迪进入斯坦福大学商学院学习国际经济的研究生课程，一年后他应征入伍，于1941年10月以海军少尉的身份到海军情报局外国情报处工作，成为一名情报资料传递人员，他的工作是核对并总结来自国外情报站的报告，用于海军情报局的资料汇编。后来他主动请缨，参加海上巡逻和对日本船只的拦截活动。后由于身体原因，他于1944年初回到美国就医，其间在迈阿密鱼雷艇基地当教官。1945年3月1日，他从美国海军正式退役。

（二）意气风发，入主白宫

第二次世界大战之后，约翰·肯尼迪按照其家族的意愿进入美国政坛。1946年，他参加了众议院选举，经过努力，29岁的肯尼迪在竞选中获得胜利。在众议院里，肯尼迪是个活跃分子，他反对限制工会活动的塔夫托·哈特利劳工法，发起国家退伍军人住房会议。此间，他还提出过建立廉租公共住房和援助州立学校的议案，建议削减对非洲和近东地区的不必要的援助。

1952年他以"肯尼迪将为马萨诸塞做得更多"为口号参加了参议院席位的竞选，并战胜了势头强劲的对手亨利·洛奇，成功当选马萨诸塞州参议员，并于1958年获得连任。

1953年9月12日，约翰·肯尼迪与风华绝代的摄影记者杰奎琳·李·布维尔（Jacqueline Lee Bouvier）在罗得岛州结婚，他们的结合被描写为"年度名人婚姻"。1956年他发表了一篇有关自己脊背外科手术的文章《我的病中体会》（*What My Illness Taught Me*），最后定名为《当仁不让》（*Profiles in Courage*），该书出版后成为全美畅销书，并在1957年获得普利策传记文学奖。

◎ 1960年9月26日，美国副总统理查德·尼克松和参议员约翰·肯尼迪在总统候选人全国电视辩论中交锋

1960年肯尼迪参加总统竞选，他提出"新边疆"的竞选口号，倡导在科学技术、经济发展、战争与和平、消除愚昧与贫困等各个领域开拓新的天地。1960年9月26日晚，在芝加哥的CBS演播室里，肯尼迪与自己的竞选

对手，已经在艾森豪威尔内阁中当了 8 年副总统的共和党总统候选人理查德·尼克松，面对大约 7000 万电视观众进行了美国历史上第一次总统候选人电视辩论。在电视辩论中，风度翩翩的肯尼迪给人的印象是一个打算应对国家重大问题的领导人，尼克松给选民的印象则是试图在一个政敌面前占据上风的人物。所有现场和电视机前的观众都看得出来，神采奕奕的肯尼迪显然占据了上风，他看上去更加轻松，更有自制力。肯尼迪和尼克松后又进行了三次电视辩论，借助电视这种新的媒体，肯尼迪很快获得了更高的支持率。

1960 年 11 月，肯尼迪在选举中以 303 对 219 张选举人票的差距击败了尼克松，赢得总统职位，入主白宫，成为美国历史上最年轻的总统，也是美国历史上第一位也是迄今唯一的罗马天主教总统。

在 1961 年 1 月 20 日的就职演说中，肯尼迪呼吁全人类团结起来，共同反对专制、贫困、疾病和战争这些人类共同的敌人，他在演说中提到的"不要问你的国家能为你做些什么，而要问一下你能为你的国家做些什么"，更是成了美国总统历次就职演说中较脍炙人口的语句之一。

肯尼迪就任总统后，为了克

玛丽莲·梦露的死亡之谜

1961 年，玛丽莲·梦露结识了肯尼迪兄弟，她经常戴着假发、墨镜，拿着一本速记本，扮作秘书与肯尼迪约会。1962 年初，肯尼迪与梦露的关系被美国情报部门掌握，肯尼迪得知后，断绝了和她的来往，后肯尼迪的弟弟罗伯特与梦露发展成为情侣。1962 年 8 月 4 日，罗伯特再赴梦露之邀，两人发生争吵。一怒之下，梦露说要将与肯尼迪兄弟之间的丑闻公布于众。1962 年 8 月 5 日早晨，梦露被发现死于家中。当警察赶到时，涉及美国第一家庭的记事本和电话留言都不翼而飞，有人怀疑梦露之死与肯尼迪家族有关。

服经济衰退的不利局面，他制订了通过减税和增加公共财政开支刺激经济的计划，为避免通货膨胀加剧，1962 年 1 月肯尼迪政府制定非强制性的工资—物价指导线，规定工资—物价增长不能超过 3% 这一全国平均劳动生产率的增长幅度。1961 年 2 月 2 日，肯尼迪总统向国会提交了经济复兴与增长计划，建议增加失业津贴、扩大救济金的发放范围、增加社会保险金和鼓励提前退休、提高最低工资标准并扩大实施范围、对谷农提供紧急救济和贫民窟清除计划。经国会激烈辩论，到当年 6 月底，肯尼迪的上述提案在克服保守势力阻挠后基本上都获得了通过。在肯尼迪政府的扩张性财政政策和货币政策的刺激下，美国经济缓慢回升，工业生产增长，失业率下降，到 1962 年 7 月底，经济衰退的威胁逐渐解除。

（三）壮志未酬身先死

广受美国民众爱戴的肯尼迪正踌躇满志，要在 1964 年选举中赢得连任，不想在得克萨斯州达拉斯的竞选活动中遭飞来横祸，惨死于作案动机不明的袭击者的枪下。

1963 年 11 月 22 日，肯尼迪偕夫人杰奎琳来到达拉斯为其竞选连任造势，下飞机后他们乘坐敞篷林肯轿车到市中心广场主持群众集会，为密切与选民的交流，他拒绝坐在装甲轿车的透明防弹罩下。中午 12 点半，当总统车队行至得克萨斯学校书库的仓储大楼时，埋伏在楼上的一个叫李·哈维·奥斯瓦尔德的枪手发动袭击，三声枪响后，肯尼迪的头部中弹，他的身体猛地向后栽倒在夫人杰奎琳的怀里。受伤的肯尼迪被火速送到邻近的帕克兰纪念医院抢救，但因伤势过重，半小时后，肯尼迪停止呼吸，离开了人世。

几小时后凶手奥斯瓦尔德被抓获，但在 11 月 24 日被转移到另一家监狱途中，奥斯瓦尔德竟离奇被一家夜总会老板射杀，于是此案成为无头案。林登·约翰逊就任总统后下令组成以最高法院院长沃伦为首的调查组，一年后，调查组提交报告，认为整个事件全是奥斯瓦尔德一人作案。

1963 年 11 月 25 日，来自超过 90 个国家的代表（包括苏联），参加了在华盛顿举行的肯尼迪总统的

◎遇刺前肯尼迪与妻子杰奎琳坐在林肯轿车上

葬礼，其中包括 8 位国家元首、10 位总理（首相）以及大批各国政府要员。在美国圆形国会大厅，前来向肯尼迪致以最后敬意的人超过 25 万。当天上午 11 点，覆盖着星条旗的灵柩从大厅中移出，放置在由 4 匹马拉的灵车上，首先前往白宫，其次前往圣马修斯大教堂，最后被送到了阿灵顿国家公墓，并被安葬在一个特制的地下墓穴里。当天全球在电视机前收看葬礼现场直播的人有数亿之多。

以肯尼迪命名的纪念物

纽约艾德威尔德国际机场（New York Idlewild International airport）在 1963 年 12 月 24 日被正式更名为约翰·F. 肯尼迪国际机场，大多数人都习惯把那里简称为 "JFK"。美国国防部将一艘于 1964 年 10 月 22 日下水服役的航空母舰命名为肯尼迪号航空母舰（USS John F.Kennedy）。1964 年在加利福尼亚州普利斯坦特山（Pleasant Hill）开设的一所成人教育高等学校被定名为约翰·F. 肯尼迪大学（John F.Kennedy University）。为纪念肯尼迪，位于华盛顿特区，并于 1971 年正式向公众开放的美国全国文化中心被更名为约翰·肯尼迪表演艺术中心（John Kennedy Center for the Performing Arts）。美国财政部发行了 5000 万枚铸造有肯尼迪头像的 50 美分硬币，但因为民众要把它作为纪念品珍藏起来而致使其无法在市面上保持正常流通。

全美各地的各种委员会都一致通过改变地名的方法来表达对肯尼迪总统的敬意，致使有不计其数的"肯尼迪公路""肯尼迪机场""肯尼迪中学""肯尼迪大街"等地名出现。

第二节　阿波罗登月计划

在人类对宇宙不懈探索的航天史上，美国在 20 世纪六七十年代的阿波罗登月计划无疑是波澜壮阔的一笔，这次登月活动从 1961 年 5 月 25 日美国总统肯尼迪正式宣布实施开始，一直持续到 1972 年 12 月底结束，历时 11 年，耗资 250 亿美元，先后有 120 所大学、2 万多家工厂、400 多万人参与了这项活动，可以说是整个航天史上历时最长、规模最大、投资最多，也最富有传奇性的一次太空探险行动。

（一）把苏联摔倒在月球上

美国与苏联"冷战"的硝烟不仅体现在政治、经济领域，在体现一个国家最前沿科研技术与经济实力的航天领域，美、苏更是进行着激烈的竞赛。

在前期阶段，苏联一度占了先机，1957 年 10 月 4 日，苏联成功发射了第一颗人造地球卫星，人类从此步入了航天时代，消息传来，美国舆论一片哗然。1961 年 4 月 12 日，苏联首位航天员加加林乘"东方 1 号"宇宙飞船进入太空，成为世界上第一位进入宇宙空间的人。美国政府普遍感到自己在航天领域已经被苏联甩到后面了，必须奋起直追。就在加加林返回地面那一刻，美国总统肯尼迪召开了军方以及政府紧急会议，商讨对策，在会议上，肯尼迪提出了"把苏联摔倒在月球上"的意见。1961 年 5 月 25 日，肯尼迪在致美国国会的咨文上明确提出要举全国之力，在 10 年内把美国的航天员送上月球并安全返回，国会很快通过了这

◎ 1962年9月12日，美国总统约翰·肯尼迪在莱斯大学发表关于太空计划的演讲

一议案，阿波罗登月计划正式开始。

美国国会在1958年就通过了国家航空和宇宙航行法，明确宣布要争取和保持美国在空间技术上的领先地位。同年成立了国家宇航局（NASA），负责调配全国的空间科学力量。到1964年，美国航空航天局已拥有雇员3万多人，年平均预算高达54亿美元，在1961年5月5日，也就是加加林上天以后不到一个月，美国的载人飞船"水星号"按计划顺利升空，其自重远低于苏联的运载火箭，在技术上，美国已经占了上风。

（二）阿波罗登月计划的实施

美国政府制订的登月计划得到举国上下的大力支持，各项工作从1961年开始有条不紊地进行。作为阿波罗登月计划的至关重要的步骤，一个名为双子星的太空飞行计划作为阿波罗登月飞行的准备开始实施，可乘坐两人的"双子星号"飞船进行了多次飞行。飞行使宇航员了解到宇宙射线的危险性及长时间飞行在失重状态下对人体的影响，学到了如何驾驶飞船进入不同的轨道以及与其他飞船对接的技巧。当双子星计划为阿波罗飞行训练宇航员时，美国宇航局的工程师们开始着手设计和建造阿波罗飞船。

"阿波罗"宇宙飞船实际上由两个飞船组成：一个是圆锥形的指挥舱，宇航员在指挥舱内飞到月球，然后再驾驶飞船返回地球；另一个飞船是月球降落器，两名宇航员驾驶降落器脱离指挥舱落到月球表面。最后，宇航员还要驾驶这个降落器返回月球上空的指挥舱。阿波罗计划的核心是研制"土星5号"大型火箭发动机。"土星5号"设计为一枚三级火箭，最大直径约10米，采用先进的计算机技术进行控制，其中包括各级发动机的点火、熄火和过程协调等。在当时，"土星5号"火箭的设计水平已远远超过了苏联的同期产品。

1966年底，美国宇航局官员认为"阿波罗"飞船进行载人飞行的条件已经成熟了，于是格里索姆、怀特和查菲三名宇航员准备进行美国的第一次载人太空飞行。在正式试飞四个星期以前，三名宇航员在美国佛罗里达州"阿波罗"飞船指挥舱内测试仪器时，舱内突然起火。待救护人员把舱门打开时，大火已经夺去了三名宇航员的生命。工程师们吸取此次教训，重新设计并建造了"阿波罗"指挥舱，设计了可以迅速开启的新舱门，改进了电气线路，增加了指挥舱的安全性。

1967年11月，登月火箭"土星5号"成功试飞，点火后它雷鸣般地升入太空，推动未载人的"阿波罗"飞船，以每小时118万千米的速度升上天空。

1968年10月与12月、1969年3月与5月，"土星5号"先后运载"阿波罗7号""阿波罗8号"及"阿波罗9号""阿波罗10号"成功进行了四次试飞，宇航员把电视画面传送到地球，电视观众在听宇航员讲述月亮灰色尘迹的表面时，亲眼看到了月球上的情景。在离月球只有13公里的太空，宇航员通过无线电广播和电视，向地球上的人们介绍说："月球看上去像是一堆湿土，表面好像还有干枯了的河流，像新墨西哥州或阿拉斯加州的干涸河底，它的景色十分美丽。"

(三) 登上月球的第一人

1969年7月16日清晨,"阿波罗11号"宇宙飞船运载着阿姆斯特朗、奥尔德林和柯林斯三名宇航员,开始了划时代的太空征途。经过长途跋涉,宇宙飞船终于准确进入了离月球表面10.6公里的环绕月轨道。此后按计划,宇航员阿姆斯特朗与奥尔德林进入登月舱,柯林斯留在指挥舱,他们在绕行月球运动第13圈后开始分开,登月舱按时沿着一条弧形路线飞向月球。

地球上一切活动似乎都已停止,理查德·尼克松总统破例批准联邦政府工作人员放假以便从电视上观看登月实况,世界上有5亿人在观看电视,更多的无法统计的人则正在收听收音机的实况报道。

阿姆斯特朗和奥尔德林启动了登月舱的发动机,推动飞船慢慢向月球表面一角降落。登月舱由计算机控制,朝着没有空气的月球表面靠近,在离月球表面140米时,宇航员开始手动控制飞船的降落,并成功降落在一个较平坦的着陆点。

按照美国宇航局的计划,宇航员在月球表面降落之后,要先检验仪器设备,然后休息4小时再离开降落飞船。但是,阿姆斯特朗和奥尔德林要求取消休息时间,他们迫不及待地要走上月球。宇航局官员同意了,宇航员们花3小时完成了离开登月舱的准备工作。

最后舱门打开,阿姆斯特朗第一个走出来,他缓缓地走下梯子,1969年7月21日格林尼治时间2时56分,阿姆斯特朗的脚踏上了月球。"对于一个人来说,这是小小的一步,"他说,"对于整个人类这是巨大的一跳。"阿姆斯特朗十分小心地移动身子离开登月舱,他缓缓地由登月舱下又冷又暗的阴影处踏入白色阳光照耀的月球表面。

这时候地球上鸦雀无声,电视机和收音机里没有发出任何声音,电视机旁也没有人开口询问月球上正在发生些什么事情。终于阿姆斯特朗打破了寂静，开始形容他所见到的一切："月球表面出现了许多非常精美的像粉末一样的沙粒，我能用鞋尖轻轻地踢起它们，我能看见我的鞋印留在沙粒上，行走没有困难。"奥尔德林也出现在梯子上，他缓缓地往下走，随后两人忙于安放仪器，他们还收集了21.55千克岩石和土壤准备带回地球。2小时31分钟后，他们乘登月舱回到了等候在月球上空的飞船主舱，和柯林斯会合。

在开始登月航程8天后，"阿波罗11号"降落在太平洋上，安全返回地面，留在月球上的是阿姆斯特朗和奥尔德林的脚印、美国国旗及科学设备，同时永远留在月球上的还有一块由这样一些字组成的标志："来自地球行星上的人在这儿第一次踏上月球——公元1969年7月，我们为全人类的和平而来。"

此后，美国总共发射了6次载人登月飞船，其中5次成功，前前后后有十多人登月，逗留时间最长的将近3天。直到1972年12月"阿波罗17号"登月归来，才给此次人类远征画上了句号。

阿波罗的来历

阿波罗是古代希腊神话中掌管诗歌和音乐的太阳神，为天神宙斯和女神勒托之子。神后赫拉由于嫉妒宙斯和勒托相爱，残酷地迫害勒托，致使她四处流浪。后来勒托终于找到一个叫德罗斯的浮岛作为藏身之地，在岛上艰难地生下了日神和月神。赫拉派巨蟒皮托前去杀害勒托母子，但没有成功。

后来，阿波罗替母报仇，用他那百发百中的神箭射死了给人类带来无限灾难的巨蟒，为民除了害。美国政府就选用这位带有浪漫主义色彩，既能给人类带来光明和力量又能报仇雪恨的太阳神来命名登月计划。

第三节　尼克松与水门事件

　　尼克松的一生就像"二战"后的美国历史那样斑斓，同时也充满了坎坷。他的专职演讲起草人雷·普赖斯在他离开白宫时说："他获胜过，失败过，最后又再生。他高高站立，又自己击倒自己……"尽管还有不少对他的非议和厌恶，但越来越多的人似乎改变了对他的态度。很多人都说水门事件已是个古老的故事，过去的一切就让它过去。美国前总统比尔·克林顿在尼克松的葬礼上也说，美利坚合众国应更多地感谢他，他应该受到更多的尊重。

（一）草根总统

　　1913 年 1 月 9 日，尼克松出生于加利福尼亚州离洛杉矶市不远的约巴林达镇，他的父亲是个有苏格兰血统的爱尔兰人，经营着一个杂货店。当尼克松十几岁的时候，父母就把杂货店的蔬菜分店交给他经营，赚的钱则作为他读大学的费用。

　　1934 年，他在惠特尔学院获得学士学位，随后进入杜克大学专修法学，在学校期间他显示了出色的从政素质，他是学校辩论队的主力，曾在南加州大学生对抗赛中以伶俐的口齿获得即席演讲第一名。大学毕业后他回到家乡附近的加州小镇惠特尔挂牌当律师，办一件案子收费 5 美元，但生意清淡。

　　不久，他在一家剧院观看彩排时，偶然遇见了出身贫寒的高中女教师帕特，对她一见钟情。1940 年 6 月，他们在一间车库的楼上筑起了爱巢，从此开始了风雨兼程的共同生活。

第二次世界大战爆发后，他们搬到了华盛顿。尼克松开始是在市场物价管理局工作，半年多以后他报名参加了美国海军，随后他被分配到南太平洋战区的一个海军地面飞机场工作，由于出色的工作业绩而被提升为海军少校。

1946 年，尼克松以共和党员的身份当选为美国众议院加利福尼亚州的议员，开始步入政界。1952 年，他作为艾森豪威尔的竞选伙伴，当选为美国副总统，任副总统 4 年。1956 年他再度当选为美国副总统。1960 年，尼克松在竞选总统中以微弱票差负于民主党人肯尼迪。

竞选总统失败后，尼克松在洛杉矶重操律师职业。1962 年，他竞选加州州长，再次失利，心灰意懒的他一度想彻底退出政坛。1968 年尼克松东山再起，重返政坛，在当年的美国大选中，他击败民主党人汉弗莱和独立竞选人华莱士，当选为美国第 46 届（第 37 任）总统。

（二）尼克松政府的外交与内政

尼克松宣誓就职后，宣布了众所周知的"尼克松主义"，其主要内容是以伙伴关系为核心，分摊负担和责任，以实力为基础，建立现实威慑力量；以谈判为重要手段，在中美苏日欧五大力量与中美苏三角关系中推行军事外交。他的这一理论旨在减少美国在海外的军事力量，同时通过经济和军事援助，支持美国在世界各地的盟国，确保美国的战略利益。按照这一理论，尼克松调整了美国的外交政策，1973 年美国从越南撤军，从越战泥潭中爬了出来，与苏联的关系也由对抗走向相对缓和。最使世界瞩目的是，1972 年 2 月尼克松对中国进行了历史性的访问，成为第一个访问中国的美国总统，从此打开了中美关系的大门。同年，他还作为美国总统首次访问了莫斯科。

面对国内日益严重的通货膨胀，1969 年 4 月 14 日，尼克松总统提出了"姑且一试"计划，采用传统主流经济学与货币主义相结合的财政与货币紧缩政策。为此，尼克松削减了联邦预算、停止实行投资税优惠，财政部和美国联邦储备银行密切配合，紧缩货币，提高利率。但美国的通货膨胀不仅没被遏制，失业率却不断上升，整个经济陷入滞胀的泥潭。面对经济危机，尼克松不得不重新模仿罗斯福的"新政"，通过扩大政府开支与增发货币来刺激经济，在 1972 年，联邦开支增长 10.7%，同时货币供应量也增长了 9%。在国际经济领域，1971 年 5 月和 7 月接连引爆了两次"美元危机"，迫使美国政府于 1971 年 12 月和 1973 年 2 月两次宣布美元贬值，导致战后形成的以美元为中心的"布雷顿森林体系"解体。

尼克松在社会政策方面做出了很多成绩，1969 年、1971 年和 1972 年的若干立法，提高了社会保险赔偿费，放宽了社会保险限制。尼克松在任期内还几次提高老年人退休金，对丧失劳动力者与无人赡养者发放更多的补助金。

当经济状况稍有好转后，1973 年初，尼克松开始放松了对经济的干预，他压缩了联邦赤字开支，放松对工资和物价的管制。加之 1973 年 10 月间的中东战争引发石油价格暴涨，到 1974 年 4 月，美国的通货膨胀达到 12%，6 月间美国的工业开始下降，美国经济再次陷入滞胀的泥潭，尼克松执政时期的经济政策远没有其外交业绩那么光彩。

（三）水门事件

1972 年 6 月 17 日，以詹姆斯·麦科德为首的 5 人闯入位于华盛顿水门大厦民主党全国总部办公室进行窃听活动，他们企图刺探民主党人掌握的有关尼克松兄弟同一个百万富翁之间的商业情报和文件。结果当场被警

方逮捕，他们被指控犯有
窃听电话和安装电子窃听
器的罪名。

听到这个消息，尼克
松下令掩盖事实。在幕后
一方面设法让联邦调查局
停止调查此事；另一方面
通过提供大笔法律费用唆
使被捕者，要他们服罪并

◎民主党全国总部当时所在地水门大厦

保持沉默，从而把这件事的真相暂时掩盖起来。11月7日，尼克松安然
过关，在竞选连任中获得了压倒性胜利。

但到了1973年3月，一名被捕的被告为了免于被判长期监禁，供认
了有人对他施加政治压力，使他在审讯中作了伪证，于是掩盖的堤坝被
一大批新揭露出来的材料的狂流冲塌了。4月17日，尼克松不得不宣布
由司法部负责调查水门事件，参议院水门事件委员会决定把听证会用电视
向全国公众转播，于是水门事件在公众中激起了更大的政治波澜。迫于形
势，不久后报界开始谈论白宫人员涉嫌参与这次刺探民主党总统竞选总
部情报的事件，4月30日，尼克松内阁的司法部部长、白宫顾问以及一
批亲信因被指控卷入水门事件而被迫辞职。此后又有白宫的人员揭发说尼
克松本人与此案有牵连，并说有一盘有关此事的录音谈话。在社会舆论的
强大压力下，尼克松于1973年10月不得不交出被抹去部分内容的录音磁
带，结果受到公众更为严厉的指责。1974年7月，众议院提供了三份弹
劾总统的材料，称他已没有能力行使国家总统职务。

迫于形势，1974年8月8日尼克松仅以一句话辞去了美国总统职务。
这句话是尼克松的秘书罗斯·玛丽·伍兹用打字机写在一张白宫信笺上的：

国务卿先生：

我谨辞去美利坚合众国总统职务。

理查德·尼克松

1974 年 8 月，继任总统福特运用总统特权，宣布赦免尼克松，水门事件的调查自此不了了之。

在经受近乎于身败名裂的打击后，尼克松在消沉了一段时间之后，又以另一种形式重返国际政治舞台。他公开露面、演讲、写回忆录、著书立说、环球旅游、调解国际纠纷和为美国后任几届总统出谋划策等，他在国内外演讲数百次，写出了包括《尼克松回忆录》《六次危机》和《领导人》在内的 8 部畅销书，重新获得"资深政治家"的好名声。

◎美国的第 37 届总统理查德·尼克松因"水门事件"，于 1974 年 8 月 8 日被迫宣布辞职。尼克松成为美国有史以来第一位辞职的总统。此为其离开白宫的情景

1994 年 4 月 18 日，尼克松突然中风，被送到康奈尔医疗中心进行抢救，本来医生可以采用呼吸器帮助病人加速呼吸，但是尼克松早有嘱咐，不愿医生采用任何器械来维持他的生命。为了尊重病人的意愿，医生只好采用别的方法。21 日下午，尼克松病情开始急剧恶化，

陷入极度昏迷状态。4 月 22 日深夜 21 时许，美国第 37 任总统尼克松离开了人世，享年 81 岁。

1994 年 4 月 27 日，尼克松长眠在他的出生地约巴林达。4 年前，以尼克松名字命名的图书馆在这里落成，尼克松在出席落成典礼时曾这样概括他的处世哲学："失败固然令人悲哀，然而，最大的悲哀是在生命之旅中既没有胜利，也没有失败。"

厨房辩论

1959 年 7 月在莫斯科举行的美国国家展览会开幕式上，时任美国副总统理查德·尼克松和时任苏联部长会议主席的尼基塔·赫鲁晓夫之间展开了一场关于东西方意识形态和核战争的论战。

这场辩论被称作"厨房辩论"，不仅仅是因为辩论发生在厨房，更是因为尼克松巧妙地把辩论的焦点转移到了诸如洗衣机之类的家用电器上，而不是武器之类。

第四节 "我有一个梦想"
——美国黑人民权运动

　　1963 年 8 月 28 日，美国黑人牧师马丁·路德·金在华盛顿举行的群众大会上发表了举世闻名的演说——《我有一个梦想》，这是一个向往人人生而平等的梦，是一个憧憬种族之间相亲相爱的梦，为了实现这个梦，他不屈不挠，直至献出生命。

（一）美国黑人民权运动的兴起

　　南北战争后美国黑人虽然摆脱了奴隶的地位，但被解放了的黑人仍被人为地隔离在主流社会之外，黑人在教育与就业上备受歧视，在劳动市场上，他们通常是"最后受雇、最先解雇"的群体，直到 20 世纪上半叶，黑人的处境仍未有大的改善，相反"白人至上论"却日益盛行于南方各州，即使在北方，对黑人的排斥也以很多隐性的方式存在着。黑人作为"永远无法同化"的移民以及二等公民被排斥在享有合法的政治权利之外，这种种族歧视严重地影响到了美国社会。

　　"二战"爆发时大量黑人在战时经济繁荣时获得就业机会，而且很多黑人入伍参军与白人肩并肩抗击法西斯，这使黑人的种族意识和政治意识空前提高，凝聚力大大增强。他们要求从根本上变革美国的种族关系结构，给予黑人事实上完全的平等权利。

（二）罢乘公交运动与马丁·路德·金

1955 年 12 月 1 日，在美国南部亚拉巴马州的蒙哥马利市，一位叫罗莎·帕克斯的黑人女裁缝下班后登上一辆公共汽车，疲惫的她没有理会当地不成文的规矩，而是走到前排专为白人预留的座位坐了下来。当司机命令她把座位让给一个白人时，罗莎·帕克斯断然拒绝，因此她被警察以"擅占白人专座"逮捕，12 月 5 日法院以违反隔离法为由，判处她罚金 14 美元或监禁 14 天，雇用她的成衣铺也将其解雇，此事立即激起了广大黑人群众的同情与愤慨。

当晚 5000 名黑人举行了群众抗议大会，并通过"抵制公共汽车的决议"，成立了蒙哥马利市政改进会来领导斗争，该委员会的主席就是此后名扬天下的马丁·路德·金。

1929 年 1 月 15 日，马丁·路德·金出生于佐治亚州的亚特兰大，原名迈克尔。父亲是一个教会牧师。因为父亲对德国宗教改革先驱马丁·路德十分仰慕，于是在 1934 年给儿子改名为马丁·路德·金。1951 年金获得柯罗泽神学院学士学位，1955 年他从波士顿大学获得神学博士学位。在童年时代，金就曾感受过种族歧视的痛楚，对此，他很愤怒，立志要为黑人争取平等的权利地位。1955 年年仅 26 岁的金成为亚拉巴马州的一位牧师。

马丁·路德·金领导的委员会决定用抵制乘坐公共汽车这种相对平和的"非暴力"方式来反抗种族歧视的制度。当地 5 万名黑人几乎都徒步上下班，全市黑人同仇敌忾，充分

◎演讲中的马丁·路德·金

显示了黑人的团结力量及坚强意志。这场抵制运动持续了 381 天，蒙哥马利公共汽车公司蒙受严重损失，当局曾对黑人施以高压，逮捕黑人领袖，这更激发了黑人的抵抗情绪。最后，在社会舆论的强大压力下，1956 年 11 月 13 日，美国最高法院不得不判决"在公共汽车上实行种族隔离"违反宪法。12 月 20 日，当地黑人召开群众大会庆祝胜利，并决定停止抵制运动。

马丁·路德·金和他的朋友们，以及黑人妇女罗莎·帕克斯，一起兴高采烈地乘坐了蒙哥马利市的第一辆取消种族隔离的公共汽车。从此，已经就座的黑人就不再像过去那样被迫起立给白人让座了，罢乘公交运动取得全面的胜利。马丁·路德·金也因此脱颖而出，成为美国黑人民权运动的领袖。

1963 年 4 月，马丁·路德·金带领黑人在亚拉巴马州伯明翰市实行种族隔离的快餐店里进行连续静坐，联合抵制商人，并进军市政厅，州法院颁布禁令，他也被捕入狱。由于时任总统肯尼迪的关注，8 天后马丁·路德·金被释放，重新恢复了对运动的领导。黑人与当地政府的对抗也随之升级，警方动用警犬和救火水管，进行大规模逮捕，监狱里一共关押了 2000 多名抗议者。后来，又接连发生马丁·路德·金及其兄弟的住宅和黑人领袖总部的小旅馆爆炸的事件。面对黑人兄弟以暴制暴的呼吁，他反复呼吁黑人兄弟要以和平方式对抗暴力，要牢记耶稣教导，不但要爱自己的兄弟，甚至要爱自己的仇敌。

最受崇敬的诺贝尔和平奖得主

2009 年 10 月 4 日，诺贝尔基金会评选 1964 年和平奖得主马丁·路德·金为诺贝尔奖百余年历史上最受尊崇的 3 位获奖者之一，其他两位是 1921 年物理学奖得主爱因斯坦、1979 年和平奖得主德兰修女。

为扩大非暴力反抗运动的影

响，马丁·路德·金又挥动臂膀指挥了一场规模更为宏大的战斗："向华盛顿进军。"大多数黑人组织都支持这次新的进军。8月28日，为争取立法保障黑人权利，民权组织发动了共有25万名和平示威者——其中还有6万名白人参加的大游行，在林肯纪念堂前的台阶上，马丁·路德·金发表了一次名垂青史的《我有一个梦想》的演说。他说："就有色公民而论，美国显然没有实践它的诺言。美国没有履行这项神圣的义务，只是给黑人开了一张空头支票，支票上盖着'资金不足'的戳子后便退了回来。但是我们不相信正义的银行已经破产，我们不相信，在这个国家巨大的机会之库里已没有足够的储备。因此今天我们要求将支票兑现——这张支票将给予我们宝贵的自由和正义的保障。"随后1963年金不但成为《时代》杂志评选的年度新闻人物，还在1964年获得诺贝尔和平奖，他在领奖时的演讲中宣称："总有一天，地球上所有的人都会看到人与人之间和平相处，宇宙的哀号将变成友爱的诗篇。"这篇家喻户晓的演讲从此成为一代代追求种族平等梦想的美国人的指路明灯。

1968年初，马丁·路德·金来到田纳西州孟菲斯市支援工资微薄的清洁工人的罢工，4月4日，年仅39岁的马丁·路德·金在当地洛兰汽车旅馆房间外的阳台上与助手探讨支持该市工人罢工运动时，被马路对面射来的一颗子弹暗杀，为美国黑人民权运动献出了自己宝贵的生命。

(三)《民权法案》的通过

声势越来越大的民权运动，推动了美国政府废除种族歧视方面的立法工作，约翰逊总统上台后，提出了"伟大社会"的改革口号。他继承了肯尼迪在民权方面的努力，把民权运动推向高潮，并取得了重大成果。这就是20世纪60年代通过的《民权法案》。

1964年6月17日，国会通过了原由肯尼迪制定的《民权法案》，并于 7 月 2 日由约翰逊总统签署生效。据此,黑人得以与白人一样享用旅馆、饭店、娱乐休息场所和其他公用设施,学校的种族隔离被取消,黑人得到了平等就业的机会。此外,该法案还授权联邦政府对实行种族隔离的学校起诉,司法部获准干预未经判决的民权诉讼。

1965 年约翰逊政府又推出了第二个民权法,要求给全部美国人以实际的选举权。该法规定由联邦直接采取措施使黑人能够按期完成注册和选举,取消文化测验和类似的资格审查手段,对妨碍行使选举权的行为予以惩罚。

后人对马丁·路德·金的纪念

为了表达对马丁·路德·金的缅怀之情,1986 年 1 月 8 日,时任总统里根克服国会中保守势力的阻挠,签署法令,规定马丁·路德·金的生日——每年 1 月第 3 个星期一为马丁·路德·金纪念日,而在美国历史上,只有华盛顿、林肯和马丁·路德金三人的纪念日被定为法定假日。是日,为纪念这位倡导"正义与和平"的民权运动领袖,各教堂鸣钟举行合唱,市民停步致敬,举办纪念集会,演说颂扬。2008 年 4 月 4 日,在马丁·路德·金遇刺 40 周年后,美国田纳西州孟菲斯市还举行了大规模集会游行和演讲以缅怀民权领袖——马丁·路德·金。

第三个民权法是 1968 年通过的《开放住房法》。规定在出售或租赁住房时不得有种族歧视行为,并规定伤害民权工作者按反联邦罪论处。

在民权运动与《民权法案》的推动下,黑人的选举权在各州基本上得到保障,美国黑人的经济、社会地位与教育方面的状况得到很大改善。但由于美国种族问题有着根深蒂固的历史渊源,从社会心理上造成的种族歧视,也并非能在短期内一扫而光,不过只要美国黑人坚持不懈地斗争,只要美国社会不断发展进步,马丁·路德·金所梦寐以求的理想终能实现。

第十章

美国向何处去——后"冷战"时代的美国

1991 年 12 月 25 日，昔日的超级大国苏联轰然解体，持续近半个世纪的"冷战"以美国为首的西方世界的胜利而结束，美国从此在没有与之实力对等的对手的情况下步入 21 世纪，开始面对"冷战"以后的课题与挑战。

第一节　海湾战争

　　1990 年 8 月 2 日，中东地区的军事强国伊拉克悍然占领邻国科威特，在阿拉伯世界与国际社会引起轩然大波。美国为保护其在海湾地区的经济利益与战略地位，在其他国家的配合下，经过近 40 天的空中与地面战斗，取得了海湾战争的全面胜利，自此美国把苏联的势力完全排挤出海湾地区，控制了海湾地区的石油资源。

（一）海湾危机

　　在 20 世纪 80 年代的两伊战争期间，美国出于抑制强烈反美的伊朗原教旨主义霍梅尼政权的目的，给伊拉克萨达姆·侯赛因政权近 10 亿美元的经济与技术援助。两伊战争停战后，伊拉克称雄海湾，问鼎阿拉伯世界盟主的野心日益膨胀。贪婪的独裁者萨达姆·侯赛因把战争的目标指向经济上富有而军事上弱小的邻国——科威特。1990 年 8 月 2 日，伊拉克以与科威特在石油开采问题、领土争端和在两伊战争时伊拉克所欠科威特外债等为借口，出动 10 万大军入侵科威特。以盛产石油而肥得流油的科威特，国小兵微，当天即被攻占，随后在 8 月 8 日又被宣布并入伊拉克，成为伊拉克的第 19 个省。

　　伊拉克不光彩、不正义的侵略行径马上引起国际社会的强烈谴责，联合国安理会在 8 月 2 日当天就通过第 660 号决议，谴责伊拉克对科威特的入侵，要求伊拉克撤出科威特。8 月 6 日联合国安理会通过第 661 号决议，决定对伊拉克施加经济制裁。

美国为保护自己与西方盟国在海湾中东地区的石油与战略利益，马上对伊拉克的侵略做出强烈反应。8月2日，美国参谋长鲍威尔建议立即派兵进驻沙特，以遏制伊拉克的军事行动。当时的乔治·布什总统则展开"热线外交"，联合西方主要大国对伊拉克实行经济禁运。8月4日，位于五角大楼的美国军方制订出了名为"沙漠盾牌"的军事集结计划，并在7日由布什下令执行。8月8日美军第一批F-15战斗机和第82空降师的一个旅进驻沙特。随后相继派遣了4艘航空母舰、70多艘军舰、600多架战机，共计25万兵力前往海湾。为将伊拉克军队赶出科威特，以美国为首的多国部队迅速组建，英、法等国家派遣38万余人参加，日本等多个国家捐款540余亿美元。

随着多国部队进驻海湾，"沙漠盾牌"把伊拉克分海、陆、空三路围了个水泄不通。陷入困境的萨达姆一方面保证不入侵沙特，表示希望在相互尊重的基础上同美国建立正常关系；另一方面又威胁如果战争爆发，伊拉克将首先袭击海湾油田和以色列，并提出把从科威特撤军与解决巴勒斯坦问题一并处理的意见。但国际社会的制裁及西方国家的军事威慑不断加强，同时伊拉克在阿拉伯联盟中的地位也空前孤立，因此萨达姆又使出了"撒手锏"——大规模扣押外国人质，以"人质外交"对付"沙漠盾牌"。然而萨达姆的这一手，反而促使美国和西方国家的经济

波斯湾战争综合征

许多从海湾战争返回的士兵说他们生病了，后来这个病被称为"波斯湾战争综合征"。参战士兵家庭中的婴儿中有很大一部分有严重的智力缺陷或病症，这些病症和出生缺陷的原因还不清楚和有争议。一份1994年发表的报告称士兵接触到21种可能影响生育的毒品，其中包括武器中有贫铀、油田大火和炭疽疫苗。

封锁和军事压力升级，加快了多国部队动武的进程，到 1990 年末，进驻海湾的多国部队已经达到 55 万人。

为了给发动海湾战争提供法理上的依据，11 月 29 日，美国推动联合国安理会通过第 678 号决议，设定伊拉克撤出科威特的截止日期为 1991 年 1 月 15 日，并授权多国部队"以一切必要手段"执行第 660 号决议。

（二）海湾战争的进程

1991 年 1 月 12 日美国国会授权军队将伊拉克逐出科威特，1 月 16 日美国东部时间上午 10 时 30 分，布什总统签署了给美军中央总部司令施瓦茨科普夫的国家安全指令文件，命令美军向伊拉克开战，实施"沙漠风暴"军事行动。

以美国为首的多国部队，在作战计划的第一阶段制定了战略轰炸的作战方针。以每日约 2000 架次飞机的频率，一周共出动飞机 1.2 万架次，投弹 6 万吨。1 月 23 日以后，轰炸重点转向了科威特战区的目标，展开了战术空袭，主要打击伊军的"飞毛腿"导弹发射架、军用机场、码头、飞机、坦克以及共和国卫队的有生力量和后勤补给线。

到 2 月 24 日，完全没有制空权的伊拉克在经受多国部队 38 天的狂轰滥炸后，指挥与控制系统陷入瘫痪，军队的战斗力与士气受到严重削弱。

2 月 24 日凌晨，以美国为首的多国部队在空中打击达到预定目标后，开始实施代号"沙漠军刀"的行动，向伊拉克军队发动了第二次世界大战以来最大的海、陆、空立体式的地面进攻。在多国部队南北夹击下，早已断粮缺水、指挥一片混乱的伊拉克军队无心抵抗，全面撤退。26 日，伊拉克同意无条件从科威特撤军，同时表示无条件接受安理会此前通过的 12 个决议，27 日凌晨伊军全部撤出科威特。为了避免给多国部队造成更大的伤亡，同时给伊拉克保留一定的军事实力，以牵制海湾大国伊朗，维

◎海湾战争

持海湾地区的力量平衡，27日美国东部时间晚9点布什总统发表电视讲话，宣布多国部队将于格林尼治时间28日5时停止进攻性作战行动，持续100小时的地面战斗到此结束。

3月3日，多国部队代表与伊拉克军方代表在塞夫万举行会谈。双方就释放战俘、避免双方军事冲突、伊拉克提供科威特境内布雷地点的资料等问题达成协议。4月4日，安理会宣布在海湾正式停火，海湾战争正式结束。

（三）海湾战争的影响

在海湾战争期间，深陷于国内日益严重的经济危机与民族矛盾的苏联完全丧失了干预危机的话语权，海湾战争的胜利标志着美国成功将苏联的影响排挤出海湾地区，全面控制了海湾地区的国际事务，并由此完全主导了中东地区。

"爱国者"地对空导弹

"爱国者"地对空导弹属美国第四代导弹，1980年服役，在海湾战争中首次实战应用。该导弹弹长5.3米，弹径0.41米，翼展0.87米，弹重约1000公斤。"爱国者"导弹的主要特点是反应速度快，飞行速度快，制导精度高，可同时对付5～8个目标，抗干扰能力强，系统可靠性好。爱国者导弹系统有一个了不起的功能：它用于探测、瞄准并最终击中以音速3到5倍的速度飞行的来袭导弹（长度不超过3到6米）。升级后的爱国者导弹系统也可以拦截来袭的飞机和巡航导弹。在1991年的海湾战争中，曾多次成功地拦截伊拉克的"飞毛腿"导弹，因而名声大振。

第二节　噩梦"9·11"

恐怖主义 2001 年 9 月 11 日对美国纽约世界贸易中心、华盛顿五角大楼的袭击是美国历史上一场空前的大灾难。在恐怖组织劫持的飞机的自杀式撞击下，位于纽约曼哈顿街区中心的世界贸易双子大楼轰然倒塌，变成一片废墟，美国国防部所在地五角大楼也遭重创，3000 多名无辜的市民命丧黄泉。"9·11"事件作为美国建国 200 多年来本土遭受的唯一一次外来袭击，给美国社会造成无法磨灭的伤痛，从此恐怖主义特别是策划"9·11"袭击的基地组织替代了苏联成为美国头号敌人。

（一）阿拉伯世界的反美浪潮

"9·11"事件前，美国的国际地位可以说达到了有史以来的最高点，政治、军事地位空前突出。这时美国试图按照自己的意志构筑新的国际秩序。在中东地区，随着海湾战争的结束，美国开始推动中东和平进程，但中东地区宗教、种族、阶层的矛盾错综复杂，美国很快深陷其中而难以自拔。

由于地理环境的封闭等多方面因素，中东地区成为世俗化程度最低的地区。伊朗、沙特阿拉伯等大多数伊斯兰国家实行政教合一的制度，法律制度也以伊斯兰教法为主，整个社会的主流价值理念与美国代表的西方国家格格不入。中东国家的民众对美国在阿以冲突中偏袒以色列的立场强烈不满，阿拉伯世界形成强大的反美实力，其中很多极端组织妄图利用恐怖袭击手段打击美国。

(二)"9·11"恐怖袭击的经过

2001年9月11日,继60年前的珍珠港事件后,美国迎来了建国以来最恐怖、最黑暗和最沉痛的一刻。美国东部时间早上8点45分,一架从波士顿飞往洛杉矶的波音767客机被来自阿拉伯世界反美的恐怖分子劫持,在恐怖分子的控制下掉转航线,以大约每小时490英里的速度一头撞进纽约世界贸易中心的北塔楼。顷刻间,世界贸易中心的南楼浓烟滚滚,大楼立即失火,而飞机上的69吨航空燃料倾倒进大楼,更加剧了火势,整幢大楼结构遭到毁坏。

正当人们惊魂未定之时,十几分钟后,另外一架被恐怖分子劫持的波音757客机,以大约590英里的时速把世界贸易中心的南塔楼也撞了个大窟窿,飞机的部分残骸从大楼东侧与北侧穿出,掉到6个街区以外的地方。

在上午10点左右,世界贸易大楼的骨架在烈火中再也无法支撑这两个高110层、重500吨的庞然大物,南楼与北楼相继坍塌,被撞击楼层以上的人员无法逃离,全部遇难。而前来救援灭火的数百名纽约消防队员与警察也全部因公殉职。

上午9点37分,第三架被恐怖分子劫持的波音757飞机,撞到美国国防部的五角大楼的西翼并且引起大火,造成大楼的结构性坍塌,百余名国防部工作人员丧生。

上午9点45分,美国联邦航空管理局宣布关闭其领空,禁止任何民航班机起飞,所有正在飞行的班机必须立即在距离最近的机场降落,所有飞往美国的航班即刻改飞加拿大。

上午10点03分,被恐怖分子劫持的第四架飞机——美国联合航空公司的波音757飞机在宾夕法尼亚州尚克斯维尔东南部坠毁,机上的乘客

◎恐怖来袭

与恐怖分子同归于尽。后来的进一步调查显示，飞机坠毁前有旅客通过移动电话与地面取得过联系，并且已经得知世界贸易中心与五角大楼遭到袭击。在得知自身即将成为自杀炸弹后，机上的乘客冒险奋勇还击，试图从劫机者手中重夺飞机控制权，很有可能是由于激烈的反抗导致飞机在未到达目的地前便坠毁了。

根据美国官方公布的最新数字，在此次恐怖袭击中共有 3113 人死亡或失踪（不包括劫持飞机的 19 名恐怖分子）。"9·11"事件发生后，美国经济一度处于瘫痪状态，纽约股票交易所股价暴跌。地处纽约曼哈顿岛的世界贸易中心是 20 世纪 70 年代初建起来的摩天大楼，造价高达 11 亿美元，是世界大型商业集团的汇聚之地，来自世界各地的企业共计 1200 家之多，平时有 5 万人上班，每天来往办事的业务人员和游客约有 15 万人，两座摩天大楼顷刻间化为乌有，其直接和间接损失难以用数字估量。

本·拉登宣言

美国人是真正的恐怖分子，华盛顿在中东的驻军是"十字军"，我毕生的目标就是使用暴力手段，将所有的美国人赶出伊斯兰世界，不论他是军人还是平民，是男人还是女人，是老人还是儿童。

9月11日晚8时30分，美国总统布什在白宫向全国发表电视讲话，宣布美国全国处于战争状态。他在演说中称："恐怖主义攻击可以动摇我们最大建筑物的地基，但无法触及美国的基础。这些恐怖行动摧毁了钢铁，但不能丝毫削弱美国钢铁般的坚强决心。"不久，布什与他的安全顾问幕僚们初步认定沙特阿拉伯的富商本·拉登是该事件的幕后主使人。

（三）推翻塔利班政权

虽然本·拉登领导的基地组织从未公开声明对事件负责，但他们公开赞扬"9·11"事件，并暗示该组织曾经幕后策划过整个事件。该组织发言人在一卷寄给卡塔尔半岛电视台的录影带（2001年10月播出）中说："美国人应该知道，更多的飞机风暴将不会停止在伊斯兰世界，有成千上万年轻人渴望牺牲，他们死的信念与美国人生的信念一样强烈。"

"9·11"事件后，美国立即要求庇护本·拉登的阿富汗塔利班政府交出本·拉登以接受美国的审判，强烈反美的塔利班政府拒绝了美国的要求。2001年10月初，联合国秘书长安南表示，恐怖袭击危害国际和平，并重申个别国家可以采取单独或共同防卫行动，这意味着联合国已经允许美国采取行动。

10月7日，美国联合英国对阿富汗正式发动了代号为"持久自由"的军事打击。10月7日阿富汗当地时间下午5时30分，美英联军开始猛烈轰炸喀布尔、坎大哈、贾拉拉巴德等阿富汗主要城市，对阿富汗的战争正式开始。面对美国的巡航导弹和高空轰炸机的密集轰炸，装备落后的塔利班毫无还手之力，其防空设施与当年海湾战争时的伊拉克一样根本不足以抗击美国飞机的轰炸，各军事基地和兵营很快便遭到了毁灭性的破坏。

11 月 25 日，美英联军和北方联盟开始进攻塔利班在阿富汗境内的最后据点——昆都士和坎大哈，12 月 7 日，两地相继落入美英联军手中，塔利班主要领导人奥马尔逃亡境外，"持久自由"行动胜利结束。

2001 年 12 月 22 日上午，阿富汗北方联盟领导人拉巴尼在交接仪式上正式宣布将政权移交给临时政府主席哈米德·卡尔扎伊。从 1979 年苏联入侵以来经历 20 多年的阿富汗从此进入由美国主导的重建阶段，美国也借反对恐怖主义的机会，终于把势力渗透到原来为苏联势力范围的欧亚大陆的战略通道——中亚地区。

基地组织

1988 年，本·拉登在阿富汗建立了基地组织（al-Qaida，译为卡达或凯达）。成立之初，其目的是训练和指挥与入侵阿富汗的苏联军队战斗的阿富汗义勇军，但是从苏军撤退后的 1991 年前后开始，该组织将目标转为打倒美国和伊斯兰世界的"腐败政权"。

基地组织在阿富汗境内有十多处训练基地，对从各国来到阿富汗的成员进行恐怖活动训练。训练内容包括学习原教旨主义教义，学习使用轻型武器、发射迫击炮和火箭筒等。据估计，从 20 世纪 80 年代初至今，在基地接受过训练的人有 3 万之众，他们被称为"阿富汗的阿拉伯人"。据悉，基地组织核心成员有四五千人，主要由"阿富汗的阿拉伯人"组成。拉登通过传真、移动电话、互联网或信使遥控指挥其在世界各地的支持者。

第三节 伊拉克战争

美国"9·11"事件发生后，美国总统布什宣布向美国政府认为的"恐怖主义"宣战，并将伊拉克等多个国家列入"邪恶轴心"（Axis of Evil）。美国以伊拉克拥有大规模杀伤性武器为由不断向萨达姆·侯赛因政权施压，最终发兵攻打伊拉克，推翻了萨达姆·侯赛因政权，并将萨达姆·侯赛因本人置于死地。

（一）伊拉克武器核查危机

海湾战争后，萨达姆·侯赛因依靠铁腕手段维持了自己的独裁统治，强力镇压了国内什叶派与库尔德人的反抗。而以美国为首的西方国家一再向伊拉克政府施压：一方面推动维持联合国对伊拉克包括石油禁运在内的经济制裁；另一方面推动安理会于1991年4月3日通过第687号决议，要求伊拉克销毁所有大规模杀伤性武器，包括化学、生物武器和射程在150公里以上的导弹；并成立联合国销毁伊拉克化学、生物和核武器特别委员会，负责监督该协议的执行。根据决议，只有在特委会认定伊拉克已经全面销毁核武器和化学武器后，才能考虑解除联合国对伊实施的全面制裁。

据伊拉克官方报道，从1991年至1998年，联合国先后派出了200多个武器核查小组到伊拉克进行了400多次调查，检查了2500多个地点，销毁了一系列化学武器、导弹及导弹发射装置。

　　但是，在对伊拉克武器核查过程中，伊拉克与武器核查小组以及美国之间在核查地点、核查小组人员组成等问题上摩擦不断，双方矛盾不时恶化，伊拉克官方甚至指责一些核查小组人员是间谍。1998 年 12 月 16 日，联合国在伊拉克的武器核查小组人员全部撤离。次日凌晨，美英开始单方面对伊进行了自海湾战争结束后最大规模的导弹袭击。这次代号为"沙漠之狐"的军事行动持续了四天。此后，伊拉克一直拒绝联合国武器核查人员返回伊拉克，联合国特委会在伊拉克的武器核查工作就此中断。

　　后在国际社会的压力下，伊拉克接受了联合国安理会通过关于伊拉克武器核查问题的第 1441 号决议。2002 年 11 月 26 日正式恢复在伊拉克中断了四年的武器核查工作，150 名核查人员在 2003 年 1 月到 3 月三度就伊拉克问题发表核查报告。

　　但美国对伊拉克的立场并没有随着伊拉克武器核查危机的缓和而发生松动，美国总统布什于 2002 年 1 月在他的国情咨文中提出"邪恶轴心"的看法，他指出世界正面临着前所未有的威胁，其主要证据除了在阿富汗进行的反恐怖战争以外，就是像伊朗、伊拉克和朝鲜这样的国家，一直致力于发展大规模杀伤性武器，和恐怖盟友组成了"邪恶轴心"，对世界和平与安全造成越来越大的威胁。

　　2003 年 3 月 18 日晚，布什发表全国电视讲话，指出："在伊拉克的帮助下，恐怖分子可以利用生化武器，甚至某一天可能获取核武器，并利用这种武器实施他们既定的袭击计划。"他强调，在遭受"9·11"恐怖袭击后，美国更有理由"尽一切努力来挫败这种袭击阴谋"，用"先发制人"的手段将恐怖袭击消灭在萌芽状态。他向萨达姆发出最后通牒，要求他在 48 小时内放弃统治并离开伊拉克，否则将面临以美国为首的军事打击。最后他要求在伊拉克境内的联合国武器核查团立即撤离伊拉克，这样美国完全撇开了联合国着手实施攻打伊拉克的计划。

（二）伊拉克战争的进程

2003 年 3 月 20 日伊拉克当地时间清晨 5 时 30 分，在最后通牒到期后，伊拉克战争正式打响，由美英联军加上少部分澳大利亚与波兰的军队组成的联合部队发动了对伊拉克的战争。

为了速战速决，美军实施了所谓的"斩首行动"，力图首先炸死萨达姆本人，美军的巡航导弹和高性能炸弹犹如暴风雨一样倾泻到被认为是萨达姆的作战指挥部，因情报不准，"斩首行动"没能成功。

在"斩首行动"未果后，联军随即发起"震慑行动"，动用各型战机对巴格达、巴士拉、基尔库克、摩苏尔和提克里特等城市的重点目标，实施了多方向、多波次、高强度的连续轰炸。伊拉克的指挥系统受到重创，陷入瘫痪状态，在联军强大的炮火下，伊拉克的部队迅速瓦解。

在空中轰炸进行后不到 24 小时，地面战争随即打响。美军主攻部队从科威特西北方向的沙漠出发，越过边境的城镇，直插伊拉克腹地，向首都巴格达挺进。在另一个方向，伊拉克东南部方向，美国海军陆战队第一远征部队和英国远征军（包含由第 4 和第 7 装甲旅组成的第一装甲师以及若干海军陆战队）则发动了钳形攻势以打开伊拉克的海运通道。

进攻中，美军一改常态，不是步步为营以保证后方和供应线绝对安全，而是尽量不与沿途城镇的伊军纠缠，采取"二战"时期的"越岛战术"，绕过伊拉克南部多座城市，直取巴格达，伊拉克的防线在美英联军的强大攻势下很快土崩瓦解。

与此同时，西路主攻部队美军第 3 机步师发动攻势，于 4 月 3 日进至距巴格达市中心 15 公里处，4 日控制萨达姆国际机场。7 日，美军第 3 机步师在 A-10 攻击机的支援下，由西而东向巴格达市中心发起进攻，美国海军陆战队也从东部展开进攻。这时号召军队和民众跟美英联军"同归于尽"的萨达姆及其他军政要员都突然集体消失得无影无踪，伊拉克军队官兵纷纷逃离战场，大批伊拉克常规部队向美军投降。至 9 日，美军占领了市中心广场，标志着巴格达完全被美军占领。

与此同时，其他城市的伊拉克防守部队也很快崩溃，战斗持续至 15 日，美军基本控制提克里特，伊拉克战争基本结束。

战争期间伊军伤亡人数在 5000 至 2 万人，另有 7000 人被俘。与此形成强烈反差的是，美英联军仅阵亡 172 人（其中美军 139 人），损失战斗机 3 架、直升机 13 架，坦克和装甲车 8 辆。美英联军以极其微弱的伤亡取得了伊拉克战争的全面胜利。

（三）伊拉克战后重建工作

5 月 1 日，美国总统布什宣布对伊战争"任务完成"，并开始对伊拉克实施军事占领，美、英等国主导伊拉克战后重建工作。5 月 12 日，美国驻伊拉克军事管理委员会成立。5 月 13 日，伊拉克临时管理委员会成立。

随后几个月里，隐匿在各地的伊拉克前政要相继在联军的清剿中被俘，2003 年 12 月 13 日，萨达姆在提克里特的一个地窖里被美军活捉，经伊拉克法庭审判，于 2006 年 11 月 5 日被判绞刑，并于 12 月 30 日执行。

2005 年，伊拉克举行了战后首次议会选举，组建了新政府。战后在美国及各国的帮助下，伊拉克经济得到了恢复，但因各种原因发展缓慢，失业人口庞大，国内的民族与教派矛盾仍十分尖锐，居民生命安全和日常生活得不到有效保障。伊拉克国内极端分子针对美、英军事占领的袭击时有发生，美军在伊拉克阵亡人数于 2008 年已突破 4000 大关，美国的直接军费支出已达 5000 亿美元。

2011 年 12 月 14 日，美国总统奥巴马在北卡罗来纳州布拉格堡军事基地发表演讲，宣称伊拉克战争正式结束。奥巴马说，伊拉克战争很快就将成为历史。伊拉克战争的终结结束了"美军历史上最不同寻常的篇章之一"。他说，结束一场持续时间如此之长的战争有着深刻含义。面对在场的美军，奥巴马连续四次说"欢迎回家"。

2011 年 12 月 15 日，美国驻伊拉克部队在巴格达附近的军事基地举行了降旗仪式，这标志着历时九年的美国伊拉克战争正式画上句号。2011 年底，美国从伊拉克撤军，但此后"伊斯兰国"2014 年夺取伊拉克西部和北部大片地区，美国随后增兵，但美军权限仅限于打击"伊斯兰国"以及为伊政府军提供支持与培训。

美军 2020 年 1 月在伊拉克首都巴格达袭杀伊朗高级将领卡西姆·苏莱曼尼等人，伊拉克国民议会随后通过决议，要求结束外国军队在伊拉克的驻扎。据美国国防部称，目前约有 2500 名美国军人部署在伊拉克，目前还不清楚其中有多少人会被视为"战斗部队"。

大规模杀伤性武器

大规模杀伤性武器（Weapons of Mass Destruction，WMD），指有极强破坏力的、可用来大规模屠杀的武器。它包括三类武器：核武器、化学武器、生物武器。1937 年德国在西班牙内战中针对非军事目标进行战略轰炸，"大规模杀伤性武器"一词在当时只是指这种轰炸行为。由于核武器的威力要比生物或化学武器远为巨大，在"冷战"时期，"大规模杀伤性武器"指的是核武器。

1991 年的联合国安理会第 687 号决议第一次将核武器、生物武器和化学武器并称为大规模杀伤性武器，并提到了三个相关的国际条约：《核不扩散条约》《禁止化学武器公约》《禁止生物武器公约》。大规模杀伤性武器通常只是作为威慑力量存在，因为一旦使用就意味着对方也将以类似武器回击，伤害规模之大足以摧毁整个人类文明。

美国就是以伊拉克有大规模杀伤性武器为由发动伊拉克战争的，但迄今为止，还没有找到所谓的伊拉克的大规模杀伤性武器。

　　美国和伊拉克官员在 2021 年 4 月 7 日举行一轮会谈后发表的联合声明中表示，已经就美国作战部队最终从伊拉克全面撤出达成一致，两国政府将举行会谈，来确定撤军的具体时间。两国政府表示，美国军队的任务主要是训练伊拉克军队参与反恐。声明称，未来将不再需要美国"战斗部队"。

第四节　新世纪的全球金融危机

　　由于金融领域各种投资工具与衍生产品过分膨胀，大大脱离了实体经济的基础，2008 年 9 月，美国由次级贷款的坏账爆发了被认为是自 20 世纪 30 年代"大萧条"以来最严重的经济危机，并迅速蔓延到全世界。

（一）次级贷款惹的祸

　　此次危机起源于美国房地产次级抵押贷款市场。所谓抵押贷款，是指借款人以一定的资产（如房产）做抵押所获得的贷款。在美国，通常将借款人的信用等级划分为"优级""次级"和介于二者之间的"次优级"三类。优级抵押贷款市场面向信用额度等级较高、收入稳定可靠的优质客户；次级抵押贷款市场面向收入证明缺失、负债较重的客户，因其信用要求程度不高，许多借贷者不需要任何抵押和收入证明就能贷到款，故风险较高，其贷款利率通常比一般抵押贷款高出 2% ～ 3%。在2001 ～ 2005 年，受低利率的货币政策影响，美国的房地产市场高度繁荣，美国人购房的热情急升，次级抵押贷款的门槛一降再降，次级抵押贷款市场也得到迅猛发展。

　　从事次级抵押贷款的公司接受借款人的贷款申请后，为了分散风险、提高资金周转率，会与投资银行一起将次级抵押贷款打包成抵押贷款支持证券（Mortgage Backed Securities, MBS）后出售给投资银行以转移风险；投资银行与抵押贷款公司签署协议，要求抵押贷款公司在个人贷款者拖欠还贷的情况下，回购抵押贷款。投资银行再将抵押贷款进一步打包成担保债务凭证（Collateralized Debt Obligation, CDO）出售给保险基金、养老基金或者对冲基金等投资者。在持续上涨的房地产价格与较低的利率水平下，次级贷款在丰厚利润的吸引下快速发展。

但当美国房地产市场走向萧条且利率提高之后，情况就发生了变化。2004年6月到2006年6月，为抑制通货膨胀，美联储17次调高利率，将联邦基金利率从1%提高到5.25%。利率的大幅攀升加重了购房者的还贷负担。2006年第二季度以后，美国住房市场开始大幅降温，房价持续下跌，购房者难以将房屋出售或者通过抵押获得再融资，最终导致次级贷款的大量坏账。

借款人违约意味着次级贷款利益链条从源头上发生了断裂，风险沿着利益链条开始蔓延。2008年9月15日，美国第四大投资银行、有着158年历史的雷曼兄弟公司，由于严重资不抵债，宣布破产。随后，华尔街主要投资银行在两周内或被收购，或转型为银行控股集团，以投行业务为代表的传统意义上的"华尔街"从此消失。

金融危机导致美国股市剧烈震荡。2009年3月9日，美国道琼斯工业平均指数跌到6547点，创十多年来新低，如果从2007年历史最高点14000点计算，市值蒸发了53%。

金融市场的震荡很快传到实体经济，并波及其他国家，拖累全球经济增长下降，各个国家失业率上升，整个世界经济陷入一片萧条的泥潭。

（二）奥巴马的上台与救市措施

在金融危机肆虐期间，美国在2008年11月迎来了第44任总统选举，在这次选举中，一位名为贝拉克·奥巴马的黑人律师作为民主党的候选人异军突起，在选举中战胜了共和党候选人麦凯恩，成为美国第一位黑人总统。

奥巴马于1961年8月4日出生在檀香山。奥巴马的父亲是肯尼亚人，母亲是美国中部的白人。在他2岁时，他的父亲离开了年轻的妻子和年幼的儿子，先到哈佛大学读研究生，然后返回肯尼亚在政府部门从事经济工作。奥巴马6岁那年，他的母亲再婚，嫁给了一位印度尼西亚石油公司的主管。他们举家迁往印尼，奥巴马在雅加达上了四年学。后来他返回夏威夷，在那里读高中，同外祖父和外祖母一起生活。

奥巴马后来再次离开夏威夷，去洛杉矶的西方学院上了两年学。随后，他搬迁至纽约市，1983年获得哥伦比亚大学文学学士学位。为了寻找自我和实现人生奋斗目标，奥巴马后来辞去了在纽约一家国际咨询公司做金融撰稿人的工作，于1985年来到芝加哥，在芝加哥南城的一个社区教会联盟做社区组织工作。奥巴马在社区组织工作中获得一些切实的成功，为南城居民在经济重建、职业培训和环境治理等方面争取了权益。

1988年，他进入哈佛法学院就读，并成为著名的《哈佛法学评论》杂志社社长，他也是该杂志社的第一位黑人社长。1991年，奥巴马以优异的成绩毕业于哈佛大学。

之后奥巴马回到第二故乡芝加哥，开始做民权事务律师，并在芝加哥大学讲授宪法课程。1992年，奥巴马与哈佛法学院校友米歇尔·鲁滨逊喜结良缘。

1996年，奥巴马跨入政界，1997年他在伊利诺伊州参议院竞选中赢得代表芝加哥的一个席位，2004年他又成功当选伊利诺伊州的联邦参议员。同一年召开的民主党全国代表大会上，奥巴马发表了慷慨激昂的主题演讲，他强调要超越党派分野，呼吁以"希望的政治"取代"嘲讽的政治"，结果不仅使与会者人心大振，而且使奥巴马一举成为全国媒体瞩目的民主党后起之秀。在2008年6月的民主党总统候选人初选中，奥巴马战胜了有更高知名度的前第一夫人希拉里，并在8月23日正式被提名为民主党总统候选人。2008 年 11 月 4 日，奥巴马击败共和党总统候选人麦凯恩，获任美国第 44 任总统。

2008 年 10 月，美国的布什政府通过《紧急经济稳定法案》。这项计划将授权美国政府在未来两年内向金融机构购买高达 7000 亿美元的抵押贷款相关资产，通过向银行注资，挽救银行的信用体系。奥巴马上台后，在此基础上又推出了全面的金融市场稳定计划，承诺将清除银行资产负债表上高达 1 万亿美元的不良资产，并向陷入困境的金融机构注入新的资金。

2009 年 2 月 17 日，奥巴马在就职一个月后，正式签署作为第二次世界大战以来美国政府规模最庞大的开支计划——总额达 7870 亿美元的经济刺激计划。该计划几乎涵盖美国所有经济领域，资金总额中约 35% 将用于减税，约 65% 用于投资。奥巴马的金融救助计划和经济刺激计划曾引发民众的激烈反对。然而，奥巴马站在领袖的高度，"固执己见"，挺过来了。

与此同时，美联储经过多次降息后，将利率降至接近于零的水平，并一直维持不变。与此同时，美联储与其他国家央行加强合作，为其他国家注入流动性。金融危机终于在 2009 年 3 月之后逐渐平息。2009 年第三季度起，美国经济便开始复苏，GDP 增速终于转正。